塔湖·書
TOWER LAKE BOOK

主 编 潞 潞 孙俊峰

编 著 孙俊峰

编 委 潞 潞 孙俊峰 朱晋平 刘新华 孙铭涂 赵 锋 仝十一妹 骆冰兰 韩沛奇
苏 婧 何 欢 杜 萌 张 霞 张 璇 张芳莲 张建军 张 月 董 娟
董 霞 董树萍 董润泽 陈继东 范永慧 刘 昕 刘一豪 刘 颖 刘明星
刘 芳 钱 芳 韩 炜 王 沅 王娜娜 王永清 王玉萍 高 燕 翟惟一
赵春梅 杨霞芬 杨秀萍 李彦琪 李春花 李文荣 许艳秋 黄瑞霞 贾杨玉
李媛媛 宋献惠 王少霞 王桂平 裴志彬 焦天兰 孙素斌 冯素红 李 静
陈立伟

19

Reading plan

一生读书计划

大众书架

主　编－潞　潞　孙俊峰

编　著－孙俊峰

山西出版传媒集团　山西教育出版社

再　序

阅读，感受喜悦

潞潞

听编辑说这套丛书即将再版，这真是一个好消息，甚至多少让我有些意外。四年前，《一生读书计划》问世之际，正是电子书及各种线上阅读对传统纸媒大举倾覆之时，形势不可谓不严峻。作为主编，我知道这套丛书的编撰和运行已然跨过四个寒暑，团队集中了各个学科的优秀学者和编辑，他们日复一日为这套丛书贡献着思想和体力。我担心这么好的一个选题能否实现，更隐隐担忧它问世以后的命运。幸运的是出版者毅然决然坚守初衷，这套丛书如期和读者们见了面。

编辑当初，我们即预想到这套书不会“大红大紫”，因为这不是为市场流行制作的，并不企图为此赚个“盆满钵满”，这应该是为读书人和爱书人准备的一份礼品，符合他们的心意就好，是他们心头一条长久流淌的清澈的溪水。让人欣慰的是，尽管互联网时代大潮凶猛，阅读平台和阅读方式呈现种种演变，但万变不离其宗，纸媒阅读说到底还是阅读的“根儿”，不可能被不断翻新的花样所取代。《一生读书计划》能够再版，表明了读者的认可，表明了这套丛书的生命力。读者的不离不弃，是对我们最大的厚爱和奖赏。

《一生读书计划》到读者手里已经四年了，其间不断有一些反馈，比如，一些重要的作家或作品漏选了，一些新的更有时代感的作品需要补充，一些观点不够严谨需要商榷，等等。为此，再版时梳理了这些反馈，并做了补充和修订，以便尽可能使其完美，尽可能让读者满意。

既是作者又是读者的最著名爱书人博尔赫斯说：“身为读者的喜悦是超乎作者之上的，因为读者不需要体验种种烦恼焦虑：读者只要感受喜悦就好了。”作为编者，此时，我们的喜悦也是不言而喻。

2016 年 5 月

总 序

阅读，一种可能的生活?

潞潞

四年前，这套书的策划者孙铁女士跟我探讨是否有这种可能，像搞一个图书超市或图书馆那样，里面分门别类摆放着若干书架，读者可以根据自己的需求想看什么看什么，广告语似乎可以是：只要抽出你想看的，其余由我们来做。当然这是戏说，后来的广告语要精彩得多。

开始，我觉得这个想法有点像读书指南，好像别人有搞过的。但是孙女士坚持她的想法，且让我听来和以往那些读书指南很是不同，尤其她把这套丛书命名为“一生读书计划”，不仅仅是读书，还涉及人生、涉及人的一生该如何度过。这可不是一个读书范畴的问题了。

想想，人生和读书还真是一个越来越掰不开的事儿。现代人如果从七岁读书算起，这是晚的，许多孩子两三岁读书都不稀奇。幼儿园、小学、中学、大学、硕士、博士、博士后，成人教育，个人爱好，一直到七老八十老眼昏花，皓首穷经、手不释卷，人之一生何其短暂，而读书生涯又何其漫长。说一生读书，一点都不夸张，孙女士要把一生读书做个规划，不是件容易的事。

转眼间，这套丛书已然堂皇矗之，付梓而出。对此让人不禁肃然起敬。当初孙女士热情邀请我做主编，我很是惶然，因为我只是个褊狭的读者，最多能在有限范围内说点话。好在有诸位学者和专家的参与，他们以专业的眼光和判断力遴选出各类佳作，毫不吝惜地贡献出自己的学识和睿见。

这是一个庞大的工程，大致分为两大系列，纵向看有“小学生书架”“中学生书架”“大学生书架”“女性书架”等，横向看有“经济书架”“国学书架”“法律书架”“文学书架”等，且可以一直繁衍下去。其纵横交错，编织细密，既像一张大网，把茫茫书海里有价值的真金白银捞取上来，又像一张巨细无遗的地图，古今中外、东西南北无不覆盖，给读书人以路标和方向，亦使胃口不同的读者拥有了可选择的佳肴。

中国古代有成语曰：“汗牛充栋”“学富五车”，以谓书之多，其实就是一堆刻了字的竹片儿，放到现在，大概连一个小芯片也存不满。多即是少，少即是多，少有少的难处，多有多的麻烦。“文化大革命”期间书遭劫难，我曾连夜手抄一本借来的诗集，不知东方之既白。现在多少人却在书市中四顾茫然，面对滚滚书海不知所措。套用莎士比亚的话，选择，还是选择，是个问题。

我是一个褊狭的读者，谁都可能是褊狭的读者，这是人的个性使然。书也有书的个性。把这么多的个性统一起来，然后各取所需其乐融融，难于蜀道之难。比如有人喜欢“经典”、有人为了“实用”、有人贪图“好看”，怎样在三者上找到平衡点，始终让编者们颇费踟蹰。有本书给了编者很好的启示，这本书叫《苏菲的世界》，你可以说它是小说，也可以说是哲学。人们想象中，哲学该是多么枯燥乏味，许多读者为此却步。但这本书里，从古希腊哲学到西方的中世纪、文艺复兴、浪漫主义、弗洛伊德等等，都通过一个小女孩爱丽丝漫游仙境般的故事娓娓道来。作者乔斯坦·贾德是挪威一个高中哲学教师，大概他对中学生讲授哲学之难有深切体会，所以写出这样一部融艺术与哲学、通俗与深奥为一体的书来，他也因此成为一位知名作家。此书自 1986 年出版以来，销量达几百万册，成为全世界的畅销书。

比如，在《文学书架》里，人们耳熟能详的《红楼梦》等未选入，而入选了一些不那么艰深、名气也不够大的书，它们可能是一般读者更感兴趣的。按照法国符号学家罗兰·巴特的观点，供市场消费的通俗小说应该排除文学之列，我个人同意罗兰·巴特的说法，但在编这本书的过程中，我还是赞同那种更宽泛的做法，即将很多通俗小说之类也摆进了文学书架。我们最终还是要相信读者，经典不会因为通俗而消失，阳春白雪和市场并非不能共存。

我的一位朋友曾在文章里问：阅读是一种生活吗？他说不知道。其实很多人愿意在书斋里度过一生，只是没有这种幸运而已。阿根廷作家博尔赫斯八岁时写出第一篇神话故事，此后一生都在读书和写书中度过，当他成为国家图书馆馆长时已经双目失明，这是他的宿命。尽管如此，他仍然继续买书，充实他的私人书架。他甚至断言：世界就是一本书。

我个人觉得，阅读起码是一种生活方式。人生虽然短暂，但消磨起来，也有许多空虚，读书不失为一种好的选择。再者，中国人一向注重传统，书本中尽是前人的经验和智慧；中国人注重人际关系，读书恰恰可以调整和疏离过于亲密和庸俗的人际来往；中国人向往城市化和现代化，岂不知在行囊里夹带一本书正是一个现代人和都市人所必备的。读书往小里说是一种个人生活方式，但连锁起来就可能成为一个民族的生活方式，而且可能内化为民族性格和精神。

阅读为什么不能成为一种生活呢？虽然它可能是奢侈的。

2011 年 8 月

前 言

“一生读书计划”丛书之《大众书架》是为喜欢自由阅读、愿意提升自身修养的大众读者设计的书籍，重点推介了近80本最适合大众阅读的古今中外优秀经典读物以及大量的参考阅读书目。

一个人的精神启蒙往往是从阅读开始的。法国著名科学家笛卡尔就曾说过：“读一本好的书，就是和许多品德高尚的人谈话。”大文豪高尔基也说过：“读书，这个我们习以为常的平凡过程，实际上是人的心灵和上下古今一切民族的伟大智慧相结合的过程。”我们的祖先更是在很长一段时间把读书作为普通人取得成功的最佳途径：“书中自有黄金屋，书中自有颜如玉。”当今社会，抱有如此功利目的去读书的人尽管仍有不少，但更多的人则把阅读作为了人生一大乐趣。一代大师林语堂认为，读书的意义是使人较虚心，较通达，不固陋，不偏执。他认为，一人在世上，对于学问是这样的：幼时认为什么都不懂，大学时自认为什么都懂，毕业后才知道什么都不懂，中年了又以为什么都懂，到晚年才觉悟一切都不懂。所以，他提倡国人自由地看书读书，无论是在校，离校，做教员，做学生，做商人，做政客，有闲必读书。真正的读书是开茅塞，除鄙见，得新知，增学问，广识见，养性灵。

如果您能持有林语堂先生所言之读书态度，那么，阅读对您来说一定是一件赏心悦目之事。不过，怎样才能读到好书，怎样才是善读书呢？在当今社会信息爆炸、书籍浩如烟海的形势下，“书非荐不能读也”已成为广大读者的共识，《大众书架》愿为您提供一条读书捷径。

《大众书架》根据读者的不同阅读兴趣，在书目的选择和分类上进行了精心编排，为读者安排了人生哲理、经济理论、科学知识、法律经典、历史片段、名人轶事、沟通桥梁、文学读物八大板块，相信每位读者都能从中找到自己理想的读本，找到照亮自己人生坐标的那盏明灯。

目 录

净化心灵的人生哲理

002 《道德经》
009 《庄子》
013 《论语》
017 《增广贤文》
021 《曾国藩家书》 …………………………………… 曾国藩
027 《沉思录》 ……………………………〔古罗马〕马可·奥勒留
032 《人性论》 ……………………………………〔英〕休谟
037 《幸福之路》 …………………………〔英〕贝特兰·罗素
042 《哲学的故事》 ………………………〔美〕威尔·杜兰特
047 《人性的弱点》 ………………………〔美〕戴尔·卡耐基

学以致用的经济理论

052 《国富论》 ……………………………〔英〕亚当·斯密
057 《快乐上班的经济学》 ……………………〔日〕吉本佳生
061 《牛奶可乐经济学：最妙趣横生的经济学课堂》
…………………………………………〔美〕罗伯特·弗兰克
065 《财富的是与非：关于富人和穷人的经济学》
…………………………………………〔美〕亨特·刘易斯
069 《粮食危机：运用粮食武器获取世界霸权》
…………………………………………〔美〕威廉·恩道尔

074 《一课经济学》 ……………………〔美〕亨利·黑兹利特
078 《货币战争》 …………………………………… 宋鸿兵
083 《生活中的经济学》 ………………………………… 茅于轼
088 《低碳之路：重新定义世界和我们的生活》 ……………… 熊焰

生动有趣的科学知识

094 《别闹了，费曼先生：科学顽童的故事》
……………………………………………〔美〕理查德·费曼
099 《物理世界奇遇记》
……………………〔美〕乔治·伽莫夫、〔英〕罗素·斯坦纳德
104 《植物的欲望：植物眼中的世界》 ………〔美〕迈克尔·波伦
108 《熊猫的拇指》 ……………………〔美〕斯蒂芬·杰·古尔德
113 《寂静的春天》 ……………………………〔美〕蕾切尔·卡森
118 《昆虫记》 ……………………………〔法〕让·亨利·法布尔
123 《地球传》 ……………………………………………… 徐刚
128 《当彩色的声音尝起来是甜的》 ……………… 科学松鼠会
133 《科学的历程》 …………………………………… 吴国盛

可读易懂的法律经典

140 《论法的精神》 ……………………………〔法〕孟德斯鸠

146 《社会契约论》 ………………………………〔法〕卢梭

151 《论犯罪与刑罚》 …………………〔意〕切萨雷·贝卡里亚

157 《论经济与社会中的法律》 ……………〔德〕马克斯·韦伯

162 《特权和寻租的经济学》 ………………〔美〕戈登·图洛克

166 《经济学语境下的法律规则》 ………〔美〕大卫·D. 弗里德曼

171 《中国法律与中国社会》 …………………………… 瞿同祖

176 《生活在民法中》 …………………………………… 梁慧星

182 《制度是如何形成的》 ……………………………… 苏力

188 《法律人的思维方式》 ……………………………… 陈瑞华

可供借鉴的历史片段

194 《人类的故事》 ……………………………………〔美〕房龙

198 《世界文明史》 ……………………………〔美〕威尔·杜兰特

202 《西行漫记》 ………………………………〔美〕埃德加·斯诺

207 《万历十五年》 ……………………………………〔美〕黄仁宇

213 《光荣与梦想：1932—1972 年美国社会实录》

……………………………………………〔美〕威廉·曼彻斯特

218 《毁灭的种子：战争与革命中的国民党中国（1937—1949）》

………………………………………………〔美〕易劳逸

223 《昨日的世界—— 一个欧洲人的回忆》 ……〔奥地利〕斯蒂芬·茨威格
228 《中国人史纲》 …… 柏杨
232 《统一与分裂：中国历史的启示》 …… 葛剑雄
236 《国史新论》 …… 钱穆

影响世界的名人轶事

242 《毛泽东传》 ……〔美〕罗斯·特里尔
247 《找寻真实的蒋介石》 …… 杨天石
252 《李鸿章传》 …… 梁启超
258 《民国人物列传》 …… 吴相湘
263 《紫禁城的黄昏》 ……〔英〕庄士敦
268 《名人传》 ……〔法〕罗曼·罗兰
273 《说吧，记忆》 ……〔美〕弗拉基米尔·纳博科夫
279 《拿破仑传》 ……〔德〕埃米尔·路德维希
283 《领袖们》 ……〔美〕尼克松
288 《渴望生活：梵高传》 ……〔美〕欧文·斯通

家长孩子的沟通桥梁

294 《小王子》 ……〔法〕圣·埃克苏佩里
299 《安徒生童话》 ……〔丹麦〕安徒生

304 《毛毛》 ……〔德〕米切尔·恩德
309 《长袜子皮皮》 ……〔瑞典〕阿斯特丽德·林格伦
314 《夏洛的网》 ……〔美〕怀特
319 《我亲爱的甜橙树》 ……〔巴西〕德瓦斯康塞洛斯
324 《窗边的小豆豆》 ……〔日〕黑柳彻子
328 《佐贺的超级阿嬷》 ……〔日〕岛田洋七
333 《白轮船》 ……〔吉尔吉斯斯坦〕艾特玛托夫
339 《爱的教育》 ……〔意〕埃德蒙多·德·亚米契斯

提升修养的文学读物

344 《变形记》 ……〔奥地利〕卡夫卡
350 《简爱》 ……〔英〕夏洛蒂·勃朗特
356 《不能承受的生命之轻》 ……〔捷克〕米兰·昆德拉
362 《日瓦戈医生》 ……〔苏联〕帕斯捷尔纳克
367 《老人与海》 ……〔美〕海明威
372 《百年孤独》 ……〔哥伦比亚〕加西亚·马尔克斯
378 《炼金术士》 ……〔巴西〕保罗·科埃略
384 《飞鸟集》 ……〔印〕泰戈尔
390 《雪国》 ……〔日〕川端康成
395 《围城》 ……钱锺书
400 《红高粱家族》 ……莫言

净化心灵的人生哲理

《道德经》

老子在中国思想史上有着重要的地位。他创立了我国三大宗教之一的道教，他所撰述的《道德经》开创了我国古代哲学思想的先河。他的思想还影响了整个中国哲学史后来的发展，并受到了国外学者的高度重视。一位美国学者曾预言，中国的《道德经》将是未来大同世界家喻户晓的一本书。

关于作者

在中国历史的发展过程中，春秋战国时代既是一个充满思想活力的时代，也是一个充满争议的时代，就拿道家的鼻祖老子来说，他究竟是何人，到现在依然争论不休，各家学者各执己见，均有观点。《庄子》称他为老聃，书中的内篇《德充符》，外篇《天地》《天运》《田子方》《知北游》等都把老子视为前辈，这是战国中晚期道家学派笔下的老子。秦汉之际成书的《礼记》中《曾子问》篇也把老子视为与孔子同时代的知礼守礼的长者。《史记·老子韩非列传》大体上把老子描写为道家，其中掺入“老莱子”和“太史儋”两个名字。但是据《史记·仲尼弟子列传》解释说，“于周则老子”，“于楚老莱子”，可见老子和老莱子是两个人。至于太史儋，司马迁说：自老子死后百二十九年，有周太史儋见秦献公云云。清代到近代学者汪中、梁启超等把老子世系同太史儋联系起来研究，认为老子就是太史儋，战国时人，是《老子》的作者，姓李，名耳，谥曰聃，字伯阳，楚国苦县（今鹿邑县）人，约生活于公元前571年至公元前471年之间。

老子所撰述的《道德经》开创了我国古代哲学思想的先河。他的哲学核心思想是“道生万物”的宇宙生成说，把宇宙看成一个自然产生、自然演变的过程，天地万物是依照自然规律发展变化的，而“道”是世界的本原。他的哲学精髓是朴素辩证法思想。他认为天地万物都是相反相成的，“有无相生，难易相成，长短相形，高下相倾，音声相和，前后相随”，矛盾双方相互依存，互为条件。他还提出对立面双方可以互相转化，事物总要走向它的反面。为了防止走向反面，他主张把自己放在弱者地位，认为“柔弱胜刚强”。这种观点在一定条件下有其合理性，但它忽视了矛盾双方的斗争，把转化看成是无条件的循环往复。

在政治思想上，老子主张“无为”，认为只有无为才能无不为，反映出当时统治者的无力，企图以此缓和尖锐的社会矛盾。但他对侯王的告诫，如“民之饥，以其上食税之多，是以饥”“民不畏死，奈何以死惧之”却是很精辟的。

不过，老子的历史观很落后，他主张回到“小国寡民”的时代，“邻国相望，鸡犬之声相闻，民至老死不相往来”。

总的来说，老子的哲学思想在中国思想史上有着重要的地位。他不但创立了我国三大宗教之一的道教，他的思想还影响了整个中国哲学史后来的发展，并受到了国外学者的高度重视。一位美国学者就曾预言，中国的《道德经》将是未来大同世界家喻户晓的一本书。

荐读理由

《道德经》即《老子》，又名《五千文》，全书共81章，多为韵文，分《道经》和《德经》两部分，因而被称为《道德经》。作为道家学派的一部重要经典，该书受到历朝历代上至国君下至黎民百姓的推崇，注释《老子》者不下千家。

《道德经》全书共五千言，篇幅不长，但论述精辟，意义丰富，思想深邃，句句富含玄机。其内容重在详尽论述作为宇宙本体、万物之源和运动规律的天道，并将这种天道用以关照人道，指导治国和修身，直面现实社会，涉及宇宙、自然、社会、人生的各个方面。

（一）论道。主要内容为：

1. 道，混沌而成，先天地生，是效法自然而形成的宇宙本体和规律法则，是“天地之母”“万物之宗”，是一切事物产生的动力和最后的归宿。

2. 道，无状无象，是人的视、听、触、味等感官知觉无法直接触及感知，但又用之不尽，确实存在的。因此，可以通过万物变化感觉“道”，通过观察体验认识“道”，逐步了解其“象” “物” “精”“信”，进而把握“道”的特征和规律。

3. 道，浑然一体，独立存在，虽然无始无终，无影无踪，但是超越时空，无处不在，周而复始，对立变化，影响着自然、社会和人生的命运，以循环的方式运动。

4. 道，空虚不盈，清静无为，永远存在，顺应自然，实际上又无所不为，永不穷尽，养育万物，除旧更新。万物依靠道而生，道养育万物而成。

5. “道常无名”“道隐无名”，质朴淳厚，玄妙幽深。

（二）治国。主要内容为：

1. 统治者必须效法天道，无私无欲，公正公平，善待百姓，善待万物，不要弃人弃物，不要人为造成亲疏、利害、贵贱的差别，这样才能真正得到善良和诚信。同时，还要认识到贵贱、高下的辩证关系，守道不争，谦下卑弱，去甚、去奢、去泰，称孤、道寡，言下、身后，才能无为而无不为，得到百姓拥戴，始终处于不败之地。

2. 治国的关键在于清静无为，少私寡欲，慎行贵言，顺应自然，不要肆意妄为，扰民害民，让百姓自化、自正、自富、自朴，甚至让百姓感觉不到统治者的存在，才是最好的侯王，因为“多言数穷”，为者败之。所以，必须抛弃世俗的圣智、仁义、巧利的诱惑，排除人为的忌讳、利器、技巧、法令的干扰，不要压迫欺诈百姓，更不能作威作福，为所欲为，否则，就会招致更大的反抗，引起天下大乱。

3. 统治者要让百姓无知无欲，“见素抱朴”，削弱心志，强健筋骨，抛弃现实社会的一切文明成果，恢复到质朴淳厚的原始状态，实现小国寡民，天下才能大治。

4. 老子憎恨统治者“损不足以奉有余”“以死惧之”的罪恶行为，指出百姓饥荒的根本原因在于统治者“食税之多”，认为仁、义、礼、智之类都是在道、德沦丧之后的产物，既不可信，又不可用。

5. 老子认为战争对于双方都是极大的灾难，其事好还，物壮则老，“师之所处，荆棘生焉。大军之后，必有凶年”，因此，要以不争之德对待战争，即使不得已而战，取得胜利也不能骄傲自得，炫耀逞强。

（三）修身。主要内容为：

1. 行道者修身要把守护灵魂和坚守大道紧密结合在一起，达到专气致柔的婴儿状态，关闭感官，纯洁心灵，知其雄，守其雌，永远保持质朴淳厚的品德，真正进入空虚无欲、清静无为的境界。

2. 为道者既要有知人之智、胜人之力，更要有自知之明、自胜之强，明白四达，知而不知。

3. 行道者以“慈”“俭”“不敢为天下先”为三宝，就是把慈爱公平、俭啬收敛、谦下不争作为人生的法则，即“治人事天，莫入啬”。

4. 事物总是互相依存，相反相成，“曲则全”是普遍法则，因此，圣人不自见、不自是、不自伐、不自矜，从没有“余食赘行”之类自我炫耀的多余行为，一切顺应自然。

5. 物欲的满盈、声色的诱惑、奢华的奉养，必定给自身造成灾难和短命，因此，修身养性者必须“见素抱朴”，清心寡欲，功成身退，才能长保平安。

综上，我们可以看到《道德经》绝对称得上是一部哲学经典，而且《道德经》的论述文字简洁、辙韵精巧，因此，有人说《道德经》是哲学的诗化表述。就连德国大哲学家尼采都说：“老子思慧的集大成——《道德经》，像一个永不枯竭的井泉，满载宝藏，放下汲桶，唾手可得。”而鲁迅更是高度评价此书，他说：“不读《道德经》一书，不知中国文化，不知人生真谛。”那么，就让我们赶快来浏览一下《道德经》吧！

先睹为快

第一章

道可道，非常道；名可名，非常名。无名，天地之始；有名，万物之母。故恒无欲，以观其妙；恒有欲，以观其徼。此两者，同出而异名，同谓之玄。玄之又玄，众妙之门。

第二章

天下皆知美之为美，斯恶已；皆知善之为善，斯不善已。故有无相生，难易相成，长短相形，高下相倾，音声相和，前后相随，恒也。是以圣人处无为之事，行不言之教；万物作而弗始，生而弗有，为而弗恃，功成而不居。夫唯弗居，是以不去。

第三章

不尚贤，使民不争；不贵难得之货，使民不为盗；不见可欲，使民心不乱。是以圣人之治也，虚其心，实其腹，弱其志，强其骨。恒使民无知无欲，使夫智者不敢为也。为无为，则无不治矣。

（摘自《道经》）

第三十八章

上德不德，是以有德；下德不失德，是以无德。上德无为，而无以为；下德无为，而有以为。上仁为之，而无以为；上义为之，而有以为。上礼为之，而莫之应，则攘臂而扔之。故失道而后德，失德而后仁，失仁而后义，失义而后礼。夫礼者，忠信之薄，而乱之首也。前识者，道之华，而愚之始也。是以大丈夫处其厚，不居其薄；处其实，不居其华。故去彼取此。

第三十九章

昔之得一者：天得一以清；地得一以宁；神得一以灵；谷得一以盈；万物得一以生；侯王得一以为天下正。其致之也，谓天无以清，将恐裂；谓地无以宁，将恐废；谓神无以灵，将恐歇；谓谷无以盈，将恐竭；谓万物无以生，将恐灭；谓侯王无以正，将恐蹶。故贵必以贱为本，高以下为基。是以侯王自谓孤、寡、不穀。是其以贱为本也？非欤？故致数舆，无舆。是故不欲琭琭若玉，珞珞若石。

（摘自《德经》）

延展阅读

《老子注释及评介》

这部由著名学者陈鼓应所著的巨作，自 1984 年由中华书局出版大陆版本以来，一直不断印行。本书不但是文献整理的杰作，也是中国哲学和哲学史研究的重要著作。作者汲取历代研究《老子》的成果，尤其是帛书《老子》出土以来的诸家成果，参以己见，使其成为新时期诸子学的经典著作之一。

《道德经与神仙画》

许渊冲编译。这是一本中英文对照的《道德经》，这部书中选用了中国古代多位著名画家绘制的与老子“道”的思想有关的书画作品和历代描述道教神仙信仰的神仙画。这些书画的选用是这本《道德经》与其他同类书籍的不同之处，精美的图文并茂的图书必将丰富与深化人们对这本千古名著的理解，使人们进一步体悟老子倡导的清静、自然、空灵的境界，让读者在得到文化陶冶的同时又得到美的享受。

《道德经的智慧》

丹明子解译。《道德经》中的《道经》讲述宇宙的根本，道出天地万物变化的玄机，表明变幻的微妙；《德经》说处世的方略，道出人事的进退之术，包含长生久视之道。作者在这部《道德经的智慧》中，力求做到行文通俗易懂，希望能帮助大家更好地理解《道德经》中智慧的真谛，让“道”真正地融入我们的日常生活之中，从我们身边的细枝末节就能够体会到老子的思想。

《庄子》

庄子是战国时期著名的思想家、哲学家、文学家，对后世影响深远。他认为人生的最高境界是逍遥自得，是绝对的精神自由，而不是虚名微利。以他和老子为代表的老庄哲学，在中国影响巨大，是哲学思想中唯一能与儒家和佛家学说分庭抗礼的学说。庄子甚至被人神化，奉为神灵。

关于作者

庄子是中华民族知识分子心中的一轮明月，踌躇满志却又似是而非，螳臂当车却又游刃有余，千百年来以其独特的行文风格与人格魅力感动着中国人。

庄子（约前369—前286），名周，字子休（一说子沐）。他是战国时期宋国蒙人，曾做过漆园吏。他生活困顿却鄙弃富贵名利，向往精神的逍遥与自由，力图在乱世中保持独立的人格。他是战国时期著名的思想家、哲学家、文学家，也是道家学派的代表人物，是先秦庄子学派的创始人。他继承和发展了老子的思想，后世将他与老子并称为“老庄”，把他们的哲学称为“老庄哲学”。庄子对后世产生了巨大的影响，他在我国文学史和思想史上的贡献为封建帝王所重视。唐开元二十五年，庄子被诏号为“南华真人”，后人即称之为“南华真人”，《庄子》一书也被称为《南华真经》。

庄子对后世的影响一方面体现在其文学价值上，仅以第一流作家而论，就有阮籍、陶渊明、李白、苏轼、辛弃疾、曹雪芹等深受其影响。刘熙载《艺概·文概》中就称其为“意出尘外，怪生笔端”。鲁迅高度评价庄子散文说:“汪洋辟阖，仪态万方，晚周诸子之作，莫能先也。”阅读庄子的文字，有一种自由翱翔的怡然之感。他的文字汪洋恣肆，呈现出来的意象雄浑飞越，再加上他想象的奇特丰富、情致的滋润旷达，都给人以超凡脱俗与崇高美妙的感受，在中国的文学史上独树一帜。庄子的文章富有浪漫主义色彩，那种寓言故事的形式以及贯穿其间的幽默与讽刺，都对后世文学语言有很大影响。他的文章体裁脱离了先秦语录体形式，标志着先秦散文已经发展到成熟的阶段，可以说，《庄子》代表了先秦散文的最高成就。

庄子在哲学上继承发扬了老子的思想，形成了自己独特的哲学思想体系与文风特色。老庄哲学在中国影响巨大，是哲学思想中唯一能与儒家和佛家学说分庭抗礼的学说。经过魏晋南北朝的演变，老庄哲学成为道家思想的核心内容。庄子在政治上主张无为而治，在人类生存方式上主张返璞归真，提出了“圣人不死，大盗不止”，“窃钩者诛，窃国者为诸侯”的精辟见解。而在人类生存方式上，他崇尚自然，提倡“天地与我并生，万物与我为一”，并且认为，人生的最高境界是逍遥自得，是绝对的精神自由，而不是虚名微利。他的这些思想和主张，对后世影响深远，是人类思想史上一笔宝贵的精神财富。

荐读理由

《庄子》共33篇，分为“内篇”“外篇”“杂篇”三个部分。一般认为，“内篇”的7篇文章是庄子所写；“外篇”的15篇是庄子的弟子们所写，或者是庄子与弟子一起合作写成，它反映的是庄子真实的思想；而“杂篇”的11篇文章情形较为复杂些，应当是庄子学派或者后学者所写。内篇包括：《逍遥游》《齐物论》《养生主》《人间世》《德充符》《大宗师》《应帝王》，一般被认定为庄子所作，集中表现了他的哲学思想。

《庄子·寓言》称《庄子》一书“寓言十九，重言十七，危言日出，和以天倪”。司马迁也说《庄子》“大抵率寓言也”（《史记·老庄申韩列传》）。因此，《庄子》可以说是寓言体的代表作。

了解庄子，就是要了解他的“天道自然无为”，了解他的“至人无己，神人无功，圣人无名”，了解“庄周梦蝶”以及他所选择的“曳尾于涂”。《逍遥游》是庄子作品中很有特色的一篇，充满奇特的想象和浪漫的色彩，寓说理于寓言和生动的比喻中。“逍遥游”的意义，就是没有任何束缚地、自由自在地活动。《齐物论》包含了齐物与齐论两个意思，是庄子哲学思想的又一重要方面，与“逍遥游”一并构成庄子哲学思想体系的主体。《人间世》讨论处世之道，既表述了庄子所主张的处人与自处的人生态度，也揭示出庄子处世的哲学观点。《大宗师》中，“宗”指敬仰尊崇，“大宗师”就是指最值得敬仰、尊崇的老师。而这里的老师指的是什么呢？那就是“道”。自然和人是浑然一体的，人的生死变化是没有什么区别的。庄子主张心斋坐忘，离形去智，忘却生死，顺应自然。此乃“道”之真谛也。

庄子守护着心灵的月亮，我们可以通过阅读《庄子》与他一起欣赏这美丽的明月。

先睹为快

北冥有鱼，其名为鲲。鲲之大，不知其几千里也；化而为鸟，其名为鹏。鹏之背，不知其几千里也；怒而飞，其翼若垂天之云。是鸟也，海运则将徙于南冥，——南冥者，天池也。《齐谐》者，志怪者也。《谐》之言曰：“鹏之徙于南冥也，水击三千里，抟扶摇而上者九万里，去以六月息者也。”野马也，尘埃也，生物之以息相吹也。天之苍苍，其正色邪？其远而无所至极邪？其视下也，亦若是则已矣。且夫水之积也不厚，则其负大舟也无力。覆杯水于坳堂之上，则芥为之舟，置杯焉则胶，水浅而舟大也。风之积也不厚，则其负大翼也无力，故九万里，则风斯在下矣，而后乃今培风；背负青天，而莫之夭阏者，而后乃今将图南。蜩与学鸠笑之曰："我决起而飞，抢榆枋而止，时则不至，而控于地而已矣，奚以之九万里而南为？"适莽苍者，三餐而反，腹犹果然；适百里者，宿舂粮；适千里者，三月聚粮。之二虫又何知！

小知不及大知，小年不及大年。奚以知其然也？朝菌不知晦朔，蟪蛄不知春秋，此小年也。楚之南有冥灵者，以五百岁为春，五百岁为秋；上古有大椿者，以八千岁为春，八千岁为秋，此大年也。而彭祖乃今以久特闻，众人匹之，不亦悲乎！

（摘自《庄子·内篇·逍遥游》）

延展阅读

于丹创作的《〈庄子〉心得》，是一本适合现代人阅读、用以理解庄子的书。通过"庄子何其人""境界有大小""感悟与超越"来阐释阅读《庄子》之后的心之所想，值得一读。认识了解庄子，还有一篇不可错过的文章，就是鲍鹏山创作的《庄子：在我们无路可走的时候》，语言简洁优美而又富有哲理，将庄子的难得之处从容道来，耐人寻味。

《论语》

孔子是我国古代著名的思想家和教育家。《论语》记载的是孔子及其弟子的言行，内容非常丰富，包括哲学、政治、道德、伦理、教育、文学等多个方面，对后世产生了极为深远的影响。一位诺贝尔奖获得者说：“人类要生存下去，就必须回到25个世纪前，去汲取孔子的智慧。”

关于作者

2008年8月8日，气势磅礴的北京奥运会开幕式隆重上演。在开幕式上，2008名演员击缶而歌，不断吟诵着孔子的那句千古名言——“有朋自远方来，不亦乐乎”，欢迎来自全世界的朋友。

“有朋自远方来，不亦乐乎”出自《论语》一书。《论语》记载的是孔子及其弟子的言行，是我国第一部语录体著作。《论语》的内容非常丰富，包括哲学、政治、道德、伦理、教育、文学等多个方面，记录了孔子及儒家学派的许多重要思想，对后世产生了极为深远的影响。可以说，它是中华民族的灵魂之作，是人类历史与世界各国共同的宝贵财富。

孔子，名丘，字仲尼，春秋时期鲁国人，是我国古代著名的思想家和教育家。他幼年生活艰难，但他勤奋好学，终于学业有成。孔子在30岁左右就开始兴办私学，收徒讲学，结束了此前只有贵族子弟才有受教育权利的局面。他的弟子很多，据说有3000人，其中著名的有颜回、子路、曾参等72人。孔子想实现自己的政治理想，因此积极寻求从政的机会。为了寻求贤明的君主，他周游列国，途中受过围攻，挨过饿，却始终没有机会实践自己的政治主张。后来，孔子看到自己的政治理想难以实现，就把主要精力放在了整理古代文献上。但他始终没有放弃教育事业，许多学生都一直跟随着他，向他讨教。孔子在世时并没有留下自己创作的作品，《论语》是他的弟子及再传弟子在孔子死后辑录编撰的。

孔子对后世有着深远的影响，在两千多年的封建社会中，他被尊为“至圣先师”，成为封建礼教的象征。孔子可谓生不逢时。他不知道，在他去世几百年后，儒家学说竟然成了统治阶级独尊的治国理念，传承了两千余年，他也因此被奉为圣人。

当前，孔子的影响已遍及全球，自2004年11月全球首家孔子学院在韩国成立以来，已有近300家孔子学院在全球开花，孔子的思想越来越受到世人的重视。诺贝尔奖获得者、瑞典人汉内斯·阿尔文曾表示:“人类要生存下去，就必须回到25个世纪前，去汲取孔子的智慧。”

荐读理由

《论语》在宋代与《大学》《中庸》《孟子》一起被合称为“四书”，是那个时代儒生必读的经典。明朝以后，“四书”更是被规定为科举考试的唯一内容。

《论语》共20篇，分别为《学而》《为政》《八佾》《里仁》《公冶长》《雍也》《述而》《泰伯》《子罕》《乡党》《先进》《颜渊》《子路》《宪问》《卫灵公》《季氏》《阳货》《微子》《子张》《尧曰》，篇名取自每篇前的两三个字。

《论语》的内容以伦理教育为主，包括哲学、历史、政治、经济、艺术、宗教等方面，反映了孔子的政治抱负、社会思想、教育理念等，从中也可看出孔子及其弟子们的人格修养、治学态度和处世方法。《论语》反映的是孔子“仁”的主要思想，即忠恕之道，但在《论语》中，还提出了孔子的其他主张。例如：孔子主张在生活、学习、事业上采取积极的态度，即“知之为知之，不知为不知”；在认识问题和教书育人上，主张实事求是的态度，老师不对，学生也可以明确地指出来，所谓“当仁不让于师”；注重“学”与“思”的结合，即“学而不思则罔，思而不学则殆”；他坚决反对苛政和任意刑杀，主张以“仁”、以“德”教化天下，即用王道治理天下。

《论语》语言简洁，富含哲理，发人深省。书中的不少语句，经历代沿用，已成为格言或成语，如吾日三省吾身、见义勇为、既往不咎、不耻下问、三思而后行、举一反三、任重而道远、后生可畏、欲速则不达等。当然，书中的部分主张是与马克思主义唯物观相违背的。我们要以唯物和历史的观点对待孔子学说，对待儒家思想。对于糟粕，要加以剔除；对于精华，要加以有效地利用。

先睹为快

子曰：“富与贵是人之所欲也，不以其道得之，不处也；贫与贱是人之所恶也，不以其道得之，不去也。君子去仁，恶者成名？君子无终食之间违仁，造次必于是，颠沛必于是。”

子曰：“我未见好仁者、恶不仁者。好仁者，无以尚之；恶不仁者，其为仁矣，不使不仁者加乎其身。有能一日用其力于仁矣乎？我未见力不足者。盖有之矣，我未之见也。”

子曰：“人之过也，各于其党。观过，斯知仁矣。”

子曰：“朝闻道，夕死可矣。”

子曰：“士志于道，而耻恶衣恶食者，未足与议也。”

子曰：“君子之于天下也，无适也，无莫也，义之与比。”

子曰：“君子怀德，小人怀土；君子怀刑，小人怀惠。”

子曰:“放于利而行，多怨。”

子曰:“能以礼让为国乎？何有？不能以礼让为国，如礼何?”

子曰:“不患无位，患所以立；不患莫己知，求为可知也。”

子曰:“参乎！吾道一以贯之。”曾子曰:“唯。”子出。门人问曰:“何谓也?”曾子曰:“夫子之道，忠恕而已矣。”

子曰:“君子喻于义，小人喻于利。”

子曰:“见贤思齐焉，见不贤而内自省也。”

子曰:“事父母几谏。见志不从，又敬不违，劳而不怨。”

子曰:“父母在，不远游。游必有方。”

子曰:“三年无改于父之道，可谓孝矣。”

子曰:“父母之年，不可不知也。一则以喜，一则以惧。”

子曰:“古者言之不出，耻躬之不逮也。”

子曰:“以约失之者，鲜矣。”

子曰:“君子欲讷于言，而敏于行。”

子曰:“德不孤，必有邻。”

子游曰:“事君数，斯辱矣；朋友数，斯疏矣。”

延展阅读

《论语通译》

徐志刚著。和其他的《论语》注释本相比，该书以较客观的立场仅对原文作了译白的工作，并作了一些历史背景的介绍和补充，内容浅显，适合普通读者阅读。

《增广贤文》

《增广贤文》是读国学最好的入门书之一，因为它囊括了从古至今中华文化的精华。该书文字不多，以格言的形式讲述了为人处世之道，阐发了深刻的人生哲理，是对中国人处世经验和智慧的完美总结。

关于作者

现在国家大力倡导建设学习型社会，提倡国人应该读一点国学，而国学经典浩如烟海，从何入门？依编者看来，《增广贤文》就是读国学最好的入门之书，因为它囊括了从古至今中华文化的精华。

《增广贤文》又名《昔时贤文》，最早出现于明代万历年间，作者已无从查找，后来经过明、清两代文人的修改，最终成书于清代中期，说它是我国古代全体知识分子的智慧结晶也不为过。此书是有韵的格言谚语与文献佳句的选编，属于古代训示类的启蒙读物。其内容有的取自古代文献，有的直接取自民间，这些经典格言经常被人们挂在嘴边。说者言简意赅，文采斐然；听者耳熟能详，欣然会意，无须再多费唇舌，加以解释。这正是《增广贤文》的魅力所在。故自问世以来，流传很广。特别是自清代后期以来，风靡全国，影响所及，家喻户晓。其中的许多格言至今仍广为流传，显示了强大的生命力。

荐读理由

《增广贤文》主要讲述为人处世、待人接物、治学修德等方面的道理。书中有文言，有俗语；有直言，有婉言；有劝善言，有诫勉言；有在家出家言，有仕宦治世言，有隐逸出世言；士农工商，无一不备。正因为该书不拘一格，采录广泛，所以良莠不齐，高下不一，甚至相互矛盾，如文中既有“人无横财不富，马无夜草不肥”，也有“有田不耕仓廪虚，有书不读子孙愚”。也正因为如此，才典型地反映了中国人的人生态度和处世原则。中国传统文化本来就是以封建文化为主体的复合体，而封建文化中自然也存在着大量的糟粕，这些是我们在阅读过程中需要注意和筛选的。

该书的内容十分精彩，它的文字不多，以格言的形式讲述了为人处世之道，阐发了深刻的人生哲理，是对中国人处世经验和智慧的完美总结，读起来抑扬顿挫，朗朗上口，比较接近口语，易于为人们接受，值得现代人借鉴。书的内容基本上反映了中国古代百姓的生活心理，像儒家学说、佛教思想、道教思想的内容在书里均有体现。由于该书产生于明清，所以必然受到时代的影响，包含一定的文化糟粕，如“多一事不如少一事”“人的命天注定”之类的消极迷信思想很多，我们阅读的时候应该有所分辨。不过，《增广贤文》中劝人向善的内容还是占了很大篇幅。它告诫人们要行善、扬善，始终怀抱善心、善意，善待所有的人，那么这个世界就会少了很多假、恶、丑，多了很多真、善、美，人们生活的这个世界才能真正称得上是一个美好的世界。

《增广贤文》是一本励志书，读者可以用“根深不怕树摇动，树正何愁月影斜”“知足常乐，终身不辱”来自勉；可以在“责人之心责己，恕己之心恕人”“宁可直中取，不可曲中求”中来提高自身素养；可以从“画虎画皮难画骨，知人知面不知心”里去谨慎处世；可以从“假缎染就真红色，总会被人说是非”“牡丹花好空入目，枣花虽小结实多”里去伪存真、务求实效；可以从“得宠思辱，居安思危”“相逢好似初相识，到老终无怨恨心”里得到满足并找到快乐。

《增广贤文》还阐述了许多人生哲理。比如“山中自有千年树，世上难逢百岁人”“人见白头嗔，我见白头喜”，以唤醒人们尊老敬老、感恩报德的良知；而“远水难救近火，远亲不如近邻”，更是表述了和睦相处的重要性；“三人一条心，黄土变成金”，肯定了团结出智慧、出力量、出成果；“是非终日有，不信自然无”，就是说遇事不必争高低；而“百世修来同船渡，千年换来共枕眠”，更是恩爱夫妻的催化剂。此外，还有谈勤学惜时的“一寸光阴一寸金，寸金难买寸光阴”“少壮不努力，老大徒伤悲”；谈师友关系的“听君一席话，胜读十年书”“酒逢知己饮，诗向会人吟”；谈处世修养的“岂能尽如人意，但求不愧我心”“君子爱财，取之有道”……在《增广贤文》中，类似这样的格言俯拾皆是。

这样一本好书，我们怎能错过？那就让我们赶快走进《增广贤文》的世界吧。

先睹为快

知己知彼，将心比心。

酒逢知己饮，诗向会人吟。

相识满天下，知心能几人。

相逢好似初相识，到老终无怨恨心。

近水知鱼性，近山识鸟音。

易涨易退山溪水，易反易复小人心。

运去金成铁，时来铁似金。读书须用意，一字值千金。

逢人且说三分话，未可全抛一片心。

有意栽花花不发，无心插柳柳成荫。

画虎画皮难画骨，知人知面不知心。

钱财如粪土，仁义值千金。

流水下滩非有意，白云出岫本无心。

当时若不登高望，谁信东流海洋深。

路遥知马力，日久见人心。

两人一般心，无钱堪买金。一人一般心，有钱难买针。

相见易得好，久住难为人。

马行无力皆因瘦，人不风流只为贫。

饶人不是痴汉，痴汉不会饶人。

是亲不是亲，非亲却是亲。

美不美，乡中水，亲不亲，故乡人。

延展阅读

《名贤集》

《名贤集》是古代启蒙读物中和《增广贤文》齐名的代表之作，汇集了历代名人贤士的嘉言善行，以及民间流传的为人处世、待人接物、治学修德等方面的格言、谚语。书中许多内容依然是对今天中国社会现象言简意赅的描述，古人对此早有点评，如果人们能早些明了这些看似简单的道理，也许会少走许多弯路，拥有较高的素质，在日常生活中与周围的人和谐相处，受到人们的尊敬。

《曾国藩家书》

曾国藩　著

曾国藩是中国近代史上地位显赫而又负有争议的一位大人物，虽然他位居高官，却从来没有放弃自己的品德修养，不断地对自己的行为进行反省和自责。青年时期的毛泽东对其十分佩服，蒋介石更是把曾国藩奉为终身学习的楷模。

关于作者

作为中国近代史上地位显赫而又负有争议的一位大人物，我们应从曾国藩的身世说起。曾国藩的祖父自幼教育曾国藩“君子在下则排一方之难，在上则息万物之嚣”，“人以懦弱无刚为大耻，故男儿自立，必须有倔强之气”。受家庭教育的熏染，曾国藩从小发愤图强，6 岁入塾读书，8 岁随父学五经，14 岁应童子试，22 岁考取秀才，28 岁中进士。初授翰林院检讨，1846 年充文渊阁直学士，次年升内阁学士兼礼部侍郎衔，后一直官运亨通，直至升到二品。

可贵的是他虽然位居高官，却从来没有放弃自己的品德修养，甚至到他晚年，其政治思想已经相当成熟，他也不放弃对自己的行为进行反省和自责。因此，说他的一生是“修身齐家治国平天下”的真实写照一点也不为过。而且值得世人称赞的是他不仅对自己立志求学要求极严，有很高的抱负，他还对四位弟弟说，“不能不趁三十以前立志猛进也”，读书讲究“志、识、恒”，“有志则断不甘为下流，有识则知学问无尽，不敢以一得自足，如河伯观海，如井蛙窥天，皆无识也，有恒则断无不成之事”。

在其志向的激励之下，曾国藩终生勤俭谨慎，学修不断。因此，当清政府镇压太平军起义屡次败北时，他创立的湘军却能扭转败局，取得军事上的胜利。清政府称他是“学本有源，器成远大，忠诚体国，节劲凌霜”，赞扬他是“中兴第一名臣”。

而在极重“立德、立功、立言”的湖湘学派中，曾国藩既是一名推波助澜者，又是一位佼佼者，因而1917年毛泽东在致黎锦熙的长信中写道:“愚于近人，独服曾文正，观其收拾洪杨一役，完满无缺。”蒋介石更是把曾国藩奉为终身学习的楷模，在其任黄埔军校校长时，就把《曾胡兵书》列为必修科目。他还经常向儿子蒋经国讲述他学习曾国藩的心得体会，一再叮嘱蒋经国要终身学习研究《曾国藩家书》。

此外，早年的曾国藩还致力于学问研究，其学术研究从历史、古文到书法、理学以及各种典章制度。可惜留下来的只有《曾国藩家书》。所以，今人要研究学习曾国藩主要就靠《曾国藩家书》，它记述了曾国藩一生的主要活动和他从政、治家、治学、治军的主要思想，是研究曾国藩思想的宝贵资料。

荐读理由

曾国藩的家书，上自祖父母至父辈，中对诸弟，下及儿辈。他一生强调立志，常说:“志不立，天下无可成之事。”他为自己写下座右铭道:“不为圣贤，便为禽兽；不问收获，但问耕耘。”在其家书家教中，立志之论甚多。立志之后，据此求过，自律自勉。他说:“余身旁须有一胸襟恬淡者，时时伺吾之短，以相箴规，庶不使‘矜心’生于不自觉。”

在为人处世上，曾国藩终生以“拙诚”“坚忍”行事。他在致其弟信中说:“吾自信亦笃实人，只为阅历世途，饱更事变，略参些机权作用，便把自家学坏了！……贤弟此刻在外，亦急需将笃实复还，万不可走入机巧一路，日趋日下也。”至于坚忍功夫，曾国藩可谓修炼到了极点。他说:“困心横虑，正是磨炼英雄，玉汝于成。李申夫尝谓余怄气从不说出，一味忍耐，徐图自强。因引谚曰：‘好汉打脱牙和血吞。’此二语，是余生平咬牙立志之诀。余庚戌辛亥间，为京师权贵所唾骂；癸丑甲寅，为长沙所唾骂；乙卯丙辰为江西所唾骂；以及岳州之败，靖港之败，湖口之败，盖打脱牙之时多矣，无一次不和血吞之。”

在持家教子方面，曾国藩主张勤俭持家，努力治学，睦邻友好，读书明理。他在家书中写道:“余教儿女辈惟以勤俭谦三字为主。……弟每用一钱，均须三思，诸弟在家，宜教子侄守勤敬。吾在外既有权势，则家中子弟最易流于骄，流于佚，二字皆败家之道也。”他希望后代兢兢业业，努力治学。他常对子女说，只要有学问，就不怕没饭吃。他还说，门第太盛则会出事端，主张不把财产留给子孙，子孙不肖留亦无用，子孙图强，也不愁没饭吃，这就是他所谓的盈虚消长的道理。

在治军用人方面，曾国藩更是有其独到之处。对于武器和人的关系，他认为“用兵之道，在人不在器”，“攻杀之要，在人而不在兵”。在军队治理上主张以礼治军:“带勇之法，用恩莫如用仁，用威莫如用礼”，“我辈带兵勇，如父兄带子弟一般，无银钱，无保举，尚是小事，切不可使他扰民而坏品行，因嫖赌洋烟而坏身体，个个学好，人人成材”。为使官兵严守纪律、爱护百姓，曾国藩亲做《爱民歌》以劝导官兵。

如此种种家常小事、军国大事，在《曾国藩家书》中举目皆是，也正是这些极为广泛的内容，为我们生动地展现了一代风云人物的思想情感。让我们在其从容镇定的行文里，感知平淡家常中蕴含的真知良言，体会他的学识造诣和道德修养，为今天的自己明志！

先睹为快

致诸弟·明师益友虚心请教

……

盖人不读书则已，亦既自名曰读书人，则必从事于《大学》。《大学》之纲领有三：明德、新民、止至善，皆我分内事也。若读书不能体贴到身上去，谓此三项与我身毫不相涉，则读书何用？虽使能文能诗，博雅自诩，亦只算得识字之牧猪奴耳！岂得谓之明理有用之人也乎？朝廷以制艺取士，亦谓其能代圣贤立言，必能明圣贤之理，行圣贤之行，可以居官莅民、整躬率物也。若以明德、新民为分外事，则虽能文能诗，而于修己治人之道实茫然不讲，朝廷用此等人作官，与用牧猪奴作官何以异哉？

然则既自名为读书人，则《大学》之纲领，皆己身切要之事明矣。其修目有八，自我观之，其致功之处，则仅二者而已：曰格物，曰诚意。格物，致知之事也；诚意，力行之事也。物者何？即所谓本末之物也。身、心、意、知、家、国、天下，皆物也；天地万物，皆物也；日用常行之事，皆物也。格者，即物而穷其理也。如事亲定省，物也；究其所以当定省之理，即格物也。事兄随行，物也；究其所以当随行之理，即格物也。吾心，物也；究其存心之理，又博究其省察涵养以存心之理，即格物也。吾身，物也；究其敬身之理，又博究其立斋坐尸以敬身之理，即格物也。每日所看之书，句句皆物也；切己体察，穷究其理，即格物也。此致知之事也。所谓诚意者，即其所知而力行之，是不欺也。知一句便行一句，此力行之事也。此二者并进，下学在此，上达亦在此。

吾友吴竹如格物工夫颇深，一事一物，皆求其理。倭艮峰先生则诚意工夫极严，每日有日课册。一日之中，一念之差，一事之失，一言一默，皆笔之于书，书皆楷字，三月则订一本。自乙未年起，今三十本矣。盖其慎独之严，虽妄念偶动，必即时克治，而著之于书。故所读之书，句句皆切身之要药。兹将艮峰先生日课，抄三叶付归，与诸弟看。

余自十月初一日起，亦照艮峰样，每日一念一事，皆写之于册，以便触目克治，亦写楷书。冯树堂与余同日记起，亦有日课册。树堂极为虚心，爱我如兄，敬我如师，将来必有所成。余向来有无恒之弊，自此次写日课本子起，可保终身有恒矣。盖明师益友，重重夹持，能进不能退也。本欲抄余日课册付诸弟阅，因今日镜海先生来，要将本子带回去，故不及抄。十一月有摺差，准抄几叶付回也。

余之益友，如倭艮峰之瑟僩，令人对之肃然。吴竹如、窦兰泉之精义，一言一事，必求至是。吴子序、邵蕙西之谈经，深思明辨。何子贞之谈字，其精妙处，无一不合，其谈诗尤最符契。子贞深喜吾诗，故吾自十月来，已作诗十八首，兹抄二叶付回，与诸弟阅。冯树堂、陈岱云之立志，汲汲不遑，亦良友也。镜海先生，吾虽未尝执贽请业，而心已师之矣。

吾每作书与诸弟，不觉其言之长，想诸弟或厌烦难看矣。然诸弟苟有长信与我，我实乐之，如获至宝。人固各有性情也。

余自十月初一起记日课，念念欲改过自新；思从前与小珊有隙，实是一朝之忿，不近人情，即欲登门谢罪。恰好初九日小珊来拜寿，是夜余即至小珊家久谈。十三日与岱云合伙，请小珊吃饭。从此欢笑如初，前隙尽释矣。

……近事大略如此，容再续书。兄国藩手具。

（道光二十二年十月二十六日）

延展阅读

《傅雷家书》

傅雷是我国著名的翻译家、文艺评论家。傅雷夫妇作为中国父母的典范，一生用尽心血培养的两个孩子——著名钢琴大师傅聪、英语特级教师傅敏，正是他们先做人后成“家”、超脱小我、独立思考、因材施教等教育思想的成功典范。《傅雷家书》是傅雷夫妇于 1954 年至 1966 年间写给傅聪、傅敏的家信摘编，是一本“充满着父爱的苦心孤诣、呕心沥血的教子篇”，也是“最好的艺术学徒修养读物”，更是既平凡又典型的“不聪明”的近代中国知识分子的深刻写照。该书出版以来，5 次再版，19 次重印，印数已超 100 万册，足以证明这本小书影响之大。

《靠自己去成功》

《靠自己去成功》是美籍华人作家、教育家刘墉专门写给女儿的书。在这本书中，刘墉和女儿无所不谈，小到吃饭、穿衣，大到人生、世界。《当习惯成了自然》《恨老师》《谁不希望睡到自然醒》《有赢有输才是人生》……鲜活的语言、奇异的故事以及巧妙融于其中的哲理，使人读来颇具兴味。

《跨一步，就成功》

这是继《靠自己去成功》之后，刘墉更进一步，以跟女儿交谈的方式深入探讨处世、使用时间、运动、写作、记忆等问题的著作，更可贵的是他提出了许多切实可行的方法。青春年华的少男少女应该如何应对异性爱慕、追随的眼光？少男少女如何才能培养出良好的风度、优雅的风范？……这些少男少女心中的疑惑、诘问、困扰都可以在这本书中找到精彩的答案。

《沉思录》

〔古罗马〕马可·奥勒留　著

《沉思录》是古罗马帝国皇帝马可·奥勒留在劳碌的行军和处理政事的间隙所进行的自我反思和自我勉励的结晶。这本被视为“小众读物”的著作因温家宝总理的推荐而成为书商的卖点，成为广大读者推崇的读物。

关于作者

2008年，一位古罗马帝国皇帝的名字在中国频频出现，他的著作被温家宝总理“放在床头，可能读了有一百遍，天天都在读”，这本出版多年、备受冷落、被视为“小众读物”的著作也因温家宝总理的热捧而成为书商的卖点，仅2008年一年就冒出了18个版本，在相当长的一段时间高居畅销书排行榜的榜首，并且在许多书店不断刷新单日销售最高纪录，创造了当年国内图书市场的最大神话。

这本充满传奇色彩的图书是《沉思录》，作者是距今约两千年的古罗马帝国皇帝马可·奥勒留（121—180）。而更令人称奇的是，我们的老祖宗也知道这位外国的皇帝。学过历史的人都知道，《后汉书·西域传》中曾有记载，在汉桓帝延熹九年（166），有一位大秦王安敦曾遣使来汉。在史书中，大秦指的是古代的罗马，安敦就是古罗马帝国安敦尼王朝的皇帝马可·奥勒留。

马可·奥勒留，公元161至180年在位，是罗马“五贤君”中的最后一位。马可·奥勒留是皇帝，同时也是一位闻名世界的哲学家，是斯多葛学派晚期的重要代表人物，人们将他称为“马背上的哲学家”。他在希腊文学和拉丁文学、修辞、哲学、法律、绘画等方面受过很好的教育。作为军人，他战功赫赫；作为皇帝，他关心百姓，普建慈善机构，甚至出售私人珠宝用于赈灾。他还有一个不朽的成就，就是这部《沉思录》。

在奥勒留执政的近20年间，古罗马帝国水灾、地震、瘟疫、饥荒、外族入侵、军事反叛等天灾人祸不断，虽然奥勒留以其坚定的精神和智慧，兢兢业业、不辞辛劳地工作，但还是无法扭转古罗马帝国衰败的局面。公共职责的沉重负担和个人际遇的沉痛经历使他陷入了极度的悲观中，而使他能坚持下去的正是哲学。他试图以“哲学的沉思”来避开人世的纷扰，追求内心的安宁。《沉思录》就是奥勒留在劳碌的行军和处理政事的间隙所进行的自我反思和自我勉励的结晶。

一生戎马倥偬的奥勒留最终因疲劳和衰弱死在了马背上。

荐读理由

梁实秋是《沉思录》在中国最早的推荐者，他在《了生死》《怒》《养成好习惯》等散文和《影响我最深的几本书》中，都以很大篇幅提及这本书。他这样说：“自古以来，有操守、有修养的哲学家历代都不乏其人，位居至尊、叱咤风云的皇帝也是史不绝书的，但是以一世英主而身兼苦修哲学者则除了马可·奥勒留外恐怕没有第二人。这位一千八百年前的旷代奇人在无意中给我们留下了这部《沉思录》，我们借此可以想见其为人，窥察其内心，从而对于为人处世、律己待人之道有所领悟，这部书不能不说是人间至宝之一。”

《沉思录》内容上像斯多葛学说一样，可以说是思想的沉思，是灵魂的低语。奥勒留的勤政并没能改变古罗马的颓势，于是，他用“独白”的方式来反省自己。在《沉思录》一书里，作者就像一个严峻而又平和的人站在镜子前面，告诫镜子中的自己什么是善，我们应该过怎样的生活。从《沉思录》的字里行间，我们很难找到奥勒留对其“帝王身份”的所谓认同感。作为哲学家，他始终是以“人”的身份来思考人生，并对自己的生活和人类的生活始终保持一种审视的距离，谦逊而又极为冷峻。英国思想家罗素认为，奥勒留的“这部书表明了他感到自己的公共职责的负担沉重，并且还为一种极大的厌倦所苦恼着”。

这部饱含智慧的书，并非是对某一哲学流派的宣扬，仅仅只是这位生不逢时的帝王的人生感悟；不是理论辞藻的堆砌，而是对人生经历的述怀。美国《一生的读书计划》的作者费迪曼评论说：“《沉思录》有一种不可思议的魅力，它甜美、忧郁和高贵。这部黄金之书以庄严不屈的精神负起做人的重荷，直接帮助人们去过更加美好的生活。”

不过，《沉思录》并不是一本通俗的读物，原书是用古希腊文写成的，由一个个片段连缀而成，原本是奥勒留写给自己看的。当大批读者盲从跟风阅读该书时，不免会感到深奥难解。该书译者之一的何怀宏教授就曾劝读者千万不要硬读，现在看不懂就将它暂时搁置，等将来人生阅历深了再读自然就懂了。

对于国内图书市场上的多种版本，读者反映不一，除了何怀宏的版本比较受欢迎外，读者们推崇的还有国学大师梁实秋先生在50年前翻译的版本。他们认为，梁版《沉思录》好读也易读，一方面由于梁实秋本身的深厚功底和翻译水准而致，另一方面则不得不归因于他对人生的深刻理解，这也是梁实秋译本之所以堪称大师级译本的主要原因。

先睹为快

在天亮的时候，如果你懒得起床，要随时作如是想：“我要起来，去做一个人的工作。”我生下就是为了做那工作的，我来到世间就是为了做那工作的，那么现在就去做那工作又有什么可怨的呢？我既是为了这工作而生的，那么我应该蜷卧在被窝里取暖吗？“被窝里较为舒适呀。”那么你是生来为了享乐的吗？简言之，我且问汝，你是被动的还是主动的要有所作为？试想每一细小的植物，每一只小鸟、蚂蚁、蜘蛛、蜜蜂，他们是如何的勤于操作，如何的各尽厥职，以组成一个有秩序的宇宙。那么你可以拒绝去做一个人的工作吗？自然命令你做的事你还不赶快去做吗？“但是一些休息也是必要的呀。”这我不否认。但是根据自然之道，这也要有个限制，犹如饮食一般。你已经超过限制了，你已经超过足够的限量了。但是讲到工作你却不如此了，多做一点你也不肯。

你不爱你自己，否则你一定也会爱你的本性，而且按照你的本性去做。别人因敬爱他们的职业而辛勤地工作，以至于羸瘦不堪，忘记洗盥进食。但是你却不尊敬你的本性，还不如金属雕刻匠之于雕镂，舞者之于舞术，守财奴之于他的钱袋，好虚荣者之于喝彩声。这些人，做事非常认真，以至废寝忘食，所以才能因兴趣之所在而精益求精，但是你以为与社会有关的行为是比较没有价值，并且比较不值得注意吗？

纵使你的生命可以延展到三千年，甚至三万年，要知道一个人只能死一次，也只能活一回；所以，顶长的寿命和顶短的都是一个样。因为所谓“现在”，对大家是一样长的，我们所丧失的根本便不是我们的，所以我们所放弃的显然只是很短暂的一段时间而已。所以有两件事要记取：第一，自亘古以来一切事物都是在同一模型里铸造出来的，然后一遍一遍地重复翻演，所以一个人在一百年间或二百年间或永恒不变地看同样的事物演来演去，实在是没有差别的。再一件事便是：长寿的与夭折的人所放弃的是一样的多。因为一个人所能被剥夺的只有“现今”，事实上只有这个是他所有的，而他所没有的东西，他当然也不会失掉。

任何事，凡是强迫你违背诺言、放弃荣誉，令你怀恨、猜疑，或是诅咒任何人，要你扮演一个伪善者，引诱你追求需要墙壁帷幄来掩蔽的享乐，你都不要认为是于你有益的事。因为，凡是认定自己的智慧及神明为优于一切并从而膜拜之的人，绝不成为悲剧人物，绝不苦痛呻吟，绝不企求幽独，亦绝不希冀尘嚣，他的一生无所追求，亦无所闪避。他的灵魂在躯壳里究竟能停留长一些时间或短一些时间，他毫不介意，因为纵使要他立刻就离开尘世，他也会高高兴兴地就道，就好像做别的事情一般的从容不迫，他一生中只注意到一件事，思想决不背离一个有理性的人和一个良好公民所应有的楷模。

延展阅读

《人生的智慧》

《人生的智慧》是德国哲学家阿图尔·叔本华晚年的著作，作者以优雅的文体，从世俗的角度探讨了人生应遵循的原则。他在书中阐释了自己的人生哲学，逐一探讨关于人性、人格、地位、荣耀、名声等长久困惑人类心灵的问题，认为有智慧的人应该以超然而明智的态度对待世务。著名小说家弗兰茨·卡夫卡说：“叔本华是一个语言艺术家，仅仅因为他的语言，我们就应该无条件地读他的著作。”

《人性论》

〔英〕休谟　著

有人说休谟是有史以来最好的哲学家，他在 26 岁完成的《人性论》被后世的哲学家们认为是哲学史上最重要的著作之一。休谟的影响力是如此之大，就连大科学家爱因斯坦都曾经表示，他在构思相对论时受到了休谟的启发。

关于作者

有人说休谟（1711—1776）是有史以来最好的哲学家。就在别人作出一副哲学家派头的时候，他却在画室里玩弹子游戏或在家陪伴母亲。就是这么一位“好人”，在 26 岁便完成了《人性论》，这本被后世哲学家们认为是哲学史上最重要的著作之一的作品。

但是这本后来为休谟带来荣誉的重要作品，在当时出版后并没有引起人们的注意，休谟自己甚至沮丧地说道:“媒体对这本书的反应是一片死寂，甚至连对那些狂热的读者群都没有半点交代。不过我本来就养成乐观而开朗的个性，很快就从这样的挫折里站了起来，并继续在乡下努力地进行研究。”后来休谟的几部著作仍然没有引起什么反响。休谟的命运也像众多生前比较寂寞的伟大人物一样，直到 18 世纪 70 年代，随着德国哲学家康德的夸赞（康德说，是休谟让他从独断主义的迷梦中惊醒），休谟的哲学著作才开始引起大众的关注，也是在这之后休谟才获得了他应得的声誉。

休谟在哲学上的贡献，就像他为自己墓志铭上写的那样：“生于

1711，死于 ——空白部分就让后代子孙来填上吧。”他的成就影响了整个哲学史的发展轨迹。他的不可知论哲学推翻了用理性的方法来分析世界的可能性，这就为把直观当做认识的普遍原则开辟了道路。所以有人甚至认为没有休谟就没有康德，随之以康德为代表的德国古典哲学也将不复存在，那么之后马克思主义的诞生也令人担忧，这也许有些夸张的意味。

休谟作为一名思想家，在其他领域的贡献也足以让人敬仰。在伦理学领域，休谟探讨了道德问题，他最先在《人性论》中讨论到了道德，后来在一篇名为《道德原理研究》的短文中又进一步阐述了他的理论。他的研究告诉人们，在现实生活中如何进行道德判断，提出了人们被同情所驱动而向他人给予并非出于私心的照顾和关心的利他主义感情。在政治学领域，休谟主张彰显法治的重要性，在他出版于1744年的《道德和政治论文集》中，他认为社会应该被一套公正的司法体制所治理。他也相信贸易扩展会带来经济的繁荣，从而有利于一个处于“未开化状态”的社会走向文明。在经济学领域，休谟分别对私人财产、通货膨胀以及国际贸易等理论进行了探讨。值得一提的是，休谟是最先提出物价—货币流动体制理论的学者之一。

休谟的影响力是如此之大，就连大科学家爱因斯坦都曾经表示，他在构思相对论时受到了休谟的启发。

荐读理由

休谟12岁时被送进了爱丁堡大学读书（当时的入学年龄是14岁），原本主修法律的他在18岁时声称在哲学领域取得了重大的突破，于是他下定决心来面对这个“全新的思考领域”，“抛弃其他所有快乐和事业，完全奉献在这个领域上”。于是在后来数年之内，他集中了自己的哲学思考而出版了《人性论》一书。从他的经历我们可以看出他在哲学领域确有天赋。

《人性论》从社会角度而非自然科学角度探讨了基于公共意见与信念而形成的人的社会本性。全书分三卷，分别为“论知性”“论情感”“论道德”。第一卷阐述认识论，主要说明了认识的起源、分类和范围，人的认识能力和界限，以及推理的性质和作用等内容。第二卷以感觉性观点说明伦理学和美学问题，认为快乐的感觉是善和美的共同基础。第三卷是在前两卷基础上对道德问题的全面阐述。

休谟对人性的分析开启了西方道德哲学中的情感主义。他认为对于人性的分析不能从理性的抽象原则出发，而应着眼于符合心理法则、能表现出价值倾向的现实的个人。正是由于休谟对市民社会中的人性本质以及制度建构有着深刻的认识，才使得他的一般人性论具有坚实的现实基础和更强的理论说服力。甚至可以说休谟的人性论所揭示的哲学本性是一种人的社会政治本性。他在《人性论》中对人性透彻的分析以及对道德善恶标准的界定，为当代政治哲学和道德哲学提供了论说的话题。

《人性论》一书中另一个精彩之处就是休谟从发生学角度分析因果关系如何建立，它有三个前提：相近性、联系性以及必然联系。书中对“每一个事物都有一个原因”的批驳相当精辟。

先睹为快

人类心灵中的一切知觉（perceptions）可以分为显然不同的两种，这两种我将称之为印象和观念。两者的差别在于：当它们刺激心灵，进入我们的思想或意识中时，它们的强烈程度和生动程度各不相同。进入心灵时最强最猛的那些知觉，我们可以称之为印象（impressions）；在印象这个名词中间，我包括了所有初次出现于灵魂中的我们的一切感觉、情感和情绪。至于观念（idea）这个名词，我用来指我们的感觉、情感和情绪在思维和推理中的微弱的意象：当前的讨论所引起的一切知觉便是一例，只要除去那些由视觉和触觉所引起的知觉，以及这种讨论所可能引起的直接快乐或不快。我相信，无需费词就可以说明这种区别。每个人自己都可以立刻察知感觉与思维的差别。两者的通常差别程度很容易分辨，虽然在特殊例子中，两者不是不可能很相接近。例如在睡眠、发烧、疯狂或任何心情十分激动的状态中，我们的观念就可以接近于我们的印象；另一方面，有时就有这种情形发生，即我们的印象极为微弱和低沉，致使我们无法把它们和我们的观念区别开来。但是两者在少数例子中虽然有这种极为近似的情形，而一般说来，两者仍然极为不同，所以没有人会迟疑不决，不敢把它们归在不同项目之下，并各给以一个特殊名称，以标志这种差异。

一切深奥的推理都伴有一种不便，就是：它可以使论敌哑口无言，而不能使他信服，而且它需要我们作出最初发明它时所需要的那种刻苦钻研，才能使我们感到它的力量。当我们离开了小房间、置身于日常生活事务中时，我们推理所得的结论似乎就烟消云散，正如夜间的幽灵在曙光到来时消失一样；而且我们甚至难以保留住我们费了辛苦才获得的那种信念。在一长串的推理中，这一点更为显著，因为在这里，我们必须把最初的一些命题的证据保持到底，可是我们却往往会忘掉哲学或日常生活中的一切公认的原理。不过我仍然抱着这样的希望：现在这个哲学体系在向前进展的过程中，会获得新的力量；而且我们关于道德学的推理会证实前面关于知性和情感所作的论述。道德比其他一切是更使我们关心的一个论题：我们认为，关于道德的每一个判断都与社会的安宁利害相关；并且显而易见，这种关切就必然使我们的思辨比起问题在很大程度上和我们漠不相关时，显得更为实在和切实。我们断言，一切影响我们的事物决不能是一个幻象；我们的情感既然总要倾注于这一面或那一面，所以我们自然就认为，这个问题是在人类所可理解的范围以内；而在其他同类性质的一些情形下，我们对这个问题就容易产生怀疑。如果没有这个有利的条件，我在这样一个时代决不敢再给那样深奥的哲学写第三卷，因为在这个时代里，大部分人们似乎都一致地把阅读转变为一种消遣，而把一切需要很大程度注意才能被人理解的事物都一概加以摒弃。

延展阅读

《周国平论人生》

周国平是中国当代著名中青年散文家、哲学家，作品以其文采与哲思赢得了读者的青睐。周国平的哲学散文更侧重于把哲学生活化或者应用化，然而并不是刻意去生活化，文中满溢着对生命的敬畏感。他鼓励人们要积极地面对人生，要饱含热情地好好活着。他认为人生或许是徒劳的，命运是不可改变的，可以改变的只有我们对生命的态度。

《人为什么活着》

本书的作者稻盛和夫是日本著名的企业家与哲学家。

在《人为什么活着》中，稻盛和夫用浅显易懂的语言，从宇宙、心智、欲望、人类的本性、人生的考验、苦恼与憎恨、共生与竞争等多个维度深入探讨了“人为什么活着”这一哲学基本命题。

《幸福之路》

〔英〕贝特兰·罗素　著

贝特兰·罗素是闻名世界的哲学家、数学家、文学家和社会活动家，对20世纪的思想文化和社会生活产生了巨大的影响，被人们誉为“世纪的智者”。爱因斯坦曾说过:“阅读罗素的作品，是我一生最快乐的时光之一。”孙中山先生称他是“唯一了解中国的外国人”。

关于作者

1950年，20世纪最具影响力的思想大师贝特兰·罗素（也有译为伯特兰·罗素）荣获诺贝尔文学奖，旨在表彰他的“哲学作品对人类道德文化所作出的贡献”。获得诺贝尔文学奖后，从没写过文学作品的罗素，竟开始写起小说来，并和世人开了一个不大不小的玩笑。他的第一部小说于1951年匿名发表，并悬赏猜测作者何人，结果无一人猜中，因为谁也没想到，这位年近80岁、大名鼎鼎的哲学家竟然还有写小说的雅兴！

贝特兰·罗素（1872—1970），英国著名的哲学家、数学家、文学家和社会活动家，一生驰骋于数学、逻辑、哲学、政治、社会、历史、道德、宗教、教育等各个领域，对20世纪的思想文化和社会生活产生了巨大的影响，被人们誉为“世纪的智者”。罗素一生著述极多，其中最著名的著作有《哲学问题》《哲学原理》《西方哲学史》《西方的智慧》《心的教育》等。作为一个哲学家，罗素的著作博大精深，充满了睿智与温馨。爱因斯坦曾说过:“阅读罗素的作品，是我一生最快乐的时光之一。”

罗素与后来的绝大多数分析哲学家不同，他对社会和人生的种种问题是极感兴趣的。他是一位多产的作家，他毕生的著作中绝大部分是属于社会思想和政治方面的通俗著作，而属于纯哲学的尚不及三分之一。罗素自己曾经坦言，他非哲学的通俗著作不是以哲学家的身份写的，而是以遭受世界苦难现状的普通人的身份写的，他谋求的乃是改善世界的生存状况，表达出世人谋求自由和幸福的心声。

罗素与中国有着很深的渊源，他于1920年10月来到中国，在随后的9个月，足迹遍及中华南北，对中国文化及中国人的思维方式、性格特征、行为习惯作了大量深入的考察和研究，并进行了多场演讲。他以自己特有的睿智、远见和洞察力，对传统的中国文化和文明作了深层的分析、透视，站在全人类文明进步的高度，评析了中西文明的特征、优劣和价值。话题从曲高和寡的数理逻辑到切中时弊的社会改造建议，在当时成为中国文化界的一件盛事。他回国后不久就出版的有关中国的著作（后来结集为《东西方文明比较》），受到我国进步人士的热情欢迎和赞赏。孙中山先生称他是“唯一了解中国的外国人”。

在《东西方文明比较》中的“中国人的性格”一节中，罗素认为中华民族是世界上最优秀的民族之一，具有“坚忍不拔的民族精神、不屈不挠的坚强毅力以及无与伦比的民族凝聚力”。他认为中国人和西方人在性格品质上的明显差别表现在：西方人生性好战，喜欢竞争，中国人气质平和，安于现状；西方人爱权，中国人爱钱；西方人重视人际交往的直率，中国人讲究人际交往的客套；西方人办事倾向彻底，中国人办事喜欢妥协；西方人崇尚变革，中国人易于保守；西方文明的显著优点是科学的方法，中国文明的突出优点是对生活目标有一个正确的态度；中国人可以从西方人那里学习不可缺少的、讲究效率的品质，而西方人可以从中国人那里学习善于沉思的明智。

20世纪20年代，正是中华民族多灾多难的时期，罗素对未来中国的走向作了许多天才的预言，罗素在“中国人的性格”一节中说：“古老的中国本土文化与艺术已不像过去那样具有生机，孔子的儒教已不再能满足现代中国人的需求了。凡受过欧美教育的中国人都认识到，他们需要外来的新因素来振兴他们的传统文化，因而，他们开始转向西方文明，渴望使中国传统文化得到新的活力。但是，他们并不希望创建一种类似我们的文明。他们希望开拓一条更为理想的文明之路。假如中国人不被煽动尚武精神，那他们一定会创造出一种更加灿烂的文明。这种新文明将比我们西方人现在所能创造出的任何文明更令人神往。”他还在书中写道:“中国只要在改进农业生产技术的同时结合移民和大规模的控制生育，是可以永远消除饥荒的。”这里他提出的计划生育观念，比马寅初“人口论”中的计划生育观点早了几十年!

罗素活了98岁。他生前写过一篇文章，讲述了自己的养生秘诀，其中一条是要想保持青春，多读书是最好的办法。他说，他的曾祖母年过80岁后，常睡不着觉，就在午夜到凌晨3点读些书。这样她就没有时间考虑自己是不是日渐衰老。同时，读书还锻炼了大脑，延缓了衰老。

荐读理由

《幸福之路》是罗素通俗作品中的一本名著，虽然这是一本大半个世纪以前的书，但书中分析快乐与不快乐的原因却是历久常新。不论处于任何时代，人都会经历快乐与不快乐的时刻，作者特别指出导致不快乐的原因，教读者多认识自己，更提出一些可以引领大家走向幸福之路的方法，极具启发性。罗素在书中所提供的不是任何抽象的道理，而是他自己人生感悟的结果，所提供的获得幸福的小窍门也是通过他的阅历和观察获得的人生经验之谈。罗素在序中写道:“这部书不是献给博学之士的，也不是给那些把实际问题作为谈资的人的。在以下的篇章内，既无高深的哲理，也无渊博的征引。我只把通情达理的一些意见归纳起来。配合这张献给读者的方子时，我所采取的学说都是由我自己的经验和观察证实过的，而且我每次遵从这些学说时都曾增加我的幸福的。”

在《幸福之路》里，罗素以通俗的语言、大量生动的现实故事讲述了不幸之源是竞争、厌烦、疲劳、忌妒、负罪、虐待、恐惧等，又以自己身边接触的被认为幸福的人为例，剖析出获取幸福的根源在哪里。他认为幸福大体有两种，“现实的和幻想的，或肉体的和精神的，或情感的和理智的”，“其中一类幸福是对所有人都敞开心怀，另一类幸福则对能读会写的人情有独钟”。他在该书前半部分论述了人类不幸的诸多缘由，后半部分则论述了幸福的诸多缘由，从而使读者能够对照实行，获得实际效果。

该书晓畅明白，历来为广大读者所喜爱，国内也曾有多个译本刊行。傅雷先生的精湛翻译更是为这本书增添了光彩。

先睹为快

对于兴奋的追求欲望常常扎根于人的心灵之中，特别是男性之中。我认为，这种欲望在狩猎时代，比起以后的各个时代来，更容易获得满足。狩猎是令人兴奋的，战争是令人兴奋的，求爱是令人兴奋的。一个野蛮人会在一个女人身边正躺着她的丈夫时设法和她通奸，哪怕他清楚地知道，只要这个丈夫醒来，自己就是死路一条。这种情境，我想是不会令人生厌的。然而，随着农业时代的来临，生活开始变得枯燥无味了（当然，贵族是个例外，因为他们处在且一直处在狩猎时代）。我们听到过许多关于机械劳动单调乏味的抱怨，不过我想，比较起来，采用旧的耕作方法的劳动才是最沉闷单调的。真的，同大多数慈善家的观点相反，我认为，机器时代大大减少了全世界人们的厌烦的总量。在雇佣劳动者方面，工作时间里他并不孤独，晚上也可以在各种娱乐活动中度过时光，这些在旧式的乡村却是根本不可能的。再看看在中下层阶级的生活中发生的变化吧。以前，晚饭过后，当妻子和女儿把一切收拾停当，大家便团团围坐，开始所谓的“大团圆”的快乐时光。这意味着家长去睡觉，妻子忙编织，女儿们要么盼望早日死去，要么梦游江巴克图。她们不许看书，不许离开屋子；因为当时通行的做法是，在这个时候，父亲对她们讲话，她们都应为之快乐万分。要是运气不错，她们最后也结了婚，于是便转而折磨自己的孩子，让她们的青春年华同自己所经历过的一样，在沉闷无趣中流逝。要是运气不好，她们便做老处女，或者最后当个老奶奶的女佣人——这种命运正像野蛮人给予牺牲者身上的命运一样，令人害怕。在我们评价百年前的世界时，别忘记这一厌倦的重负。历史越往前，厌烦的压力也越重。试想一下中世纪农村的冬天，那单调的生活吧。人们不会读书写字，黑暗中只有蜡烛给了他们微弱的光明，柴火的烟雾弥漫着唯一的屋子，室内依然寒冷如冰。屋外，道路实际上不能通行，因此几乎看不到来自邻近村庄的行人。一定是这类厌烦产生了搜捕巫者的风俗，这种风俗后来成了晚上唯一有点生气的活动。

延展阅读

《西方的智慧》

罗素写过一本大部头的哲学名著《西方哲学史》，评述从古希腊以来的西方哲学。但对于普通读者来说，这样的鸿篇巨制读起来是艰难的，罗素本人也意识到了这一点，于是对《西方哲学史》进行了通俗化，就诞生了《西方的智慧》。《西方的智慧》比《西方哲学史》篇幅短，内容简明，还增添了新的材料，叙述更生动，而且图文并茂，更适合普通读者阅读。

《哲学的故事》

〔美〕威尔·杜兰特　著

《哲学的故事》是美国著名学者杜兰特的成名作，以生动简洁的文笔写成。这本书不是一部“完整的哲学史”，而是打开哲学之门的“敲门砖”。本书的知识性、可读性、趣味性都很强。它让你爱，也让你恨；让你笑，也让你哭。作者的文笔会让你读过后思考宇宙人生、周围事物的奥秘到底何在，这是本书最大的特色和魅力。

关于作者

威尔·杜兰特（1885—1981），美国著名学者，普利策奖（1968）和自由勋章（1977）获得者，是通俗哲学界的“大腕”。母亲把12岁的杜兰特送去教会学校，希望使“这个整天调皮捣蛋、满口胡言乱语的孩子变成一个优秀的传教士”。结果，杜兰特不仅没有成为传教士，而且还因为写了一篇对宗教不敬的文章被逐出教门。

正如他在19岁的时候就清楚地认识到基督教“不过是成百种宗教信仰中的一种，它们都宣称说自己能实现人类的拯救并普及真理”，他对历史也同样保持着尊重和客观。一方面他说“人类历史不过是生物发展史上的一个片断。人是世界上无数生物的一种。和其他生物一样，人类也在不断地为生存而斗争，为适者生存而竞赛。所有的心理学、哲学、政治策略和乌托邦的幻想都必须遵循生物法则”，另一方面，他希望通过研究历史来真正认识人，毕竟历史就是一种基于例证的哲学教导。现在看来，杜兰特没能当上传教士而最后成了一个“写历史的哲学家”，对我们而言或许是种福分。

在杜兰特的哲学观态度里，历史是科学家和哲学家永不气馁地对周围宇宙的探索，是艺术家以各种艺术形式对生活之美的表达，是诗人以细致的语言技巧对微妙情感的阐释，也是先知和圣徒的想象对我们高贵人性的挑战。杜兰特认同尼采的“所有的哲学都已经被历史淹没”的观点，当然，他也相信“历史是哲学的一部分。哲学是一种对现实生活更全面、更广阔的反映”。当杜兰特满腔热情地以哲学家的身份投入到历史书写的工作中，他的头脑很清楚，那就是试图把历史精神与哲学对接起来。

他用50年时间完成了受到广泛好评的《世界文明史》（11卷本，后几卷是他和妻子阿拉尔合作的结晶）。这部书一直被后来人提及，被视作经典，不是因为“他花了50年写了这本书”，也不是因为他动辄就用11卷的篇幅阐释了对人类历史的总体看法，而是因为他对于“世界的”“历史的”这样的宏大叙事选择了从思想的角度切入、用文明的线索贯穿。他的《哲学的故事》旨在让更多的人了解哲学。92岁时，杜兰特创作了《历史上的英雄》，这是他辉煌一生的最后作品。他终身致力于将哲学从学术象牙塔中解放出来，让它进入普通人的生活。奥斯卡·王尔德说:“任何人都能创造历史，却很少有人能记录历史。”杜兰特两样都做到了。他那简练而富有诗意的文字在讲述一个事实：许多英雄留下来的财富是人类的珍贵遗产，是历史进程中最闪亮的主线。

荐读理由

《哲学的故事》是杜兰特的成名作，以生动简洁的文笔写成。本书出版后获得意外的成功，使他在西方世界一举成名，在出版后的20年内，销售200多万册；其后的50多年，又再销售好几百万册。它被译成法、德、日、俄等多种文字，行销世界。

这部书并非一部完整的哲学史，它是一种尝试，用集中描写某些主要人物纯理论思维故事的手法使知识人情化。它用讲故事的方法，介绍有史以来主要哲学家的生平及观点，在阐述每位哲学家思想的同时，详细介绍他们生活的时代背景、生活境遇和情感，而且还对每位哲学家进行了中肯的评价。作者夹叙夹议，提纲挈领，以深入浅出的笔触，将艰涩难懂的哲学变成了娓娓动听的故事，文笔生动，活泼有趣。

作者认为认识论已经把现代哲学引上歧途，近乎毁了它，他希望总有一天人们会认识到认识过程的研究是心理学领域的事，哲学是全部认识的综合性解释，而不是认识本身方式与过程的解析性说明。分析是科学的事，它给我们以知识；哲学则必须进行综合，它给我们以智慧。

先睹为快

也许有缺乏教养的读者会在这里打断我们，告诉我们说，哲学跟下棋一样毫无用处，跟愚昧无知一样懵懵懂懂，还跟骄傲自满一样停滞不前。西塞罗说，“荒诞不经的东西莫过于我们在哲学家的著作中所能见到的了”。诚然，有些哲学家几乎无所不通，唯独不懂常识，而许多哲学思绪的翱翔正是由于空气稀薄容易振翅高飞的力量。愿我们在这次航行中，决心只在光明之港停泊，避开形而上学泥泞的溪流和神学争论“百涛齐鸣的海洋”。但是哲学停滞不前了吗？科学似乎总在前进，而哲学却似乎总在丧失阵地。然而这只是因为哲学承担着艰难困苦的任务，要处理科学方法迄今还没有解决的问题——诸如善与恶、美与丑、秩序与自由、生与死等；一旦有一个研究领域产生了可以具有精确的系统知识的时候，它就立即被人称之为科学。每门科学都始于哲学而终于艺术，它起源于假说，结果却大有成就。哲学是对未知事物的假说性解释（如形而上学），或者是对不确切认识的事物的假说性解释（如伦理学或政治哲学)，它是追求真理的开路先锋。科学是被征服的土地，它的后面还留着那些脱身不出去的领域，其中知识和艺术缔造了我们不完美却又奇异的世界。哲学看来似乎原地踏步，不知所措了，但是那只是因为她把胜利的果实留给她的女儿们那许多门科学了，而她自己则怀着神圣的永不满足的情愫又继续向前，去思考那些未曾探索的事物。

我们是否要说得更有点儿专业意味呢？科学是分析性说明，哲学则是综合性解释。科学总是要把整体分解成部分，把机体分解成器官，把朦胧的转化为明确的。它不问事物的价值，也不问它们的总体和终极意义；它满足于说明它们的现状和作用，它只一心一意侧重观察事物原来的性质和运动过程。科学家，正如屠格涅夫诗中的大自然，是无所偏爱的，他对跳蚤的腿和天才创作的阵痛都同样有兴趣。可是哲学家却并不满足于描写事实；他还想探求它与经验的普遍联系，从而把握它的意义与价值；他将事物联系在解释性的综合之中；他千方百计将寻根究底的科学家所分拆开了的那座伟大的宇宙钟比以前更好地安装在一起。科学告诉我们如何治疗、如何杀戮；它精打细算地减低死亡率，却又在战争中大规模地杀死我们；唯独智慧——按照全部经验通力合作的愿望——才能告诉我们什么时候要救，什么时候要杀。观察事物运动过程并构想出解决手段来的是科学；评议并协调目的的是哲学：而且当前因为我们的手段和工具数量的增长远远超过我们对理想和目的的解释与综合，我们的生活就充满着喧嚣吵嚷，没什么意思。因为事实除非跟人的愿望有联系，否则便无足轻重；除非跟某种目的和整体有联系，否则它便是不完备的。没有哲学的科学，没有前景、没有价值的事实不能使我们免于劫难和绝望。科学赋予我们知识，只有哲学才能赋予我们智慧。

延展阅读

《你的第一本哲学书》

〔美〕托马斯·内格尔著。我们如何知道外部世界的存在？我们如何知道他人心灵的存在？我们如何判断行为的对与错？我们如何面对死亡的恐惧？我们又如何寻找到生活的意义？……这些问题都能在《你的第一本哲学》中找到答案。这是一本简短而能写出精深哲理的哲学导论，作为哲学入门读物风靡全球。托马斯·内格尔是当今著名哲学家。在这本书中，内格尔用生动的语言、高超的分析技巧以及深刻而冷静的洞察力，向我们充分展现了哲学思考的真正旨趣。作者不希望本书只是提供一些互不影响的哲学思想集合，而是希望为每个人的生活提供指导。“未经审视的生活是不值得过的。”对生活的审视，就从《你的第一本哲学书》开始。

《通向哲学的后楼梯》

〔德〕威廉·魏施德著。在这本书中，作者用调侃的语言，对世界哲学史上最负盛名的30位哲学家进行“指点江山”，其语言幽默生动，对哲学家的哲学理论与见解进行了一次通俗的演绎。在每位评介对象的名字后面，都加了有趣的副题：苏格拉底叫“烦人的提问”，克尔凯戈尔则是“上帝的间谍”。让人想到高水平的炭笔画家，仅寥寥几笔速写，就使神貌毕显。每个哲学家思想的具体内容，也在生动流畅的笔调下得到介绍。

《通向哲学的后楼梯》将告诉你哲学就是寻找一种有意义的生活方式。哲学通过思考赋予生活和世界意义，生活因为哲学和思想而多姿多彩。

《人性的弱点》

〔美〕戴尔·卡耐基 著

美国著名演讲家、作家戴尔·卡耐基的著作影响巨大，其各种译本几乎涵盖了任何一种人类的文字。其中《人性的弱点》一书尤为著名。如今，该书已畅销了70多年，在全世界拥有四亿读者，其上千万的销量更是人类出版史上继《圣经》之后的又一大奇迹。

关于作者

自由女神是美国的象征，这是人所共知的常识。假如现在让你除“自由女神”外再选一个词语作为美国的象征，您会选哪一个词呢？不同的人有不同的答案，美国《时代周刊》提供的答案是中国人非常熟悉的一个人物——美国著名演讲家、作家戴尔·卡耐基。

戴尔·卡耐基（1888—1955）是公共演说与个性发展心理学领域的先驱，被誉为美国“成人教育之父”。出身于美国西部农村一个贫困家庭的卡耐基，经历十分坎坷。他生活的20世纪上半叶，全球战火不断，美国经济长期不景气，社会不平等，人类几乎丧失了对美好生活的追求。卡耐基以其顽强的毅力，克服了重重困难，最终在一次演讲中开始了他的成人教育事业。他在纽约和宾夕法尼亚大学开设了“卡耐基课程”，教导人们如何演说（包括谈话）、摆脱烦恼以及处理人际关系。

卡耐基针对当时的社会现状，以他对人性的洞见，独辟蹊径地开始了一套融演讲、推销、为人处世、智能开发于一体的教育方式。他利用大量普通人不断努力取得成功的故事，通过他的演讲和著作来唤起无数迷惘者的斗志，激励他们取得辉煌的成功。他在全球掀起了一场声势浩大的成人教育运动，他的著作影响了20世纪的几代人，至今仍经久不衰。卡耐基课程在全世界帮助成千上万的人重树信心，走向成功。他的生活哲理字字珠玑，给予人们深刻的启迪，改变着人们生活的形态。如今，他所开创的各种成人教育机构已多达2000余所，遍布世界50多个国家，培养了千万余名优秀的毕业生。实践证明，卡耐基的教育是成功而有效的。他的哲学思想、他的成人教育原则和方式，不仅很快在美国普及，而且跨越国界，在全球85个国家设立了160多个分支机构。在卡耐基课程的学员当中，来自社会各个阶层的都有，其中不乏一些名人。

他的畅销书《如何赢得友谊与影响他人》（中译名《人性的弱点》）的英文版销量高达1500多万册，被译成许多语种出版。他的另两本书《如何克服忧虑开启新的人生》（中译名《人性的优点》）和《如何充满自信地进行公共演说》（中译名《沟通的艺术》）一直是全球自我教育与成人训练的范本。

卡耐基的一生为后人留下了许多至理名言，他常说的一句话是："一个人的成功，只有15%归结于他的专业知识，还有85%归于他的表达思想、领导他人及唤起他人热情的能力。"在生命的最后一年，他在笔记本里写下了这样一句话："时刻都要认识你自己。"

荐读理由

卡耐基的著作影响巨大，其各种译本几乎涵盖了任何一种人类的文字，其中《人性的弱点》一书尤为著名。如今，该书已畅销了70多年，在全世界拥有四亿读者，其上千万的销量更是人类出版史上继《圣经》之后的又一大奇迹。这本书是励志图书的鼻祖，首版于

1937 年。

“这本书只有一个目的，那就是帮助你解决你最大的问题：如何与工作、生活中的人相处得更好，并影响他们。”这是这本书在 1937 年首次出版时印在第一页的第一句话。在当时每出版十本就有九本要赔钱的美国出版业的大环境下，这本教人如何演讲、如何说服他人、如何获取家庭幸福的书最初的印刷量只有 5000 册。但正如卡耐基本人所说，时间总是会将不好的书淘汰，将好的著作留给后人。出版不久的《人性的弱点》便表现出了强大的生命力，并一路畅销至今。

卡耐基写这本书的初衷只是将它作为教材使用，但为了完成它，卡耐基研究了各种心理学专集，浏览了无数杂志文章，亲身访问了包括富兰克林、罗斯福在内的成功人士。卡耐基作为人类心灵的导师，深刻地洞察到，世上之所以有那么多的人不成功，是由他们内心的忧虑、自卑和人际沟通障碍所致。他提出了“相信你能成功，你就能成功”的著名论断。在书中，卡耐基以历史上著名人物、商界领袖、日常生活中的普通人为例，阐述了他的这些重要观点。

卡耐基在《人性的弱点》中告诉我们这样几条处世规则：一、对别人表现出诚挚的关切；二、微笑；三、记住他人的名字，一个人的名字对他本人来说，是任何语言中最甜蜜、最重要的声音；四、做一个好的听者，鼓励他人谈论他们自己；五、谈论别人感兴趣的事物，使对方觉得重要——以一种诚恳的方式进行。

先睹为快

有一天，爱默生和儿子想将一头小牛赶进牛棚，但他们却犯了一个普遍性的错误，那就是，他们只想达到自己的目的。爱默生在后面推小牛，儿子则在前面拉小牛。这头小牛正如这父子俩一样，只想着自己所要的，所以它蹬紧四腿，顽固地不肯离开原地。他的爱尔兰女仆看到了这个僵持的场面。尽管她不会写东西，但她至少要比爱默生了解马和牛的性格，她知道小牛想要的是什么，于是她把她的拇指伸进小牛的口中，一边让小牛吮吸自己的手指，一边将它轻轻地牵引进棚。

从我们来到这个世界，每一种作为都是出于自己的需求。例如，你为什么要给红十字会捐助 100 美元？是的，因为我们和其他人一样，也想为别人提供某种帮助，想要做一件善良而无私的神圣之事。《圣经》中说：既然此举是为我的兄弟们所做的，那也就是为我做的。

如果你行善的感觉比不上对那个 100 美元的喜爱，那你绝对不会捐款的。当然，你也许会因为不好意思拒绝，或是一个主顾请你捐而不得不捐。但是有一点是可以肯定的：你是为了满足某种需求而捐款。

延展阅读

《人性的优点》

本书是卡耐基三大经典著作之一，是卡耐基写的一本关于如何克服忧虑的书。卡耐基在书中提供了一套自我解忧的公式，它对于生活在 21 世纪快节奏与强压力之下的现代男女来说，是一部有利于开阔视野，战胜自身忧虑，克服人性弱点，进而开创新的生活的佳作。

学以致用的经济理论

《国富论》

〔英〕亚当·斯密　著

亚当·斯密是世界著名经济学家、经济学体系的创立者，被誉为“近代经济学的鼻祖”。《国富论》是第一部全面剖析整个社会政治经济学的经典之作，被誉为经济学的《圣经》。在书中，亚当·斯密提出了著名的“看不见的手”的理论。“看不见的手”是指自由竞争下市场机制的作用。斯密指出，在自由放任的政策下，“看不见的手”能够有效合理地安排资源，促进国民经济的发展。

关于作者

亚当·斯密（1723—1790），世界著名经济学家、经济学体系的创立者，被誉为“近代经济学的鼻祖”。他于1776年发表《国富论》一书，将前人零星的经济学论述进行总结，并提出了自己系统的主张，从而建立起经济学的完整体系。

然而，很少有人知道，亚当·斯密在成为经济学家之前，首先是一位哲学家。他的伦理学讲义《道德情操论》先于《国富论》发表，并为他赢得了英国一流学者的地位。

亚当·斯密出生在苏格兰克科迪的一个海关官员家庭。他自幼丧父，与母亲相依为命。14岁时斯密进入格拉斯哥大学学习哲学和数学，随后由他的恩师哈奇逊引荐，结识了大哲学家大卫·休谟。17岁时，斯密转入牛津大学继续深造。

1751年，斯密返回格拉斯哥大学从事逻辑学和道德哲学的教学工作，接替哈奇逊，主要讲授伦理学。当时的伦理学涉及范围广泛，包括神学、道德学、法学和政治学。而政治经济学，就包含在政治学中。在这期间，亚当·斯密出版了他的第一部学术著作《道德情操论》，获得了学术界极高的评价。

1764年，斯密辞去大学职务，担任年轻的贝克莱公爵的私人教师。随后两年间，他陪伴公爵游历欧洲，在法国认识了启蒙思想家伏尔泰、中农学派代表魁奈和杜尔阁等名流。这次游历对他经济学学说的形成有很大帮助。

1767年结束了对贝克莱的教学后，斯密回到家乡，专心致力于《国富论》的写作。历时10年之久，《国富论》终于于1776年出版。因为这本书为英国实行自由放任的经济政策提供了理论依据，因而斯密成为当时英国最著名的经济学家。

1778年，斯密担任爱丁堡海关专员。1787年被推选为母校格拉斯哥大学的名誉校长。1790年7月7日，斯密逝世。

去世前，他烧毁了自己的全部手稿，理由是——以免误导后人！

他的墓志铭是：《国富论》作者亚当·斯密长眠于此。

荐读理由

《国富论》是第一部全面剖析整个社会政治经济学的经典之作，被誉为经济学的《圣经》。

马克思对它的评价最为著名："在亚当·斯密那里，政治经济学已发展为某种整体，它所包括的范围在一定程度上已经形成。亚当·斯密第一次对政治经济学的基本问题作出了系统的研究，创立了一个完整的理论体系，把英国资产阶级古典政治学说提高到了一个新的水平。"

《国富论》全名《国民财富的性质和原因的研究》，于1776年出版，这年正值美国《独立宣言》发表。1901年，北京大学第一任校长严复把这本书翻译成中文，取名为《原富》，意为"财富的本原"。

《国富论》以国民财富的性质和原因为研究对象，以富国裕民、寻求财富增值的方法为目的，旨在阐明和揭示那些促进和阻碍国家财富增长的因素。

全书共五篇：第一篇，论劳动生产增进的原因，以及生产品在各阶层人民间的分配；第二篇，论资本的性质、蓄积和运用；第三篇，论各个国家财富的不同发展过程，即经济史；第四篇，论政治经济学的体系，即经济学说史；第五篇，论国家收入，即财政学。

亚当·斯密在书中深入系统地论述了劳动价值论。在驳斥重商主义和重农主义的基础上，他第一次明确指出：所有生产范围的劳动，不论哪一个部门，都是财富的源泉。他把价值直接同劳动联系起来，研究劳动的具体形式，并归结为无差别的一般社会劳动。他率先确认了一般社会劳动决定商品的价值，为后来马克思的劳动价值理论奠定了基础。

亚当·斯密认为，人都是“经济人”，都是自然关心经济利益的人。因而利己主义是人的正当属性，而且这种利己主义同社会集体利益是不矛盾的。“私人追求利润是决定资本利用的唯一动机。”人类经济活动的自私行为，符合资本主义发展的基本规律。

在书中，亚当·斯密提出了著名的“看不见的手”的理论。“看不见的手”是指自由竞争下市场机制的作用。斯密指出，在自由放任的政策下，“看不见的手”能够有效合理地安排资源，促进国民经济的发展。

《国富论》的贡献是巨大的。书中论述的分工理论、货币理论、价值论、分配理论、资本积累理论以及赋税理论都具有开创性的意义，其影响波及随后的大批学者，甚至包括马尔萨斯的人口过剩观点，都能从中找到源头。

无怪乎马克斯·勒纳曾感叹道：“这是一本由有着高深学问和明敏见识的人所写的书。这个人有强大的分析能力，又有强大的综合能力。”

先睹为快

在这场合，像在其他许多场合一样，他（资本家——编者）受着一只看不见的手的指导，去尽力达到一个并非他本意想要达到的目的，也并不因为事非出于本意，就对社会有害。他追求自己的利益，往往使他能比真正出于本意的情况下更有效地促进社会的利益。

一种事业若对社会有益，就应当任其自由，广其竞争。竞争愈自由，愈普遍，那事业亦就愈有利于社会。相应地，政府也就不应自以为是地干预民众的活动，他们被完全解除了监督私人产业、指导私人产业、使之最适合于社会利益的义务。因为，要履行这种义务，君主们极易陷于错误；要行之得当，恐不是人间智赋或知识所能做到的。

财富由货币或金银构成这一通常流行的见解，是自然而然地因货币有两重作用而产生的。货币是交易的媒介，又是价值的尺度。因为它是交易的媒介，所以，我们用货币，比用任何其他商品，都更容易取得我们所需的物品。我们总是觉得，获取货币是一件要事。只要有货币，以后随便购买什么，都没有困难。因为它是价值的尺度，我们使用各种商品所能换得的货币量，来估计其他各种商品的价值。

除了购买货币，货物还有其他许多用处；但除了购买货物，货币就一无所用。所以，货币必然追求货物，而货物却并不总是或无需追求货币。

他（资本家——编者）的利润就是他的收入，也就是他生活资料的正当资源。他在制造商品、把它送往市场去的过程中，要垫付劳动者的工资或生活资料，也要垫付他自身的生活资料。他自身的生活资料，大体上说与他可从出卖商品指望的利润相当。因此，商品的出卖若不能给他以利润，那就等于说，他没有从这商品的出卖取回其实际费用。

延展阅读

《道德情操论》

本书是亚当·斯密的第一部著作，也是他倾注了最多心血的著作。作为道德哲学教授，斯密本人对《道德情操论》的重视和评价远远高于《国富论》。在斯密 60 多年的生命中，有一半时间用于《道德情操论》的写作与修改。“道德情操”一词是指人克制私利的能力。该书从人具有同情心出发，论述了斯密的利他主义伦理观。恰恰与《国富论》中的利己主义观点相对。在某种程度上，《道德情操论》可以看做是对《国富论》的补充。将两本书结合起来阅读，会收到意想不到的效果。

《快乐上班的经济学》

〔日〕吉本佳生 著

《快乐上班的经济学》是一本能让上班族找到自己工作和生活“价值”的书。正如作者所言:“学习经济学有十分广泛的社会意义!应该让更多的人，特别是刚刚步入社会开始工作的年轻人了解经济学的基础知识。”翻开《快乐上班的经济学》，你将在日常琐细生活中体会到经济学的妙处。

关于作者

吉本佳生是日本著名经济学家，1963 年出生于日本三重县。他曾在住友银行工作，在名古屋市立大学研究所经济学研究科修完课程。现专门从事生活经济学、国际金融学等研究工作，并通过在大学授课，各种演讲、研修，致力于生活经济与金融相关的教育活动。

其主要著作有《买汽车要到家电城!》《在星巴克要买大杯咖啡!》《不要被金融商品欺骗!》《读懂金融广告》《金融工学的恶魔》等等。

荐读理由

经济学是一门既有趣又实用的学问，但是很多年轻人在没有学习它的基础上就开始了工作，因此往往被经济活动中的惊涛骇浪所吞没。

现在，吉本佳生的《快乐上班的经济学》一书将帮助我们抵御这些风浪。它用通俗易懂的语言，为我们揭开经济规律的面纱，教会我们如何在日常生活中将经济学为我所用。

该书在日本面世后，一直高居日本纪伊国屋书店畅销榜和日本亚马逊书店畅销榜榜首，在日本掀起了“吉本佳生热”。日本的 NHK 教育台于 2009 年播出的同名节目，收视率甚高。

《快乐上班的经济学》是一本适合普通上班族的经济学通俗教程，它以非“他”的视角，即站在“消费者”的立场来介绍身边的经济现象，教会人们有趣又实用的经济学知识。

手机的收费方式为什么复杂难懂？是否应该和投资了五年的女友分手？酒吧间的午餐为什么便宜？优惠券为什么做得小巧玲珑？为什么受欢迎的人会越来越受欢迎？在什么情况下可以选择乘坐出租车？摔坏了的照相机应该拿去修理吗？吃自助餐时能赚回本钱吗？看到“保本投资”的字样就可以真的放心吗？无能员工的生存之道是什么？判断跳槽是否成功的标准是什么？……在听了吉本佳生的经济学分析之后，面对生活中一系列的烦人琐事，你都会豁然开朗，作出正确的抉择。

《快乐上班的经济学》是一本能让上班族找到自己工作和生活“价值”的书。正如吉本佳生所言:“学习经济学有十分广泛的社会意义！应该让更多的人，特别是刚刚步入社会开始工作的年轻人了解经济学的基础知识。”翻开《快乐上班的经济学》，你将在日常琐细生活中体会到经济学的妙处。

先睹为快

我有一个交往了五年的女友。其间有过几次分手危机，不过我都用昂贵的礼物挽留住了她的心。但这次与以往不同，她好像真的下定决心要和我分手……我应该怎么办呢？是否应该继续用礼物挽回我们这五年的感情呢？

从经济学的角度来看，你应该停止在她身上投资。以往给她买礼物时花的钱和这五年的时间是一去不复返的，所以我们应该彻底忘掉它，把今后的时间和金钱投资在更有用的地方。

各种各样的机会成本

在活用这个概念时，我们首先会想到的是自己的机会成本。当然这并没有错！但是吉本老师却反复向我们强调，“在现实生活中它还有更重要的意义，那就是要重视他人的机会成本”。比如说打电话，虽然你想向对方倾诉，但是人家可能工作缠身，或是正在处理什么棘手的事情。还有，即使你认为请客吃饭会让对方高兴，如果人家有更加重要的安排的话，也不会领你的情。总之，无论是在工作上，还是在日常生活中，你都应该养成在行动之前先考虑一下对方的机会成本的良好习惯。

在制定政策时，如果错误地运用了激励理论，反而会给社会带来巨大的浪费。

例如，为了让“经济困难户”也能租到房子，政府决定限制房租价格，禁止房东任意提价。在这个制度下，看起来低收入阶层的住房条件能够得到改善，但实际却造成了相反的结果。

美国纽约市就曾长期采用类似的限制房租的制度，结果出现了严重的弊端。和刚才给大家介绍的变动式房租相反，在此制度下，无论房东如何努力改善居住环境，都无法提高房租收入，所以激励理论产生的正面作用就荡然无存了。

什么是道德风险？

假设为了实行街头问卷调查，雇了几名打工的大学生，然而由于时间关系，本人无法到场监督他们的工作。在这种情况下，如何才能让学生认真负责地进行问卷调查呢?

当雇主无法直接监督员工的工作状况时，他们想办法偷懒是理所当然的事情，所以想要防止这种状况的出现是难上加难。这是利用经济学的知识得出的结论，并称之为道德风险问题。

道德风险这个词经常在电视和报纸中出现，但大多数都是表现“缺乏道德”的意思。在经济学中，道德风险有着不同于此的另外一层含义，它主要研究的是，人们在“签约后”进行某种“隐蔽行为”时所带来的问题。

延展阅读

《在星巴克要买大杯咖啡!》

该书同样站在“消费者”的视角，来剖析身边的“商品和服务价格”现象。关于星巴克咖啡价格的讨论，只是本书探讨的众多话题中的一个。在深入探讨众多商品和服务价格的过程中，读者也会加深对生活和社会的理解。

《超级购物经济学》

该书是《在星巴克要买大杯咖啡!》的姊妹篇，在“消费购物经济学”热潮兴盛的今天，吉本佳生在深入调查世界各地知名企业之后，继续为读者揭开星巴克、麦当劳、大型超市、“意大利制造”等背后的价格秘密。让读者透过经济学的慧眼，把准价格涨跌的脉搏，实现实惠与乐趣并存的购物。

《牛奶可乐经济学：最妙趣横生的经济学课堂》

〔美〕罗伯特·弗兰克　著

该书虽是一本经济学入门读物，却受到了专业和非专业经济学人士的一致好评。因为对专业的经济学者来说，该书既提供了丰富的案例，又能够加深他们对经济学深奥理论的理解；对一般读者而言，该书将带领他们走进经济学的殿堂，学会用经济学的方式思考问题、理解社会。

关于作者

美国教授罗伯特·弗兰克是最畅销的中级经济学教材——《微观经济学和行为》的作者。弗兰克教授1966年毕业于美国佐治亚理工学院，1972年获得加州大学伯克利分校统计学硕士学位和经济学博士学位。随后在康奈尔大学任教，担任约翰逊管理学院的管理系教授和经济系教授。六年后，他离开了康奈尔大学，先后担任过民用航空委员会的首席经济学家、行为科学高等研究中心的研究员等。

弗兰克的研究主要集中于经济、社会行为中的对抗与合作。他发表了很多文章，涉及价格与工资歧视、公共事业定价、失业持续时间的度量以及外国直接投资所造成的分配结果等领域。相关出版物有《选择正确的池塘》《理智中的激情》《如何定价道德制高点》等。他与菲利普·库克于1995年合著的《赢家通吃的社会》一书获得了批评家协会选择奖，同时荣登纽约时代杂志知名书籍排行榜和商业周刊十大最佳书籍排行榜。而他1999年发表的《奢侈的热潮》一书在当时也被提名为骑士最佳书籍。

在教育领域，弗兰克也备受推崇，他开设的微观经济学入门教程每年都会吸引6000多名学生。而弗兰克教授本人也先后获得过诸多荣誉，例如安德鲁·W. 梅隆教授称号、美林学者项目杰出教育者称号、卡南事业奖、里昂夫奖等等。

荐读理由

《牛奶可乐经济学：最妙趣横生的经济学课堂》一书是2008年年度畅销书，获得2008年第四届国家图书馆“文津奖”。

该书是美国康奈尔大学管理学学院教授弗兰克根据学生的作业汇编而成的。弗兰克在教授“博物经济学”课程时，喜欢给学生布置小短文，主要内容是从经济学的角度解答生活中的问题。因而，翻开此书，你会看到许多千奇百怪的例子和妙趣横生的分析，你会发现生活的方方面面都由经济学编织着。

为什么牛奶的盒子是方的，可乐的瓶子是圆的？为什么酒吧中不值钱的水要收费而花生米却免费？为什么女模特的收入要高于男模特？为什么全新的二手车比新车便宜得多？……书中提出了100多个诸如此类的问题，全部是司空见惯的日常经验，涉及产品设计、供求关系、公用品、心理学、职场风云等各个方面。面对这些问题，作者告诉我们“请不要急于去书中寻找答案。这些生活中的问题不是公式和概念，它们并没有标准确切的答案，每个人都有可能给出更多更合理的解释。虽说，不是每一个人都是经济学家，但至少，我们可以更积极地去思考，并把思考用于生活。这样，我们每一个人，都可以成为一名博物经济学家”。

该书的核心是教会读者去发现问题、思考问题。该书不是学术大部头，而是生活小智慧，然而却也正是这些看似琐碎的生活小智慧，却能够让你发现经济学的乐趣，能够让你在轻松愉悦的阅读过程中掌握经济学看似深奥的理论，并学会运用这些理论去解释更多的生活现象。该书主要介绍微观经济学知识。与往常教材不同，该书每章围绕一个中心展开，介绍一个重要的经济学理论。例如第一章介绍成本效益原则，第二章介绍供求定理，第三章讲述收入与贡献之间的关系……通过现实例子的引入，让读者像学说一门新语言一样开始学习经济学，理解不同概念在不同环境下的不同应用。

先睹为快

可时至今日，人们意识到——其实当时也应该意识到，一家电子商务公司的最大价值，并不在于它可能在多大程度上提高生产率，而在于它到底创造了多少利润。率先采纳新技术的公司，会继续借此获取大量利润。可是，和过去一样，一旦竞争者也采用了同样的技术，那么，从长远的角度来看，新技术所节省下来的成本，并不会给生产者带来更高的利润，而是降低了产品的价格，使消费者受惠。所以，抢先使用牛生长激素（能使牛的产奶量提高20%）的奶牛场，在短期内获利颇丰。但随着激素的广泛使用，提高的产量带动牛奶价格不断下挫，从而降低了利润率。

为什么有不少快餐厅承诺，要是你付钱时没拿到收银条，可以享用一顿免费餐点？

大多数到快餐店就餐的人并不需要报销餐饮账单，因此付款的时候很少想到要索取收银条。那么，为什么不少快餐店都在收款台前张贴着告示，提醒就餐者没收到收银条的话可以享用一顿免费餐点？

为防止员工偷窃行为，餐厅和其他零售商店的业主要求收银员做到现金和收银机上显示的总额相符。如果现金短少，收银员一般需要自掏腰包，弥补差额。

想要避开这一控制措施，收银员可以在一部分交易中不使用收银机。这种做法很管用，是因为餐厅很难监控每一台收银机上发生的交易次数。所以，倘若顾客点了20美元的饭菜，收银员不使用收银机，直接把钱装进自己的腰包，那么当天收工结账时，收银机里的现金和统计数据肯定是相符的。

店主可以聘用监工，确保收银员每笔交易都用了收银机。但这么做太费钱。谁没拿到收银条，谁就能获得免费餐点，通过这一经济刺激，店主就能让顾客免费帮自己监督收银员。

延展阅读

《牛奶可乐经济学2：行为经济学版》

该书是《牛奶可乐经济学》的续篇。作者从更专业的角度，主要是消费者行为和组织行为学角度来阐释生活中的博物经济学案例。

《牛奶可乐经济学3：国计民生版》

该书也是《牛奶可乐经济学》的续篇。该书带领读者走出日常琐细，引导其关注社会环境、经济政策，从宏观经济学的角度为我们解读了种种社会现象。

《财富的是与非：关于富人和穷人的经济学》

〔美〕亨特·刘易斯　著

《财富的是与非》是一本讨论贫富差距的专著，在美国首印近10万册，销量极佳。连美国总统奥巴马也非常喜爱该书，一度将其作为自己的枕边读物。

关于作者

亨特·刘易斯是美国知名经济学家和热门话题专栏作家，著有多部畅销书。

刘易斯出生于1947年，毕业于哈佛大学，获得哈佛大学文学学士学位。他曾担任波士顿公司的副总裁，是全球著名投资公司剑桥协会有限公司的合伙创始人，现任公司总裁。该投资公司致力于为许多研究院校、慈善组织和家庭提供投资咨询服务，在投资公司中位列全美第21位。

刘易斯还在15家著名的非营利机构，含环保、教育、研究、文化单位，以及世界银行中担任过理事和委员。

刘易斯经常为《纽约时报》周刊、《财富》杂志等媒体刊物撰写文章，尤其擅长分析经济学和价值方面的问题，先后出版有数部经济学通俗读物。主要著作有《真实的世界战争》《探问价值》《原罪之蛇》等。

荐读理由

本书是一本讨论贫富差距的专著。该书受到罗斯柴尔德勋爵、福特基金会董事会主席和洛克菲勒基金会前主席等重量级人物的极力推荐。在美国首印近10万册，销量极佳。连美国总统奥巴马也非常喜爱该书，一度将其作为自己的枕边读物。

该书以如今日益扩大的贫富差距问题为立足点，探讨了以下几个问题：富人有必要存在吗？他们跟民主社会相容吗？我们该不该接受社会的巨大不平等？利润制度是不是等于提倡贪婪？……

刘易斯在书中先用通俗易懂的方式将经济学界对上述问题的著名论证清晰地呈现在读者面前，然后再客观地对他人的观点进行分析，从而找出问题的答案。他总是采取观点交锋的生动形式，对每一问题正反双方的立场提出质疑。以旁观者清的立场，静观当今“经济论战场”，然后揭开不同主张背后的不同价值体系，让读者能够了解不同观点背后的真正内涵，从而有更深的领悟。

因而，阅读该书就像一次思想的冲浪。书中没有教科书式“你对我错，他好他坏”的说教，而是将近一个世纪以来各种典型的思想、言论呈现在你面前，让你在各种思想的交锋中提升自己的思维；另一方面，作者对于正反双方的观点又加以通俗阐述，揭露背后的立场和不同价值观，让你能够深入思考，启发不断。

在全书最后，作者提出了一套全新的经济解决方案，即主张大规模地扩张慈善组织和非营利部门。这一重要的新主张能够即时改变我们对经济问题的看法，摆脱过去对政府调控力度的无谓争论，并给需要帮助的人们带来更多希望。

正如罗斯柴尔德勋爵所言：“刘易斯的这部著作新颖独到，启迪心智。该书讲述了当今不平衡的世界上最重要、最密切相关的问题，他提出的解决办法很激进、极富启发意义，应该被尽可能多的人考虑。”

总之，该书不仅能让你更深入地了解经济学，更好地回答那些影响你工作和经济生活的重要问题，还会对你原有的知识体系产生冲击，让你重新咀嚼以往深信不疑的观点。

先睹为快

我们为何如此贫穷？

如果你把10美元存到银行里，年息3%，那么你的存款每25年会翻一番。即便如此，终你一生账户里也只能涨到三四十美元。你可能会想："唉，这辈子变富是无望了。"

然而人类在繁衍。假如说这个每25年翻一番的账户存在了1000年，那么初始存入的10美元就会变成天文数字——是今天全球财富的两倍多！

长远来看，财生财会积累起巨额财富。可是人类今天并没有那么富裕，为什么呢？原因再简单不过：纵观人类历史，我们创造资产，也在毁灭资产，如此反反复复无数次。因此，财很少有生财的机会，更别提倍增成巨额数字了。

原因有一箩筐：有自然灾害，如瘟疫爆发、洪涝、干旱等，也有战争，更有其他劳民伤财的事。可是，人类也在苦苦探索如何组织自身来消除贫穷和资源匮乏。

凭直觉我们知道，光找到正确答案是没有用的，必须让大家认同该答案。社会不是靠着保有和增长资产变富的，而是依靠协同合作。合作愈多，保有、投入和扩大资产的潜力愈大。我们需要合作，可笑的是，没等合作开始，大家便忙着就该如何最好地展开合作而争论不休了。

经济学是科学吗？

遗憾的是，用纯粹科学的方法研究经济学并不管用。首先，经济学研究的终极问题是人类行为，而人是难以预测的动物，今天想要这个，明天又想要那个，找不到什么必然的逻辑。

这只是其一，另外还有更重要的原因。譬如，我们观察苹果落地，这对苹果毫无影响；若换成观察他人，那么我们所汲取的东西就可能改变自身甚至是对方的行为。

举例如下：假如说有人研究股市历史，觉得股票是最佳、最安全的投资，那么他（她）会怎么办呢？

显然，他（她）会买进越来越多的股票。如果大伙儿都这么做，股价就会被推动和飙升，股市就会承载很高的风险。最终，所有的潜在购买者几乎都买了股票，那些想卖股票的人（如退休者）却找不到买家，此时，股价便会狂泻，让数以百万计的投资者倾家荡产，备受打击。

这并非耸人听闻。类似的事在1929年、1973年和2000年的美国股市大崩盘中都上演过。教训很明显：当我们认为经济生活中的某事是“真”的时候，它可能就不真了。

延展阅读

《贫富与政治》

美国经济学家戈登·图洛克著。该书从政治学的角度讨论了贫富与政治制度的关系。作者指出，乐善好施与实际结果之间存在着巨大差距。在考察这种差异在民主社会中所隐含的重要政策含义的基础上，他主张，如果转移给穷人的财富数量确实反映了投票者的意见，那么，对政策的改进必须限制在民主国家所能支配的资金数量之内。

《粮食危机：运用粮食武器获取世界霸权》

〔美〕威廉·恩道尔　著

这本书清楚地告诉我们，当粮食成为国际政治中的战略武器，发展中国家反击的唯一手段，就是重视本国的农业发展，并以科技成果保卫本国的粮食安全。

关于作者

威廉·恩道尔是美国著名经济学家、地缘政治学家和作家。他长期旅居德国，从事国际政治、经济、世界新秩序的研究已逾30年。

恩道尔1944年出生于美国一个中产阶级家庭，父亲是瑞典人，母亲是挪威人。他曾先后获得美国普林斯顿大学政治学学士学位、瑞典斯德哥尔摩大学比较经济学硕士学位。作为一个独立的经济学家和新闻调查记者，恩道尔先后在美国和欧洲工作，他的研究范围极为广泛，除金融、能源和地缘政治外，还包括世界农业问题、粮食交易垄断、关贸总协定、世界贸易组织、国际货币基金组织、世界银行、第三世界债务、对冲基金和亚洲金融危机等。威廉·恩道尔先生还经常应邀在一些有关地缘政治、经济、金融、农业、能源问题的国际会议上发表演讲。定期为世界全球化中心及许多国际出版物撰写文章，还经常为欧洲主要银行和私募基金经理提供咨询。

然而，很少有人知道恩道尔自五岁起就患有小儿麻痹症。病痛的折磨非但没有让他消磨了意志，反而激发了他立志成为学者来造福弱势群体的斗志。他曾经说："因为我得了小儿麻痹症，我对其他人的痛苦和苦难特别敏感，我非常敏感于别人的痛苦，还有弱小民族的痛苦。”

因而，在恩道尔的思想中，对人的关注始终是核心，他有着一颗捍卫普通人利益的坚定的心。他不能看着善良的人们被他人控制而无动于衷。他往往挺身而出，不惜后果，与强大的权力集团作斗争。

恩道尔就像是《皇帝的新装》里的那个小男孩，他有着阿甘般的勇敢和执着，正是这份勇敢和执着，让他坚定地以独立学者的身份，向世人揭露了一个又一个真相。

荐读理由

“如果你控制了石油，你就控制了所有国家；如果你控制了粮食，你就控制了所有的人。”作为人类生存基石的粮食，始终是人们关注的热点问题。然而，却很少有人能够洞悉全球粮食价格飞涨背后那鲜为人知的秘密。

在下一轮粮食危机到来之前，恩道尔首先向世人敲响了警钟：供求失衡的背后是生物燃料的吞噬、转基因种子的肆虐，粮食武器的背后是世界霸权的争夺……在《粮食危机：运用粮食武器获取世界霸权》一书中，恩道尔向我们揭露了世界粮食霸权的阴谋。

本书是威廉·恩道尔继《石油战争：石油政治决定世界新秩序》之后的又一力作。全书以地缘政治的独特视角，运用无与伦比的超强思辨和无可置疑的详实史料，条分缕析，层层剖析，为我们揭露了围绕粮食正在进行的一个不为多数人所察觉的阴谋。

少数人正在图谋控制全世界的粮食供给，控制全世界大多数人生存的物质基础，以求控制世界大多数人的生存状态与生存空间，让全世界的人们成为他们猎食的对象和奴隶。

恩道尔在书中指出，这个设计巧妙的阴谋大致由三个步骤构成。

一是以科学的名义，开展转基因工程研究，获得大批专利，并控制某些重点粮食品种，如大豆、水稻等大规模农作物和鸡、奶牛等重要家禽家畜产品。

二是寻找各种机会，如大面积的农业灾害（减产或疫情）、战争（如在伊拉克）、债务危机（如在阿根廷），借助某些国际组织（国际货币基金组织、世界银行）的庇护，以援助为名，强迫别国的农民采用由他们控制知识产权的农作物种子。

三是利用人类用于鼓励创造发明的专利制度，以保护知识产权为借口，强迫征收种子的专利使用费。

书中还列举了这些少数利益集团为了达到目的而不惜采取的恶劣手段，包括开动宣传机器，把人类流行了几千年的耕作习惯和耕作方式诬蔑为落后的生产方式；隐瞒转基因种子可能造成的严重不良后果，大规模推广未经严格检验的转基因作物；发明不育种子，让农民播种的农作物“断子绝孙”，从而不得不年复一年地向他们“买种”耕作……

透过“食物阴谋”，恩道尔告诉世人，所谓的粮食危机，其实更是一场富国通过不合理的“国际规则”向穷国转嫁经济危机的财富掠夺。它不是流血的战争，却比流血的战争更为可怕。

正如社科院的于建嵘教授所言:“这本书清楚地告诉我们，当粮食成为国际政治中的战略武器，发展中国家反击的唯一手段，就是重视本国的农业发展，并以科技成果保卫本国的粮食安全。”

粮食生产不可忽视，粮食安全必须警钟长鸣。

先睹为快

这本书讲述了一个在二战后由少数社会政治精英发起并实施的计划，其发生的地点不是在伦敦，而是在华盛顿。这是一个关于这些身居高位的精英们如何启动该计划来保持这种差距（用肯南的话来说）的鲜为人知的故事。这是一个关于二战后极少数人如何主宰大量资源并玩弄权术的故事。

孟山都公司在这个“转门”游戏中表现得尤为高明。它在民主党候选人和共和党候选人之间脚踩两只船，同时担当他们的主要赞助者。在围绕是否要给孟山都公司的 rBGH 牛奶贴标签的争议中，众议院农业委员会乳制品分会的 12 个成员都曾得到孟山都公司的慷慨竞选资助。在孟山都竞选资助中他们获得了 71.1 万美元。当然这并不能证明它影响到了委员会的决策，但是很明显这笔资助在这场争论中不会伤害到孟山都。委员会封杀了为转基因产品贴标签的立法提案。

说白了，美国的新政策实际上就是“如果这些劣等人种妨碍我们获得充裕的廉价原材料，我们必须想办法除掉他们”。这就是《国家安全研究备忘录第 200 号》的真正含义，它只不过是用了冠冕堂皇的官方语言来表述而已。

在控制人口问题上，《国家安全研究备忘录第 200 号》更为露骨地宣称：

美国的战略应该支持那些在妨碍实现生育控制目标的关键问题上取得重大突破的一般行动。

这个理念源于纳尔逊·洛克菲勒。美国对全球农业技术的主导地位迅速成为美国政府（特别是对于势力强大的洛克菲勒利益集团）在冷战中的一件武器。

20 世纪 50 年代初，美国农产品出口的重要性几乎与武器和工业产品相同。美国农业部的粮食盈余也被视为美国外交政策的一件武器。正如前面提到的，到 1954 年，《480 号公共法案》，即“粮食换和平”计划，原则上已经正式批准了这一进程。

洛克菲勒家族和洛克菲勒基金会可以毫不费力地把他们对全球粮食和人口问题的看法传达给美国国务院，他们和纽约对外关系委员会的盟友们占据着主导美国外交政策的位置。

20 世纪 20 年代初的一项联邦贸易委员会的调查显示：这五大公司（阿摩尔、史威福特、玛里士、伟信和卡达依）通过控制主要养殖场、铁路终端、家畜信贷、市场新闻媒体和竞争对手可能用来建立加工厂的地皮主导了家畜贸易。更严重的是，他们运用自己的垄断力量将自己的竞争对手驱逐出局，非法地对市场进行垄断。他们通过占有冷藏运输工具和冷库来控制零售水平，严重地阻碍了竞争者的进入。据政府调查显示，除此之外，五大公司的肉类加工厂通过收购和控制方法同时控制了替代食品市场。

延展阅读

作者还有下列精品：

《霸权背后：美国全方位主导战略》

该书揭露了美国的新帝国主义政策。从地缘政治的角度详细描述了美国如何运用从秘密经济战争和人权“武器化”所演化出来的各种方法，来弱化和鼓励他国，尤其是中国。该书还阐述了美国运用原始的军事力量对付其唯一的战略核对手俄罗斯的真正性质，以及西藏、缅甸和达尔富尔在美国对中国进行地缘政治遏制战略中的作用。

《石油战争：石油政治决定世界新秩序》

该书全面阐述了构成世界霸权的基础力量，揭示了石油、美元轮动席卷全球财富的秘密，描绘了世界地缘政治斗争的生动场景，解析了石油危机、不结盟运动、马岛战争、核不扩散条约、德国统一等重大历史事件背后的真正原因，是一本我们了解世界经济、研究国际政治、拓展战略思维不得不读的好书。

《一课经济学》

〔美〕亨利·黑兹利特　著

本书以浅显的文字取代了高深的经济学术语与复杂的公式，为经济学入门提供了一种最为迅捷和有效的方式，备受哈耶克、弗里德曼等众多经济学大师的赞誉。

关于作者

亨利·黑兹利特（1894—1993）是美国20世纪最重要的经济专栏作家。他致力于向一般大众传播自由经济理念，《福布斯》杂志总编辑斯蒂夫·福布斯尊称他为“20世纪最杰出的经济新闻人”。他也是当代“自由至上主义者”运动中的重要角色，奥地利经济学派的大将。

黑兹利特出身于一个贫穷的家庭，他的父亲在他还是婴儿时便去世了，他在学院就读了一年半后便中途退学，成为一名记者。然而，贫困的生活促使他更加勤奋好学。很快，黑兹利特便成为一个知名的专栏记者。

他曾任职于《华尔街日报》《纽约邮报》，后来又为《纽约时报》撰写经济方面的社论文章。他曾在《纽约时报书评》中大力推荐哈耶克的《通向奴役之路》，使该书迈入畅销书之林。他也曾协助米塞斯，使他的《人的行为》等著作找到出版商。1946年到1966年，他在《新闻周刊》开设固定专栏，引导数百万读者了解经济学基础知识，传播自由经济理念，奥地利经济学派之所以能在英语国家得到发展，很大一部分是他的功劳。

黑兹利特的第一本重要著作《一课经济学》一出版即成为畅销书，至今销量超过100万册。他一生笔耕不辍，共写有18本著作和无数评论文章，重要著作还有《凯恩斯经济学批判》《道德的基础》等。

黑兹利特对于自由意志主义和客观主义的发展都有很大贡献，在他的资助下，米塞斯才得以获得在纽约大学的教授职位（当时米塞斯刚流亡美国），也是他让艾茵·兰德接触到了自由市场的经济理论。

1997年至2002年，亨利·黑兹利特基金会成功创建，以纪念这位伟人。

荐读理由

《一课经济学》是一部畅销半个多世纪、全球销量100余万册的经济学入门读物，备受哈耶克、弗里德曼等众多经济学大师的赞誉。

全书包括三大部分，共26章，以一堂课的形式，深入浅出地讨论了涉及现实社会经济生活的诸多问题，例如公共建设工程、税收、政府信贷、就业与失业、关税、最低工资、进出口、价格体系、房租管制、工会、利润、储蓄、通货膨胀等，以最简单的阐述方式，向读者逐一解读这些复杂的经济问题背后的真相，以及什么样的经济政策会造成什么样的结果。

同时，针对那些广为流传的经济理论或学说中存在的谬误，黑兹利特也进行了毫不留情的揭露、批驳，从而帮助社会大众更加了解经济世界运作的法则。

作者指出："经济学的艺术就是，不只观察任何行动或政策的立即影响，更要看较长远的影响；不只追踪政策对某个群体产生的影响，更要看对所有群体造成的影响。"然而，就在这一点上，人们，甚至是政府，都常常犯错，或者明知故犯。

作者认为，当今主要国家的政府所实行的经济政策，无一例外都受到了经济谬论的深刻影响，甚至有的政策还被那些盛行的谬论所左右。所以，剖析这些谬论，尤其是它们的核心观点，也许是领悟经济学的捷径。

本书以浅显的文字取代了高深的经济学术语与复杂的公式，为经济学入门提供了一种最为迅捷和有效的方式。

正如前美国财政部副部长约翰·黑尼斯所言："如果为简单明了的经济思想设立诺贝尔奖的话，黑兹利特先生的书会获此殊荣……对于这些年的经济失调，胡写乱说的经济著作充斥市面，而黑兹利特行笔犹如熟练的外科医生做手术一般，对症下刀，彻底、客观，且不偏不倚。"

先睹为快

让我们效仿法国经济学家巴斯夏，从一面被砸破的橱窗的简单例子说起。

话说一个顽童抡起砖头，砸破了面包店的橱窗。当店主怒气冲冲追出来时，小捣蛋早已逃之夭夭，只剩下一群看热闹的围观者。大家盯着橱窗的破洞以及四下散落的玻璃碎片，若有所思。不一会儿，跟通常的情形一样，有些人开始互相议论，宽慰店主和众人的心：玻璃破了很是可惜，可是这也有好的一面。这不，对面的玻璃店又有生意了。他们越琢磨越来劲：一面新的橱窗需要多少钱？要250美元。这笔钱可不算少。不过，这没什么好埋怨的，事情本来就这样，要是玻璃永远都不破，那装玻璃的人吃啥。玻璃店多了250美元，会去别的商家那里消费，那些个商家的口袋里多了几个钱，又会向更多的商家买东西。经这么一说，小小一面破橱窗，竟能够连环不断提供资金给很多商家，使很多人获得就业机会。要是照这个逻辑推下去，结论便是：扔砖头的那个小捣蛋，不但不是社区的祸害，反而是造福社区的善人。

且慢！让我们来分析其中的谬误。至少围观者所作的第一个结论没错，这件小小的破坏行为，的确会给某家玻璃店带来生意。玻璃店主对这起捣蛋事件除了略表同情之外，更多的应该是高兴。但是，面包店主损失掉的250美元，原本是打算拿去做一套西装的。如今，这钱被迫挪去补破窗，出门就穿不成新西装（或者少了同等价钱的其他日用品或奢侈品）。他原来有一面橱窗再加250美元，现在只剩下一面橱窗。或者说，在准备去做西装的那个下午，他本来可以心满意足同时拥有橱窗和西装，结果却只能面对有了橱窗就没了西装的糟糕现实。如果我们把他当做社区的一员，那么这个社区就损失了一套原本会有的新西装，于是变得比以前更穷了。

简单来说，玻璃店主的这桩生意，不过是从做西装的缝纫店主那里转移来的。整个过程并没有新增"就业机会"。那些围观的人只想到了交易双方——面包店主和玻璃店主——的情况，却忘掉了可能涉及的第三方——缝纫店主——的窘迫。围观者完全忘了他，恰恰是因为现在玻璃碎了，他也就失掉了亮相的机会。人们过两天就会看到崭新的橱窗，但绝不会看到多出那套被牺牲掉的西装。人们总是只看到眼前所见的东西。

延展阅读

《被掩盖的经济真相》

美国自由主义经济学大师托马斯·索维尔著。该书也是一本披露经济学谬误的书籍，可以与《一课经济学》互为补充，对照着看。针对当今流行的经济问题，作者以过人的勇气揭露其存在已久的谬误，力图站在一个脱离任何偏见的角度，公平地还原被掩盖的经济真相。该书涉及许多热点问题，例如城市问题、收入差距、性别间经济差异以及学术、种族和第三世界国家等方面的经济谬误。

《货币战争》

宋鸿兵　著

本书以金融为脉络，交错穿插进近 200 年的世界经济、政治、社会乃至军事战争，将许多最有名的政治家、军事家与富有戏剧性的历史事件与金融联系起来。大胆的构思、宽广的跨度，再加上历史故事的趣味性，将枯燥的金融问题变得引人入胜，读来令人叹服。

关于作者

2008 年夏天，被称为财富天堂的华尔街忽然陷入困境。金融泡沫在一夜间破灭，美国金融市场顿时风云突变，形势急转而下，来势凶猛的金融风暴转眼间席卷了全球。突如其来的危机让各国政府措手不及，谁也没曾料想到繁荣昌盛的华尔街背后竟蕴藏着如此杀机。

然而，在大洋的彼岸，一位中国的金融学者却早就预测到了这一危机的出现。他就是《货币战争》的作者宋鸿兵。他曾明确指出："美联储完全清楚问题的严重性，一场巨大的金融海啸已不可避免，发生的时间段就是 2008 年 6 月到 2009 年夏，但直到目前为止，美联储完全没有向世界投资者发出任何预警。在毫无警觉和预防的情况下，世界范围内的广大投资人势必遭受重创。"

宋鸿兵 1968 年出生于四川，毕业于东北大学自动控制系。1994 年赴美留学，主修信息工程和教育学，并获得美利坚大学硕士学位。他长期关注和研究美国历史和世界金融史。1996 年后曾在美国媒体游说公司、医疗业、电信业、信息安全、联邦政府和著名金融机构供职。

2002年，宋鸿兵先后担任美国最大的非银行类金融机构房利美和房地美的高级咨询顾问，主要从事房地产贷款自动审核系统设计、金融衍生工具的税务计算分析、MBS（资产抵押债券）的风险评估等方面的工作。

2009年，宋鸿兵参与创办新型独立全球战略智库——环球财经研究院，并担任研究院院长。同时他还担任宏源证券首席国际金融战略分析师、结构融资部总经理。2008年至今，他还担任了多所大学的客座教授。

宋鸿兵是一位有着强烈爱国热情的学者。然而，实力日趋强大的中国缺乏一种面向全球的战略思想体系，尤其在金融领域。他为中国未来的金融定位而担忧，因而，在紧张的工作之余，他不知疲倦地撰写了《货币战争》一书，用他的话来讲：希望"货币战争"这一全新的战略思想体系，对于中国未来的和平崛起有一定意义。

荐读理由

"金融是现代经济的核心。"在市场经济中，一个运作良好的金融体系能高效地分配资本、提高投资回报率，在推动经济增长中扮演着举足轻重的角色。而脆弱不稳定的金融体系往往导致金融危机频发，引起经济衰退、失业率攀升等问题，甚至触发严重的社会与政治危机。

《货币战争》自2007年6月出版以来，深受读者的喜爱，被誉为"破解美元的'达芬奇密码'"。作者从一个全新的角度考察历史，挖掘出了历史背后很多鲜为人知的秘密：

"谁是真正的世界首富？谁拥有美联储？谁在'妖魔化'黄金？为什么你不知道美联储是私有的中央银行？为什么华尔街风险资本会选中希特勒作为'投资'对象？为什么美国总统遇刺的比例高于美军诺曼底登陆一线部队的伤亡率？……"

该书进一步指出，一部世界金融史，实际上就是一部谋求主宰人类财富的阴谋史。自 1694 年英格兰银行成立以来，从 300 年间世界历史每一场的重大变故背后几乎都能看到国际金融资本势力的身影。他们通过左右一国的经济命脉，掌握国家的政治命运；通过煽动政治事件、诱发经济危机，控制着世界财富的流向与分配。

通过描摹国际金融集团及其代言人在世界金融史上翻云覆雨的过程，这本书揭示了对金钱的角逐如何主导着西方历史的发展与国家财富的分配。通过再现统治世界的精英俱乐部在政治与经济领域不断掀起金融战役的手段与结果，旨在告诫人们警惕潜在的金融打击，为迎接一场“不流血”的战争作好准备。

先睹为快

按常规分析，中国这艘巨型航母未来数十年最为险峻的航程是能否平安通过“台湾海峡”，以及在东亚相关海域能否获得制海权。但是，笔者认为，中国能否在本世纪中叶成为真正世界经济强国的最主要隐患，更有可能来自于一个看不见硝烟的战场，即潜在的“金融大战”的威胁。这种威胁的危险度，随着中国加入 WTO 五年届满、金融业将对外资的全面开放而日益加剧。

对于银行家而言，战争是天大的喜讯。因为和平时期缓慢折旧的各种昂贵设施和物品会在战争中顷刻之间灰飞烟灭，交战各方会不惜一切代价去取得胜利，到战争结束时，政府无论输赢都将深深地陷入银行的债务陷阱之中。

如果说中国的历史是围绕着政治权力斗争而展开，不理解帝王心术就无法洞察中国历史的精髓，那么西方历史则是沿着金钱角逐而进化的，不明了金钱的机谋就不能把握西方历史的脉络。

美国的南北战争，从根本上看，是国际金融势力及其代理人与美国政府激烈争夺美国国家货币发行权和货币政策的利益之争。在南北战争前后的一百多年时间里，双方在美国中央银行系统的建立这个金融制高点上进行反复的殊死搏斗，前后共有7位美国总统因此被刺杀，多位国会议员丧命。直至1913年，美国联邦储备银行系统的成立，最终标志着国际银行家取得了决定性胜利。

多数中国政府的官员可能会想当然地认为是美国政府发行着美元，实际情况是，美国政府根本没有货币发行权！1963年肯尼迪总统遇刺后，美国政府最终丧失了仅剩的“白银美元”的发行权。美国政府要想得到美元，就必须将美国人民的未来税收（国债），抵押给私有的美联储，由美联储来发行“美联储券”，这就是“美元”。

众所周知，谁能垄断某种商品的供应，谁就能实现超级利润。而货币乃是一种人人都需要的商品，如果谁能垄断一国的货币发行，谁就拥有无法限量的赚取超级利润的手段。这就是数百年来，为什么国际银行家要绞尽脑汁、处心积虑、无所不用其极地谋取垄断一国的货币发行权的原因。他们最高的境界就是垄断全世界的货币发行权。

请注意，国际银行家是一个“超级特殊利益集团”，他们不忠于任何一个国家和政府，相反，他们控制国家和政府。他们在一定的历史阶段内利用美元和美国的力量，但是，当他们的准备工作就绪后，就可能随时攻击美元，从而制造世界范围内 1928 年级别的经济危机，以严重的危机促使和胁迫各国政府放弃更多的主权，施行区域货币和区域政府。

延展阅读

《货币战争 2：金权天下》

宋鸿兵编著。该书是“货币战争”系列丛书的第二本。相对于《货币战争》，该书更系统、更完善、更严密，也更趋向于现实。作者回顾 300 年的世界金融史，全面阐释了欧美主要金融势力集团的形成、发展、排挤、冲突、联合与制衡的过程。系统解析了当今世界幕后主宰力量的运作和决策机制，第一次揭开了统治世界的“国际银行家俱乐部”的神秘面纱，洞穿了席卷全球的金融海啸中隐匿的惊天阴谋，并由此作出大胆预言——世界单一货币的出现将在 2024 年成为现实。

《资本战争：金钱游戏与投机泡沫的历史》

〔德〕马丁、〔德〕霍尔纳格著。该书被称为《货币战争》的引进版，相对于《货币战争》，该书拥有更久远的发展历史、更细节的描写。该书以欧美 2000 年来重大的资本投机活动为主线，勾勒出一条清晰生动的资本发展轨迹，以及循环递进、螺旋状的生长规律。该书揭示出操纵历史演进变化的是政治背景后面看不见的资本角逐和铁一般无情的经济规律。

《生活中的经济学》

茅于轼　著

这是一本广受赞誉的经济学普及读本。该书通过作者在美国这个高度发达的市场经济国家中的生活经历，向读者介绍了标准的市场经济是如何运作的。书中所取事例、所作分析，尽显现实生活的生动经验；在每个短篇后面，作者又附上小结，阐释本章揭示的经济学原理，让人一目了然，在轻松的氛围中体味背后的微言大义。

关于作者

茅于轼，一位80多岁高龄的著名经济学家，被誉为“经济学界的鲁迅”。有人说他高山仰止，是大家做人和做学问的榜样，有人说他为扶贫作出的努力堪比诺贝尔奖得主尤努斯。然而，在网上他也久负骂名，被称为是富人利益的代表。“替富人说话，为穷人办事”是他这位坚定的市场经济支持者的观点，而他也因此而备受争议。

茅于轼，1929年1月4日生于南京，父亲是著名铁路机械工程师茅以新，伯父是著名桥梁专家茅以升。茅于轼一生经历颇丰。从小因为八年抗战而辗转各地，后毕业于重庆南开中学，并考入交通大学。1950年毕业后，茅于轼被分配在齐齐哈尔铁路局，从事过火车司机、技术员、工程师等工作。

1955年，茅于轼被调往北京铁道科学研究所，开始了他的学术研究生涯。之后事与愿违，他先被打成了右派，后来又在“文化大革命”中受到了冲击。

1975 年重返学术领域时，茅于轼转向了运输经济、数理经济等微观经济学的研究，仅仅四年，就提出了著名的择优分配原理，并因此声名大起。

随后，茅于轼一直致力于经济学的研究，曾在北京经济学院、中国矿业学院研究生部、澳大利亚昆士兰大学等院校教授经济学，任西北大学、广东外语外贸大学、山东矿业学院兼职教授，并以访问学者的身份在美国哈佛大学从事经济学研究。他也先后担任过亚洲开发银行、非洲能源政策研究组、联合国开发计划署顾问等职。

1993 年从中国社会科学院退休后，茅于轼与其他四位经济学家共同创办了北京天则经济研究所，并担任所长至今。

茅于轼在经济学领域的成就为世界所公认。他曾连续三届入选美国马奎斯世界名人录和英国剑桥国际传记中心世界名人。先后著有《择优分配理论——经济学和它的数理基础》《生活中的经济学》《中国人的道德前景》等书，发表了百余篇关于经济理论、经济政策、能源环境和道德等方面的论文和研究报告。

荐读理由

《生活中的经济学》是一本广受赞誉的经济学普及读本。该书通过作者在美国这个高度发达的市场经济国家中的生活经历，透过点滴生活琐事，向读者介绍了标准的市场经济是如何运作的。

该书成书于 20 世纪 80 年代末，正值中国社会主义市场经济深入探索之际，因而，该书的出版对于当时的社会大变革有巨大的借鉴意义。另一方面，书中的市场经济思想是如此的超前和到位，历久弥新，时至今日依旧备受读者推崇，已经先后再版过三次。可见，对于想要全面了解市场经济内涵的读者来说，《生活中的经济学》是一本绝佳之作。

该书共有三篇：微观经济学、宏观经济学和经济体制。第一篇通过搬家、超级市场、旅游环境与老百姓日常生活的联系方式介绍微观经济学的相关原理。第二篇论及了银行、国民生产总值、通货膨胀等美国社会经济的宏观方面，向读者介绍了美国经济如何运转、如何应对衰退，以及其中的社会分工之妙。第三篇是经济体制，在介绍美国市场经济体制内涵核心的同时，提示了中国企业许多问题的症结实际上在于所有权不清。

该书附录还收录了作者近年发表的诸如《价格万岁》等部分有代表性的经济学文章，通过此书，我们可以进一步了解茅于轼教授的思想动态。

该书可作为初次涉猎经济学的读者的启蒙教材。茅于轼教授曾说："我从事研究有一个信条，即不论多深奥的理论，如果透彻地理解了它，必定可以还原为日常生活中的现象。"因而，在此"信条"的支持下，茅于轼教授将其在哈佛大学做访问学者时"对美国市场的考察"写成了"家常式"的经济随笔。

书中所取事例、所作分析，尽显现实生活的生动经验，在每个短篇后面，作者又附上小结，阐释本章揭示的经济学原理，让人一目了然，在轻松的氛围中体味背后的微言大义。较之那些孤僻深奥、专业词汇堆叠的经济学书籍，茅于轼教授的这本书真是一部难得之作。

先睹为快

这里我们可以看到，在商业发达的社会里，不但商品可以买卖，债务关系也可以买卖。其实这就是资金市场的一个方面。灵活的市场安排，提供给个人广泛的选择机会，造就了一个富有弹性的有生机的经济。经济要得到发展，要使资源的使用合理化，杜绝各种可能的浪费，都必须通过个人在各种选择中作出优化抉择方能实现。我们从美国人搬家的这件事中，可以看到：市场就提供了这样一种机会。

小结：就业的灵活性使经济结构易于调整，但这必将引起人口的流动，如果没有住房市场，人口的流动将受阻。谈了租房和买房的区别，强调了市场分配住房与计划分配的重大差别。

现代经济学常分为微观经济学和宏观经济学。前者研究个体经济规律，后者研究总量经济规律。微观经济学从狭义来看，是研究家庭作为消费者以及企业作为生产者如何共同形成市场价格，以及如何按照价格来决定自己的行为的学科。譬如说，一种商品的价格上升，会使消费者减少消费，并寻求此种商品的替代品，从而引起替代品的需求增加和价格上升等。另一方面，生产者会增加涨了价的商品的生产，从其他方面转来更多的资本和劳力，期望获得更多的利润，同时又抑制了价格的进一步上升，并满足消费需要。宏观经济学又称为总量经济学，它研究消费的总量和生产的总量（只能是以货币表示的价值总量，否则不同的产品无法相加）。各自取决于什么，以及它们如何对价格水平（不是某一种商品的具体价格）作出反应并保持平衡。因而它要研究居民的总消费量和总储蓄量随什么而变，研究为什么投资会超过储蓄从而产生通货膨胀的压力，以及为什么投资会低于储蓄从而引发失业和萧条。

确实，我感到美国人的是非标准很大程度上是功利主义的，至少和中国人相比，这个特点一目了然。应该说，功利主义并没有什么不好。如果道德与一切人的利益恒相对立，我怀疑这种道德原则能否坚持下去。它和苦行僧哲学有多大差别？它是不是人类理智的产物？问题只在于这个功利是个人自己的功利，还是全体人群的功利。美国人的道德标准是和它极其发达的商业相联系的。商业活动中最重要的品质是什么？是信誉和诚实。这也许出乎我们许多人的意料，因为中国传统中商业倒是和欺诈密不可分的，打击商人常成为统治者的国策，且常常得到百姓的拥护。不但我国历史上屡屡出现打击商人的合法和非法的记录，直到近几十年内东南亚一些国家多次出现过打击商人，特别是华侨商人的非理性行动。其结果当然是两败俱伤。到那时才看出商人对社会的贡献。

延展阅读

《中国人的道德前景》

这是作者的另一部精品。该书从经济学的角度，着重从两个方面讨论了道德问题。一是对道德问题进行理性分析，用简单逻辑讨论了道德主张的矛盾性和一致性。二是结合改革开放以来的各种社会现象展开理性分析，让读者更透彻地反省自身，关注自己的行为，并寻找到修正已有道德观念的道路。

《像经济学家一样思考》

〔美〕罗格·A. 阿诺德著。阿诺德是美国加利福尼亚州立大学圣马科斯分校经济学教授，著述甚丰，撰写了大量学术论文、教科书和报刊评论。本书是一本通俗易懂的经济学基础知识和分析方法的普及手册。全书以讲解故事的方式，从人们日常生活中经常遇到的问题出发，深入浅出地将经济学中的基本原理和方法进行系统的分析说明，使读者无论是在学习经济学课程时，还是在实际生活工作中，都能结合身边的实际事物进行观察和分析，从而加深对经济学基本原理的理解，并自觉运用到具体生活实践中去，逐步养成用经济学眼光观察和分析事物的好习惯。

《低碳之路：重新定义世界和我们的生活》

熊焰　著

这本书告诉我们，一场没有硝烟的革命已经在全世界悄悄进行，这场革命的重要意义不仅在于一个国家或地区的荣辱，而是关于全世界人民的命运，这就是“低碳革命”。

关于作者

熊焰，北京产权交易所董事长，北京环境交易所董事长，中国技术交易所董事长，北京股权投资基金协会副会长、秘书长，全国工商联并购工会第三届轮值主席，中国产权市场创新联盟常务理事，亚杰商会常务理事。同时，他也是清华大学、中央党校、哈尔滨工业大学、中央财经大学、南京理工大学等学校的兼职教授。

熊焰是一个思想的积极践行者。身为北京产权交易所董事长的他，一直以国有资产保值为己任。由他带领的北京产权交易所团队披荆斩棘，已经占据了中国产权市场的半壁江山。

另一方面，熊焰也是一个难得的开放式学者。虽然他是一个与行政政策高度相关的行业的领导者，然而，他的身影却经常出现在各大高端金融论坛。他主张国有资产公开透明交易，出版有《资本盛宴：中国产权市场解读》一书，曾在中国资本市场刮起一股“产权旋风”。

熊焰也是低碳经济的倡导者。自 2007 年起，他就为中国经济和社会结构转向低碳之路摇旗呐喊。2008 年 8 月，他创办了北京环境交易所，并力主将其打造成中国最主要的碳排放交易市场。2009 年该交易所还推出了中国目前唯一的资源减排“熊猫标准”。

熊焰对于低碳经济的前景很有信心，用他的话来说，“对未来中国而言，低碳转型不仅是生存之术，更是发展之道；既是经济发展方式转变的原因，又是转变的方向。中国弯道超车，这是最大的机会”。

荐读理由

海啸、地震、火山爆发……面对着此起彼伏极端天气的来袭，人类不得不重新审视世界和自己的生活方式。

《低碳之路：重新定义世界和我们的生活》告诉我们，一场没有硝烟的革命已经在全世界悄悄进行，这场革命的重要意义不仅在于一个国家或地区的荣辱，而是关于全世界人民的命运，这就是“低碳革命”。

面对环境的不断恶化，低碳革命势在必行，并且已经悄然开始。那么，这场以新能源的开发为核心的革命，究竟将把我们带向哪里？它将如何塑造我们的生活方式？在这样的剧变面前，企业和我们个人应该如何应对？我们原有的生活方式、固有观念将出现怎样的调整？

《低碳之路：重新定义世界和我们的生活》一书运用真实鲜活的故事和浅显易懂的叙述方式向我们揭开了这些谜底。它将带你走进气候变化和新能源革命的前沿地带，为你展开低碳世界的全景式画面。

全书共 11 章，45 万字。作者在一个完整统一的理论框架下，以高度的人文关怀和积极进取的市场探索精神，充分向读者展现了应对气候变化的必要性和紧迫性。另一方面，作者又运用经济、市场和金融的专业知识，向读者阐明了探索低碳之路的可行性和现实路径的选择。

例如关于减排机制。该书系统分析了“碳税”和“碳交易”等各种减排机制在不同条件下的有效性，并为我国作为一个发展中国家如何应对减排问题提供了有效的战略与措施：应该继续开展“无悔”减排，提高能源效率，改革规章制度，实施低碳经济发展制度和激励措施等。该书也提出了很多切合实际的预防全球气候变暖的措施。例如建立第三协作减排机制、呼吁落后国家的发展权要求等。

总之，低碳之路的实现不仅需要世界各国承担起一份责任，同时，它也意味着一种新的发展机会、新的生活时尚，以及新的更好的可能性。

这是一本面向普通大众的通俗读物。全书语言亲切，饱含人文精神，这样的论述方式比科学论证更有人情味，比政治宣言更具有亲和力。读完《低碳之路：重新定义世界和我们的生活》，相信每个人内心深处的良知和责任意识都会被唤醒。中国的“低碳之路”必将能够顺利进行。

先睹为快

工业革命的到来，以前所未有的规模，显著改变了自然界的碳循环。工业革命以前很长一段时间，大气中二氧化碳的浓度大致稳定在 270 ~ 290ppm。但在 1800 年以后，现代工业和交通发展迅猛，城市化水平不断提高，煤炭和石油消耗快速增加，大气中的二氧化碳浓度不断增加，而且增加速度越来越快。碳在自然界的循环平衡被彻底打破，地球开始“发烧”了。

有学者构想，美国可以将从能源的物质资源中提升的能源量要求权作为一种金融要求权和债务凭证，赋予其流通功能，在一定范围内将其他商品连接起来，成为一种新型的信用通货。其国际转型的标志之一就是 2012 年美国污染方购买排放许可，由此能源量通货将包括物质资源和权力资源多层次体系，能源量通货的金融要求权、流动性来源和债务凭证功能将更加完善，能源量通货将成为一种主权生产力。在此基础上，逐步实现以能源量通货概念为基础的主权生产力、金融要求权和物质资源支付基础的整合，能源量通货将成为在商品、服务支付和债务偿还时被普遍接受的凭证。通过这几个阶段的整合，能源量通货将囊括水、土地、粮食等基本资源成分。

低碳经济将成为全球下一代经济体系的核心和基础，而由新技术推动的清洁能源和能效行业，将成为一个规模巨大的全球性产业。

联合国秘书长潘基文希望，世界各国将应对气候变化当成一个必须牢牢抓住的机遇而不是拖累，从而进行一场“哥白尼式的低碳革命”。他说:“气候变化是当今人类面临的明确无疑的挑战，同时也将在下一个世纪里成为商业领域最强有力的游戏规则改变者。”因此，无论是企业还是国家，只有在全球节能减排的大趋势下抢得先机，才能在向低碳经济转型时获得竞争优势。

“新节俭主义”的核心观点是，收入虽然不菲，支出却要精打细算。该消费时消费，该节省时节省，既要将日子过得五彩缤纷，又要摒弃过度的奢华。简而言之，就是理性消费，简约生活。“省钱而不省品质，省钱而不省品位，省钱而不省时尚，省钱而不省体面”，“新节俭主义”的理念与扩大内需、拉动消费的政策导向并不矛盾。

延展阅读

《资本盛宴：中国产权市场解读》

这是作者的另一部精品。中国的产权市场一直因其独特性而备受关注。经过多年的探索和实践，我国的国有产权通过产权市场公开进行转让取得了理想的效果。该书为我们展示了这一产权市场的发展历程，探索了产权市场与多元资本市场的未来发展方向，有助于我们了解经济结构、国有企业改革和资本市场建设的相关知识。

生动有趣的科学知识

《别闹了，费曼先生：科学顽童的故事》

〔美〕理查德·费曼　著

这是一部带有传记色彩的作品，意在展现费曼这位物理学天才幽默机智、近乎顽童的一生。全书没有难懂的科学知识，在一件件新鲜事背后，透露着人性最接近自然的本质。《洛杉矶时报》曾给予该书如下评语："任何读这本书而不大笑出声的人，心理一定有毛病。"

关于作者

理查德·费曼（1918—1988）于1965年因在量子电动力学中的突出贡献获得诺贝尔物理学奖，同时，他也因为自己在各个领域的才能和广泛流传的奇闻轶事而广为人知。

费曼于1935年进入麻省理工学院，本科期间就已经在学术上崭露头角，其毕业论文在《物理评论》上发表，其中有一个后来以他的名字命名的量子力学公式。1943年，费曼参与曼哈顿计划，与"原子弹之父"奥本·海默共同工作，贡献卓著。1945年费曼开始在康奈尔大学任教，并在六年后转入加州理工学院。任教期间，费曼因其幽默生动、不拘一格的讲课风格大受学生欢迎。

费曼的学术成就主要集中在他对量子电动力学的贡献，并因此荣获1965年诺贝尔物理学奖。他于20世纪40年代发展了用路径积分表达量子振幅的方法，并于1948年提出量子电动力学新的理论形式、计算方法和重正化方法，从而克服了量子电动力学中的发散困难。目前量子场论中的“费曼振幅”“费曼传播子”“费曼规则”等均以他的姓氏命名。此外，他在20世纪40年代末提出的费曼图表，改变了把物理过程概念化和数学化的处理方式，已经得到广泛运用。

除了在量子电动力学方面的卓越贡献，费曼还建立了解决液态氦超流体现象的数学理论。之后，他和盖尔曼在弱相互作用领域，比如β衰变方面，做了一些奠基性工作。

从对近代科学发展的深远影响来说，费曼是超越时代和物理学科的，尤其是他对科学众多分支学科的理解和对科学本身的哲学思考，使之无愧于任何褒奖。他的成长历程、学术思想和哲理思考等，给后人留下了无尽的启示。

费曼善于把复杂的观点用简单的语句表达出来，因此，他同时也是一位优秀的教育家和作家。为了促进普通公众对物理学的理解，费曼撰写了《物理定律的特征》和《量子电动力学：光和物质的奇异性》等。除了作为一名物理学家以外，在他一生中的不同时期，他还是无线电修理者、保险柜密码破解高手、艺术家、舞蹈爱好者、手鼓演奏者和玛雅象形文字的破译者。费曼的世界充满好奇，也充满惊喜。

荐读理由

这是一部带有传记色彩的作品，意在展现费曼这位物理学天才幽默机智、近乎顽童的一生。全书没有难懂的科学知识，在一件件新鲜事背后，透露着人性最接近自然的本质。读过此书，相信你也会像雷顿一样感叹:“在一个人的一生中居然会发生这么多神奇而疯狂的妙事，简直有点令人难以置信，而这么多纯真、顽皮的恶作剧全都由一人引发，实在令人莞尔、深思。”

一般来说，理工科学生给人的印象多半是口才、文笔不佳，在生活中总有些阴沉、怪异之处。但是，《别闹了，费曼先生：科学顽童的故事》也许可以称得上是一部“拨乱反正”之作，让广大读者看到，一个理科生也可以如此风趣、幽默、活力四射、多姿多彩。费曼的书章节都不长，平实如话，但是没有文句上的卖弄，很好读。同时，我们也能看到，费曼身上的缺点和优点一样明显，在书中费曼并不讳言自己爱吹牛、好虚荣等毛病，但也许正因为他能坦言这些缺点，而让读者更加爱他了。

在书中我们会读到，在参与曼哈顿计划期间，出于好奇的费曼在严密的保安系统监控之下，以破解保险柜安全密码自娱，并在取得机密资料之后，留下字条告诫他人注意安全；我们会读到他引以为豪的一段经历：巴西嘉年华会需要领队贵宾，本来预定的大明星缺席，临时由费曼先生代替，使他得以展现自己在桑巴鼓上的造诣；我们会读到，他被按摩院请去画裸体画、在酒吧厕所里与醉鬼大打出手；我们还会读到，他怎样在赌城中与职业赌徒研究输赢的几率。而在参与曼哈顿计划期间，费曼的第一任妻子病重不治，这使书中的字里行间也充满了侠骨柔情。就是这样一位特立独行、放荡不羁的科学家，通过这本传记，向我们展现了他的个性与天才，也展现了他的情感与人生。

先睹为快

（费曼第一任妻子阿琳过世后）我到外面走了一会。也许我在骗自己，但我很惊讶，自己竟然没有感觉到一般人在这种情况下应有的感觉。我并不愉快，也没有觉得特别难受，也许那是因为七年来已有心理准备，这件事早晚会发生。

我不晓得如何面对罗沙拉摩斯的朋友。我不想别人愁眉苦脸地跟我谈这件事。……

他们立刻明白，我不想整日沉埋在哀伤里。很明显，我对自己作了心理建设：正视现实是那么重要——我必须慢慢厘清发生在阿琳身上的是怎么一回事——以至于一直到好几个月之后才哭出来。那时我在橡树岭，刚巧路过一家百货公司，看到橱窗内的洋装，心想阿琳一定会喜欢其中一件，就再也按捺不住了。

目前我有点厌烦物理，但从前我很能够享受物理的乐趣。为什么会这样呢？因为从前我都在跟它玩游戏。从前我随兴之所至——我不会忧虑这究竟对核子物理的发展是否重要，只会想这是否有趣，好不好玩。还在念高中时，看到水龙头流出来的水流逐渐变少，我很好奇能不能研究出它的曲线，而我发现那并不难。事实上，我根本没必要去研究它，它对科学发展也无关紧要，何况那问题早有人研究过了。但对我来说毫无分别：我还是会发明些什么，为了觉得好玩而做物理。……我已经下定决心，我要享受物理，随兴之所至。

艺术家是迷失的一群，他们没有任何实在的对象！他们曾经以宗教为对象，但是现在他们失去了宗教，一无所有。他们不了解眼前的科技世界，他们一点也不懂得真实世界之美——亦即科学世界之美——所以在内心深处，他们根本没有东西可画。

大战期间在南太平洋有一些土人，看到飞机降落在地面，卸下来一包包的好东西，其中一些是送给他们的。往后他们仍然希望能发生同样的事，于是他们在同样的地点铺飞机跑道，两旁还点上了火，盖了间小茅屋，派人坐在那里，头上绑了两块木头（假装是耳机）、插了根竹子（假装是天线），以为这就等于控制塔里的领航员了——然后他们等待，等待飞机降落。他们被称为草包族，他们每件事都做对了，一切都十分神似，看来跟战时没什么两样；但这行不通：飞机始终没有降落下来。这是为什么我叫这类东西为“草包族科学”，因为它们完全学足了科学研究的外表，一切都十分神似，但是事实上它们缺乏了最重要的部分——因为飞机始终没有降落下来。

延展阅读

《发现的乐趣》

费曼短文精品的一个豪华宝藏——从访谈、演讲，到报告以及发表的文章。这个集子收罗广泛，包罗万象，它向我们展现了一个神秘、迷人的科学人生景象—— 一个与众不同的人生。读着这些才气横溢的短篇，我们在活动中见证着费曼的天才。从本书中我们可以了解到科学家的孩提时代，也可以见证最佳科学状态下的费曼，享受“发现”的巨大乐趣。

《你干吗在乎别人怎么想》

这是费曼的又一部精品。虽然本书说的仍然是“一个怪人的种种冒险”，可是，这里所述的冒险经历与《别闹了，费曼先生：科学顽童的故事》不同，有的轻松，有的悲情，但是，大多数时间里，费曼先生无意玩闹——虽然往往也很难说。作者费曼的动机很简单，自从听到最初的费曼故事，就有了强大的欲望要跟别人分享。

《费曼的彩虹：物理大师的最后 24 堂课》

美国加州柏克莱大学物理学博士李昂纳德·曼罗迪诺著。1981 年冬天，一个正努力寻找自我定位的年轻物理学家，与来日无多的物理大师费曼展开了长达两年的深入对话。在关于科学、关于人生的思索中，它展现了 20 世纪传奇科学家费曼最后的智慧之光。科学顽童费曼对各种事物都拥有出人意料的见解，而他充满玩性与活力的生命态度，也帮助了一位急切而彷徨的年轻人重新思索科学的本质，并对人生有了全新的见解。

《物理世界奇遇记》

〔美〕乔治·伽莫夫、〔英〕罗素·斯坦纳德　著

本书是两位著名科普作家——美国的乔治·伽莫夫和英国的罗素·斯坦纳德合作的结晶。相比霍金的《时间简史》，该书更是一本能让普通人看得懂的物理科普著作。

关于作者

乔治·伽莫夫（1904—1968），俄裔美籍科学家，1904 年生于俄国，1934 年移居美国，在美国多所大学担任教授。伽莫夫是一位兴趣广泛的科学大家，他早年在核物理研究中取得出色成绩，其后又在天体物理学上与勒梅特一起最早提出“大爆炸”理论，是“大爆炸”宇宙理论的创始人之一，接着又在生物学上首先提出“遗传密码”理论。他还是一位杰出的科普作家，被科普界奉为一代宗师。在他一生正式出版的 25 部著作（不包括众多论文）中，有 18 部是科普作品。他的许多科普作品风靡全球，其中《从一到无穷大：科学中的事实和臆测》《物理世界奇遇记》是他最著名的科普作品。由于他在普及科学知识方面所作出的杰出贡献，1956 年他荣获联合国教科文组织颁发的卡林伽科普奖。

罗素·斯坦纳德，1931 年生于英国，1956 年在伦敦大学获得物理学博士学位，曾任英国开放大学物理学教授。他热心科普工作，发表

了大量介绍物理学成就的作品，其中以《艾伯特大叔三部曲》最为著名。《艾伯特大叔三部曲》包括《艾伯特大叔的时间和空间》《黑洞和艾伯特大叔》和《艾伯特大叔和量子探宝》，书中用青少年喜闻乐见的方式，概括讲述了艾伯特·爱因斯坦的全部工作和20世纪的量子理论。该书深受读者欢迎，已被译成15种文字出版，并获得英、美两国的多项科普图书奖。

荐读理由

本书的最初版本由伽莫夫独自创作，是伽莫夫最为成功，也最具代表性的著作。作家以生动的语言把用偏微分方程和复杂数学公式表达的物理，还原成用通俗语言表述得有血有肉、看得见摸得着、令人如临其境的一部见闻游记。它通过一个普通市民汤普金斯先生在梦中的奇遇和一个教授的若干篇演讲，介绍了现代物理学和宇宙学的主要领域——相对论、量子论、统计物理学、原子和原子核结构理论、基本粒子、大爆炸理论等。全书语言幽默生动，深入浅出，具有良好的科普性，非常适合大众阅读。它吸引了无数普通读者，把他们带入物理学殿堂的大门，即使是专业物理人士，读过此书后也会折服于伽莫夫大师用如此方式为门外汉解释近代物理精髓的魅力。

20世纪在科学发展史上是一个辉煌的世纪。以物理学和生物学的创新性成果为标志的科学成就，极大地改变了世界的面貌，改变了人类的认知水平、生产方式和生活方式，也产生了一大批声名显赫的科学大师。发生在这个世纪的第二次世界大战催生的原子弹，更是让社会公众了解了科学的巨大威力，也促使人类认真地审视科学，认识到科学必须与人类的良知、与人文精神结合在一起。只有合理地利用科学，才能造福人类，有利于人类社会的可持续发展。

伽莫夫是一位非常重视普及科学知识的科学家，他在20世纪30

年代中期移居美国以后，发现美国虽然经济发达，但许多美国人对20世纪初的科学成就，特别是当时刚出现不久的相对论、量子论和原子结构理论等却一无所知。因此，他决定在教学和研究工作之余，动笔向普通读者介绍这些新生事物。从1938年起，他在英国剑桥大学出版社下属的《发现》杂志上，发表了一系列带有离奇情节的科学故事。这些故事的主人公汤普金斯先生——一个只知数字而不懂科学的银行职员，通过聆听科学讲座和梦游物理奇境，初步了解了相对论和量子论的内容。1940年，他把第一批故事汇集成他的第一部科普著作《汤普金斯先生身历奇境》出版，1944年又把其后的故事汇集成《汤普金斯先生探索原子世界》一书。这两本书出版后，深受读者欢迎，几乎年年重印。1965年，伽莫夫把上述两书合并、补充、改写，以平装书的形式出版。由于当时书中的主人公汤普金斯先生在英、美等国已成为家喻户晓的人物，而前两本书又都以精装本的形式出版，所以伽莫夫给这本廉价的新版本起了个有趣的书名《平装本里的汤普金斯先生》。在伽莫夫的众多科普作品当中，这本书是最为成功，也是最有代表性的，被译成多种文字出版。

1968年，伽莫夫不幸去世，但这本书仍然以极强的生命力继续发挥着其积极的作用，几乎隔年就重印一次。不过，在人类文明继续发展的30年里，整个世界和物理学界毕竟都有了巨大的变化，因此本书中的部分内容便显得陈旧。例如，当时伽莫夫同许多物理学家一样，认为质子和中子是不可再分的基本粒子，但是，夸克和胶子的发现已经推翻了这种看法。鉴于此，1999年，著名科普作家罗素·斯坦纳德根据科学和社会的发展，在尽量忠实于原著的写法和风格的基础上，对此书进行了必要的修改，增写了四章，并更新了插图。可以说，这个最新版概括了整个20世纪物理学和宇宙学的全部研究成果。

该书于20世纪70年代末被引进我国，书名改为“物理世界奇遇记”，出版以来已重印数次，总印数已近百万册。

先睹为快

有一天，汤普金斯先生在银行里做了一整天工作（他们正忙着完成房产方面的业务），回家的路上，他感到非常疲倦。这时，他正好走过一家酒馆，便决定进去喝杯啤酒。一杯下去了，接着又是一杯，不久，汤普金斯先生开始感到有点醉意了。酒馆后面有个台球房，里面有许多人套着套袖围着当中那张台子打台球。他模模糊糊地记起他以前曾到这里来过，那是一个年轻的同事带他来，教他怎样打台球的。于是，他走近台子，开始专心看别人怎样玩。突然，一件非常费解的事情发生了！有一个人把一个台球放在台子上，用球杆把它击了一下。在注视那个滚动着的台球时，汤普金斯先生十分惊讶地发现，那个台球开始"弥散"开了。"弥散"这个词，是他为说明那个球的奇怪表现所能找到的唯一表达方法，因为它在滚过绿色的台毯时，似乎变得越来越模糊，失去了明确的轮廓，好像在台上滚的不是一个球，而是许许多多个彼此有一部分互相叠合的球似的。汤普金斯先生无法理解为什么现在会发生这种情况。"得，"他想，"让我们看看这𠈌包怎样打另一个球吧！"

那个打球的人显然是个高手，所以，那个滚动的球正像人们所说的那样，把另一个球打个正着。这时发出了一声响亮的撞击声，原来静止的台球和那个射来的台球（不过，汤普金斯先生无法确定，它们当中究竟哪个是前者，哪个是后者），两者都"朝四面八方"快速地滚去。这确实是非常奇怪的事，现在不再是两个看来有点松散的台球，而似乎有无数个台球，它们全都非常模糊，非常松散，大致在原来撞击方向180°角的范围内向外滚去。这相当像是个从撞击点向外扩展的独特的波。

但是，汤普金斯先生注意到，在原来那个撞击方向上，台球的流量最大。

“这是概率波的一个很好的事例。”在他背后响起了一个熟悉的声音，汤普金斯先生听出这是教授在说话。

延展阅读

《从一到无穷大：科学中的事实和臆测》

本书是伽莫夫的又一部具有世界影响的科普经典名著。该书20世纪70年代末在国内出版后，引起很大反响，直接影响了众多的科普工作者。本书以生动的语言介绍了20世纪以来科学中的一些重大进展。先漫谈一些基本的数学知识，然后用一些有趣的比喻，阐述了爱因斯坦的相对论和四维时空结构，并讨论了人类在认识微观世界（如基本粒子、基因）和宏观世界（如太阳系、星系等）方面的成就。

《上帝掷骰子吗——量子物理史话》

这是一部在网络上诞生的科普连载作品，作者曹天元是一位“80后”，语言风格也带有明显的网络印记。本书是关于量子论的故事。它将带你做一次量子之旅，从神话时代出发，沿着量子发展的道路，亲身去经历科学史上的乌云和暴雨，追逐流星的辉光，穿越重重迷雾和险滩，和最伟大的物理学家们并肩作战。除了回顾基本的历史背景，我们还将向着未来探险，去逐一摸索量子论面前的不同道路，闯入人迹罕至的未知境地，和先行者们一起开疆拓土。让你惊叹的，不仅仅是沿途那令人眼花缭乱的绚丽风景，更来自于你内心深处的思索和启示——那是科学深植在每个人心中不可抗拒的魅力。

《植物的欲望：植物眼中的世界》

〔美〕迈克尔·波伦　著

《植物的欲望：植物眼中的世界》写得十分精巧，是关于人和自然的创新性的叙述，是一本描述植物如何开发我们的欲望以便驯服我们的另类读物。作者在书中告诫我们，长期以来人类自作聪明，"高估了自己在自然界中的代理地位"，一切以自我利益驱动为目的，在改造、掠夺这个世界的同时，忘记了自己也在被一切生物所利用。

关于作者

迈克尔·波伦，1955年生于美国纽约，现为加州大学伯克利校区的新闻学教授，也是《纽约时报》杂志的长期专栏作家，其作品《植物的欲望：植物眼中的世界》曾获美国亚马逊以及美国书商协会等书店年度最佳好书，其本人也因此成为《纽约时报》的年度风云畅销作者。他的其他获奖作品有《第二自然：一个园丁的教育》《一个我自己的地方：一个业余建筑者的教育》等。

近些年，波伦专注于对食物本质的探讨，包括食物链、消费文化、营养素等的演变，并为此撰写了《捍卫食物》《到底要吃什么?》等畅销书，在全美掀起了热烈讨论，也改变了无数美国人的饮食习惯，他本人也因此成为美国最受饮食消费者信赖的作家之一。

荐读理由

《植物的欲望：植物眼中的世界》写得十分精巧，是关于人和自然创新性的叙述，是一本描述植物如何开发我们的欲望以便驯服我们的另类读物。

2007 年，该书作者波伦在一次题为“从植物的视角看人类”的演讲中谈到，他非常喜欢干园艺活，他的很多灵感就是在花园里产生的。有一次他在花园里犁地准备种马铃薯时，看到了一只蜜蜂飞过，脑子里突然产生一个疑问：人和蜜蜂之间有什么共性和差别呢？显然，不管是人还是蜜蜂，其实都是在传播着各自的基因，而两者都会认为自己是主宰。蜜蜂会认为自己有权决定飞到哪个花蕊上采花蜜，采到花蜜后就可以远走高飞了；耕种者要种什么样的马铃薯也是由他自己决定的，然后去市场上买种子，再种到地里。可是，你仔细想想就会发现，蜜蜂不过是被色彩艳丽的花所吸引，而这恰恰是花的基因决定的。而人也是一样，耕种者不也是被马铃薯所吸引吗？他种植马铃薯的行为其实是在帮助马铃薯传播基因啊！

由此，波伦得出一个结论：农业不是人类的发明，而是人类与动植物实现共同进化的一种模式罢了。

基于这一理念，波伦在本书中为读者重新打开了一扇别样的窗口。他选择了美国人熟悉的四种植物（苹果、郁金香、大麻、马铃薯）为例，回顾了这四种植物的自然史，帮读者厘清了这些植物基因的传播或者转移方式，表明了现代生产方式对自然的影响，以此来重新审视人与自然的关系。他的立场是，当你在栽种植物、利用植物的同时，其实植物也在利用你。

波伦很有新意地将自己摆在植物的立场上，以颠倒的方式来看人类在自然界中的位置。他用这四种植物分别代表人类的四种欲望，这四种植物因为人类的欲望，从而获得遗传上的成功：苹果代表甘甜，它的甘甜引诱了早期美国人去播撒这个植物的种子，给予苹果树以整整一个新大陆来开花结果；郁金香代表美丽，它的美丽使得17世纪的荷兰人为之着魔，一个荷兰人为了一支郁金香花鳞茎竟然付出了当时一座房屋的价钱；大麻代表陶醉，其令人陶醉的效果已经导致了千百万人为此坐牢，然而又刺激了很多人冒险栽培这种在美国最值钱的作物；马铃薯代表控制，人们从遗传角度来改良马铃薯，在这个过程中，美国人把炸薯条变成了知识产权。

波伦告诉读者，人类在选择植物，植物也在利用人类。植物和人类互相改变，引用书中的话就是:“一个关于植物和人学会相互利用对方的神话。每一方都在做对方自身做不了的事情，在这种合作中，双方都得到了改变，改变了他们共同的命运。”他告诫我们，长期以来人类自作聪明，“高估了自己在自然界中的代理地位”，一切以自我利益驱动为目的，在改造、掠夺这个世界的同时，忘记了自己也在被一切生物所利用。

先睹为快

你知道，他们（麦当劳）的炸薯条的确是漂亮，金黄色的细长矩形，长得足以冒出装炸薯条的红色纸包边，就像一束花。一个农民曾经告诉我，只有黄褐色的伯班克马铃薯才能炸得这样长，这样完美。看着它们也就是感觉到它们并不仅仅只是炸薯条，它们是柏拉图式的炸薯条的理念，这种想象和这种食物融为一体了，在这个世界的任何地方，花上约50美分就可以买上一包，你是抵挡不住的。

不管在它后面的是什么，要不是麦当劳一直致力于使千百万英亩的黄褐色伯班克马铃薯在全世界各地得到了种植的话，这种期待是不可能得到实现的。没有全世界性的单一种植，全球性的欲望是不可能得到满足的，而全世界性的单一种植现在又依赖于像基因工程这样的技术。看来事情就是这样，没有那个，我们就不会有这个。

随着这种“终结者”——这种新技术很快就得到了这个名称——的出现，基因工程师们已经发现了如何去命令终止自然过程的最基本要素：植物—种子—植物—种子的循环，靠着这种循环，植物才能繁殖和进化。种子那种古老的逻辑——无限地自由繁殖自己，既是作为食物，又是作为未来制造更多食物的手段——已经让位于资本主义的现代逻辑了。现在，能够生育的种子不再来自植物，而是要来自公司了。

延展阅读

《到底要吃什么?》

这是作者的另一部精品。这部精品既是深度调查报道，也是趣味盎然的科普作品，更是优美生动的自然文学。作者沿着现代人主要的几条食物链——工业、有机和自然野生食物，从食物的生产源头一路追踪到其成为盘中佳肴的整个过程。深入田地、农场、食品研发室、养殖场、屠宰加工厂、超市等，进行实地观察、访谈，用侦探般的技巧为我们拼凑出一幅现代食品的完整真相——规模最大的工业化食物。现代食品看似丰富多样，其实大多是用玉米做的，吃汉堡、鸡块、牛肉等于是在吃玉米；成长最快、被视为健康象征的有机食品，竟然有一大部分已走向工业化；鸡、牛、猪同样饲养在密闭狭小的空间，蔬果的加工和运送也耗费着大量石油能源……跟着波伦引人入胜的笔触，我们不只体验了深度的食物探索之旅，也来到牧草地上的现代田园，重新体会与我们赖以维生的土地、阳光、青草和动植物彼此之间紧密依赖的关系；最后，跟着波伦踏上一段惊险的森林狩猎、采集冒险之旅，回归最原始古老的食物链，重新探索人类在以其他地球物种为食的漫长过程中，彼此如何在掠食与抵抗被食的攻防中共同演化，发展成共生共存的命运共同体。

《熊猫的拇指》

〔美〕斯蒂芬·杰·古尔德　著

读者朋友们，如果你对进化论感兴趣但此前对此毫无了解时，那么你就去看达尔文的书吧；如果你已经对进化论有了基本概念，又希望百尺竿头更进一步时，你就去看美国科学家古尔德的《熊猫的拇指》吧。

关于作者

在当今古生物学界，如果只允许挑选一位科学家作为代表，则非古尔德莫属。斯蒂芬·杰·古尔德（1941—2002），世界著名古生物学家、科学史学家和科普作家，西方“学院左派”的代表人物之一。他1941年出生于美国纽约，1967年在哥伦比亚大学获古生物学博士学位，三十多岁就成为教授（在美国，教授的职位是很难得到的）。古尔德的职业生涯主要是在哈佛大学教学，以及在美国自然史博物馆工作。1972年，他和同事合作，提出了“间断平衡”进化理论，令他享誉世界。他的著述触发学术界内外的诸多辩论，迫使科学家对那些关于进化形态及过程的根深蒂固的想法进行反思，让古生物学重新焕发活力，他被称为“自达尔文以来20世纪最有影响力的进化论生物学家之一”。

古尔德身材矮胖，长着一个大大的蒜头鼻，英国《自然》杂志形容这是“进化论的公众面孔”。古尔德是以科普作家的身份进入中国读者视野的。在科研期间，他写出了大量的科普作品，向世人普及古生物学知识。正如维基百科中所说，没有人关注的科学是没有生命力的科学，古尔德的科普文章给予了古生物学持续的生命动力。他善于在科普散文中用通俗文化做例子，深入浅出，引人入胜，以生花妙笔引领读者穿梭于古生物史、文学作品、社会经济史、通俗文化之间，使人们深刻思考自然现象背后的哲理，将科学散文提升到了一个新的境界。

古尔德的科普作品使他的影响力超越了科学界，成为美国家喻户晓的大众明星，1982 年他还登上了《时代周刊》的封面。他的主要科普作品有《追问千禧年》《自达尔文以来》《熊猫的拇指》《壮丽的生命》《火烈鸟的微笑》等，曾荣获美国国家图书奖和国家图书批评奖。

荐读理由

在现代社会里，科学的影响越来越广泛，但科学似乎离普通人越来越远。拉近科学和普通人之间的距离，不仅需要对科学进行深入研究，也需要有流畅通俗的文字能力。古尔德就是这样一个科学家，一个能够融合科学和文学的人物。

早在 1974 年，古尔德就开始在美国自然史博物馆每月出版一期的《自然史》杂志上，撰写题为“This View of Life”（这种生命观）的专栏。这些专栏文章被陆续结集成七本书，以“自然史沉思录”为总标题出版。专栏文章结集出版后大获好评，《自达尔文以来》和《熊猫的拇指》是其中最著名的两部。

在《熊猫的拇指》一书中，古尔德从熊猫有六个手指阐述开来，引发读者对进化论的思考。这本书一共包含 31 篇短小精练的科学小品文，古尔德像中世纪动物寓言集的作者一样，从身边的许多有趣物种出发，给读者讲述了许多有趣的生物故事，内容涉及进化理论、二叠纪灭绝、动态持续、异速生长、发育的遗传调控、科学史等广泛话题。

古尔德对进化论最大的学术成就是与他人共同提出了“间断平衡”

理论，该理论认为，生物的进化并不像达尔文所认为的那样，是一个缓慢的渐变积累的过程，而是长期的稳定的，甚至是不变与短暂的剧变交替的过程，也就是说进化的过程就好像一只青蛙走走停停的旅程——蹦一下停半天。这只青蛙上次停留时顺手捏出了恐龙（新物种产生），但是不幸被一个大石块砸中，扔了恐龙（物种灭绝）就跑了。这次停留，青蛙捏出的是人，什么时候再走、会把人扔到哪里就不知道了。这一理论较好地解释了化石在地层中为什么会有许多空缺之处。虽然“间断平衡”理论引发了一些人对达尔文进化论的怀疑甚至全盘否定，但古尔德仍然是一位忠实的达尔文主义者，只不过他认为达尔文理论的核心是自然选择，而不是生存竞争或生物渐变论。

古尔德在《熊猫的拇指》一书中说，化石揭示的生命史至少有这样两个特点：一是稳定性，物种并不像达尔文所言，处于一个逐渐进化的过程中，事实上它们出现和消失时的外形几乎一样；二是突然出现，物种是突然出现的，并且已经“完全定型”。可能还有一点是，生物的命运并不是像达尔文所说的“适者生存”。灭绝与否靠的是机遇，不是“适与不适”。恐龙对环境很适应，但是它们灭绝了。事实证明，如果我们不把“突变”或者“灾变”这样的概念引进古生物学，我们就很难理解生物的进化历程。

先睹为快

熊猫的手灵巧得令我震惊，我奇怪为什么一个适于奔跑的后代可以如此灵巧地使用手。它们用爪子抓住竹竿，用明显可以活动的拇指与其他手指顺着竹竿捋下叶子。这一点使我迷惑不解。我已经学到，灵活的拇指与其他手指相对是我们人类成功的标志之一。我们不仅保持而且发展了我们灵长类祖先手的灵活性，而多数哺乳动物的指都特化了。食肉动物的指可用于奔跑、戳、抓。我家的猫可以乱抓乱挠使我心烦，但它绝不会打字或弹钢琴。

当我数熊猫的其他手指时，我感到很吃惊，熊猫除拇指外还有五个指，而不是四个。“拇指”是另外进化来的第六指吗？幸好有一部关于熊猫的经典著作，是芝加哥野外自然博物馆脊椎动物解剖学部的前任主任德怀特·戴维斯博士的专著，书中所含的熊猫知识多得超出人们的想象。当然，戴维斯对各种问题都做了解答。

（摘自《熊猫的拇指》）

19世纪恐龙的发现，成了一个典型的案例，说明身体的大小与聪明之间的反比关系。恐龙脑子很小，身躯庞大，是笨拙愚蠢的象征。它们的灭绝似乎只说明它们的身体构造有缺陷。

我在这篇文章中所支持的修正主义解释，并没有把恐龙捧为才智非凡的典范，但是却认为恐龙的脑根本就不小。就具有那么庞大身躯的爬行动物而言，恐龙的脑“正好”。

亨利·杰里森研究了10种恐龙的脑大小，他发现它们非常符合我们根据爬行动物推导出的曲线。恐龙的脑并不小，与它们这么庞大的爬行类相比，脑的大小正好，远远大于帕克太太解释恐龙时估计的脑量。

（摘自《恐龙愚蠢吗?》）

延展阅读

作者还有下列精品：

《自达尔文以来》

在过去的时间里，科学之手对于人类朴实的自恋有过两次重大的打击。第一次是使人类认识到地球并不是宇宙的中心，而是大得难以想象的宇宙体系中的尘埃；第二次是生物学的研究剥夺了人类特创的特殊优越性，将人类废黜为动物的后裔。若干年后，对于人类自恋的第三次重大打击又将是什么呢？亿万年的地球巨变，毫微间的存亡一瞬，都因古尔德的生花妙笔跃然纸上。

《火烈鸟的微笑》

这本书中的文章包含了一系列令人感兴趣的话题，从大型化石、嗜好、真菌到棒球等，甚至包括《侏罗纪公园》的读书体验。总的来说，包罗万象。古尔德看到了自然界的实质，因此对类似时间、政变和历史这类更大的主题进行探索，把读者带回无法抗拒的进化时代。

《生命的壮阔：从柏拉图到达尔文》

《生命的壮阔：从柏拉图到达尔文》一书主要围绕以下两个主题展开：一为美国职业棒球四成打击率之消失，究竟是职业棒球技术之退步还是进步？二为生物之演化，应视为可以预测之进步结果，还是体系之内差异扩张或收缩之结果？古尔德带领我们走进“常识”的背后。

古尔德告诉读者，生物从简单到复杂、从低级到高级的变化并不是自然界普遍的铁律，把“进化”说成趋势是人生中心主义演绎出来的神话。他用了极其简单易懂的实例，雄辩地分析了流行于科学界并广为普通人所接受的观点中包藏的迷误，非常有说服力。曾经学过进化论并坚信不疑而又仍然保有年轻开放心灵的读者，应该读读这本书。

《寂静的春天》

〔美〕蕾切尔·卡森　著

《寂静的春天》一问世，犹如旷野中的一声呐喊，敲响了人类将因为破坏环境而受到大自然惩罚的警世之钟，引发了一场关于发展观问题的世界性大讨论。美国前副总统艾尔·戈尔曾公开表示，他当年之所以投身环保事业，正是受了该书的启迪。戈尔表示："《寂静的春天》的影响可以与《汤姆叔叔的小屋》媲美。两本珍贵的书都改变了我们的社会。"

关于作者

有人说，只要春天还能听得到鸟叫，我们就应该感谢《寂静的春天》的作者蕾切尔·卡森。

卡森1907年出生在美国宾夕法尼亚州，在小学和中学就显露出来对自然的热爱和文学天赋。1936年，卡森开始在美国渔业和野生动物管理委员会工作，写了大量关于环境保护方面的文章并编辑了许多科学文献。在空闲的时间里，她把自己的研究成果改写成抒情散文。1952年，她的传世之作《我们周围的海洋》在受到一些著名出版社的拒绝后，终于出版并引起轰动，被翻译成32种文字在世界各国出版发行，同年获得美国国家科学技术图书奖和伯洛兹自然科学图书奖。于是她从政府机构辞职，以专业写作为生。1955年她完成了第三部作品——《海洋的边缘》，这部作品又成为一本畅销书并获奖。这些作品使卡森成为著名的科普作家。她在自己多年积累的海洋科学专业知识基础上，用诗一样的语言告诉人们关于潮汐、海底火山、海洋生物等大海的秘密。

《寂静的春天》缘于卡森的一个朋友给她的来信，信中谈到由于喷洒 DDT 导致小镇鸟类的死亡，希望卡森能提供些帮助。收集资料、寻找证据、查阅文献，卡森希望用事实告诉人们真相，而此时的她正经受着癌症的折磨，与病魔作战使书稿的进展非常缓慢，历时四年才终于完成。1962 年，《寂静的春天》出版了，当年的销量就高达50 万册。她在书中对农业科学家的科学实践活动和政府的政策提出了挑战，并号召人们迅速改变对自然世界的看法和观点。

从未有过的轰动产生了，不计其数的攻击和冷嘲热讽向这位柔弱的女士袭来。化工业、食品加工业及农业部等相关部门称她为“歇斯底里的女人”，农业化学协会、营养基金会甚至美国医学学会都给她以最猛烈的攻击。健康状况的恶化使卡森无力对这些攻击一一还击，但是她尽自己最大努力阐述着“真正尊重生命，深切关注所有物种”的信念。她不屈不挠的斗争赢得了美国民众和社会的认同，并引起了美国总统的关注。经过总统顾问委员会的调查，1963 年，美国政府也认同了书中的观点。她最后一次在公众中露面就是在参议院调查委员会上作证，这促使了 1972 年美国全面禁止了 DDT 的生产和使用，世界各国紧接着纷纷效法。

1964 年 4 月 14 日，卡森与世长辞。作为一个学者与作家，卡森所遭受的诋毁和攻击是空前的，但她所坚持的思想最终为人类环境意识的启蒙点燃了一盏明亮的灯。在她去世后，1980 年美国政府追授她美国对普通公民的最高荣誉——“总统自由奖章”。美国著名刊物《时代》在 2000 年第 12 期上将卡森评选为 20 世纪最有影响力的 100 位人物之一。

荐读理由

《寂静的春天》1962 年在美国问世时，饱受争议。卡森以生动而严肃的笔触，揭示了滥用化学药剂会带来很多巨大的不可思议的创伤。水资源被污染，土壤的生产力被毁，整个紧密联系着的生命结构被撕裂，各种类型的野生生物直接受害，人类自身也会暴露在难以控制的致癌化学药物中。要对付害虫，正确的道路是生物控制。

当时她那惊世骇俗的关于农药危害人类环境的预言，不仅受到生产与经济部门的猛烈抨击，而且也强烈震撼了社会广大民众。当时美国的一些城市已经出现了比较严重的环境污染，但政府的公共政策中还没有关于“环境”的条款。因此，《寂静的春天》一问世，犹如旷野中的一声呐喊，敲响了人类将因为破坏环境而受到大自然惩罚的警世之钟。但是，如同达尔文《物种起源》的问世遭到攻击一样，卡森的《寂静的春天》也遭到猛烈的抨击。那些靠牺牲环境发财的人指责卡森是“歇斯底里”，是“煽情”，是“危言耸听”。

然而，历史是公正的。这本科普图书带给人类振聋发聩的启示，引发了一场关于发展观问题的世界性大讨论。美国前副总统艾尔·戈尔曾公开表示，他当年之所以投身环保事业，正是受到了卡森女士的启迪。戈尔在该书中文版的序言中写道:“1964 年春天，蕾切尔·卡森逝世后，一切都很清楚了，她的声音永远不会寂静。她惊醒的不但是我们国家，甚至是整个世界。《寂静的春天》的出版应该恰当地被看成是现代环境运动的肇始。”他甚至说:“《寂静的春天》的影响可以与《汤姆叔叔的小屋》媲美。两本珍贵的书都改变了我们的社会。”

先睹为快

对自然界受威胁的了解至今仍很有限。现在是这样一个专家的时代，这些专家们只眼盯着他自己的问题，而不清楚套着这个小问题的大问题是否褊狭。现在又是一个工业统治的时代，在工业中，不惜代价去赚钱的权利难得受到谴责。当公众由于面临着一些应用杀虫剂造成的有害后果的明显证据而提出抗议时，一半真情的小小镇定丸就会使人满足。我们急需结束这些伪善的保证和包在令人厌恶的事实外面的糖外衣。被要求去承担由昆虫管理人员所预测的危险的是民众。民众应该决定究竟是希望在现在道路上继续干下去呢，还是等拥有足够的事实时再去做。金·路斯坦德说："忍耐的义务给我们知道的权利。"

在所有这些情况中，人们都回避了去认真考虑这样一个问题：是谁作了这个决定，它使得这些致毒的连锁反应运动起来，就像将一块石子投进了平静的水塘，这个决定使不断扩大的死亡的波纹扩散开去？是谁在天平的一个盘中放了一些可能被某些甲虫吃掉的树叶，而在天平的另一个盘中放入的是可怜的成堆杂色羽毛——在杀虫毒剂无选择的大棒下牺牲的鸟儿的无生命遗物？是谁对千百万不曾与之商量过的人民作出决定——是谁有权力作出决定，认为一个无昆虫的世界是至高无上的，甚至尽管这样一个世界由于飞鸟耷拉的翅膀而变得黯然无光？这个决定是一个被暂时委以权力的独裁主义者的决定；他是在对千百万人的忽视中作出这一决定的，对这千百万人来说，大自然的美丽和秩序仍然还具有一种意义，这种意义是深刻的和必不可少的。

当前使用毒剂这一流行作法的失败使人们考虑到了一些最基本

的问题。就像远古穴居人所使用的棍棒一样，化学药物的烟幕弹作为一种低级的武器已被掷出来杀害生命组织了——这种生命组织一方面看来是纤弱和易毁坏的，但另一方面它又具有惊人的坚韧性和恢复能力，另外它还具有一种以预料不到的方式进行反抗的秉性。生命的这些异常能力一直被使用化学药物的人们所轻视，他们面对着被他们瞎胡摆弄的这种巨大生命力量，却不曾把那种“高度理智的方针”和人道精神纳入到他们的任务中去。

“控制自然”这个词是一个妄自尊大的想象产物，是当生物学和哲学还处于低级幼稚阶段时的产物，当时人们设想中的“控制自然”就是要大自然为人们的方便有利而存在。应用昆虫学上的这些概念和做法在很大程度上应归咎于科学上的蒙昧。这样一门如此原始的科学却已经被用最现代化、最可怕的化学武器武装起来了；这些武器在被用来对付昆虫之余，已转过来威胁着我们整个的大地了，这真是我们的巨大不幸。

延展阅读

《自然的终结》

这是一部有关由于温室效应引起的全球变暖的诸多后果的绿色著作，分为两个部分:“现实”和“不远的将来”。此书已占据了与卡森的《寂静的春天》同样重要的位置。作者比尔·麦克基本已是美国著名的环境保护主义理论家，他在哲学和自然科学方面的知识很广博，他发表的数百篇有关自然的论文在美国引起了巨大的反响，被认为是与梭罗、卡森齐名的环保作家。麦克基本用地球上的温室效应为核心案例来作叙述、论证和预言，把当时已经存在的各种证据，以诙谐、优美的写法一一道来。

《昆虫记》

〔法〕让·亨利·法布尔　著

《昆虫记》是法国杰出博物学家、文学家法布尔的传世佳作，它不仅是一部文学巨著，也是一部科学百科。作者将专业知识与其人生感悟相融，通过对各种昆虫的日常生活习性、特征的描述，展现了他在科学观察研究方面的过人才能和文学才华，也向读者传达了他的人文精神以及对生命的无比热爱。

关于作者

法国杰出博物学家、文学家让·亨利·法布尔（1823—1915），出身寒门，一生锐意进取，他通过自学，先后取得了数学学士学位、自然科学学士学位和自然科学博士学位，并且精通拉丁语和希腊语。但是他的奋发上进并未得到当时法国教育界、科学界权威们的认可，以致他虽然一直怀揣执教大学教鞭之梦却终未能如愿，只好屈就中学的教职，以微薄的薪金维持一家七口的生活。生活虽然艰辛，却无法阻挡法布尔前行的脚步。他在认真教书之余，也利用业余时间对昆虫进行细心的观察研究。凭着对昆虫世界那份强烈好奇与热爱，法布尔展开了一种别样的人生。一个个出现在他笔下的那些小虫子，仿佛具有了灵性，伶俐可爱，让人忍俊不禁，就连一般人讨厌的食粪虫都让人看了觉得妙趣横生。

法布尔拥有“哲学家一般的思，美术家一般的看，文学家一般的感受与抒写”。在他晚年之时，《昆虫记》的成功为他赢得了“昆虫界的荷马”以及“科学界的诗人”的美名，他的成就得到了社会的广泛认可。在荣誉面前，他却朴实如初，依然腼腆谦逊，过着清贫的生活。法布尔的才华受到众多文人学者的仰慕：罗曼·罗兰称赞道，“他观察之热情耐心，细致入微，令我钦佩，他的书堪称艺术杰作”；英国生物学家达尔文夸奖他是“无与伦比的观察家”。当他居住在塞利尼昂时，不少学者、文学家们都前去拜访他。

拥有多重身份的法布尔，作品种类繁多：作为博物学家，他留下了许多动植物学术论著，其中包括《茜草：专利与论文》《阿维尼翁的动物》《块菰》《橄榄树上的伞菌》《葡萄根瘤蚜》等；作为教师，他曾编写过多册化学、物理课本；作为诗人，他用法国南部的普罗旺斯语写下了许多诗歌，被当地人亲切地称为“牛虻诗人”。此外，他还将一些普罗旺斯诗人的作品翻译成法语；闲暇之余，也曾用自己的小口琴谱下一些小曲。然而，法布尔作品中篇幅最长、地位最重要、最为世人所知的仍是《昆虫记》。这部作品不但展现了他在科学观察研究方面的过人才能和文学才华，也向读者传达了他的人文精神以及对生命的无比热爱。

1910 年，法布尔获得了诺贝尔文学奖的提名。

荐读理由

《昆虫记》是法布尔的传世佳作，它不仅是一部文学巨著，也是一部科学百科。他将专业知识与其人生感悟相融，通过对各种昆虫的日常生活习性、特征的描述，展示了自己对生活与世事的独特眼光，因而法布尔不仅被人称为大博物学家，也被称为大文学家。

法布尔毕生从事昆虫研究，被称为“动物心理学的创始人”，本书运用散文的形式记录其研究成果与经历。《昆虫记》将人文精神与自然科学的庞杂实据相结合，以人性观照虫性，使昆虫世界成为人类获得知识、趣味、美感和思想的美文，也使得该书成为具有全方位价值的鸿篇巨制。没有哪位昆虫学家具备如此高明的文学表达才能，没有哪位作家具备如此博大精深的昆虫学造诣。如果不是有这位如此顽强的法布尔，我们的世界也就永远读不到一部《昆虫记》了。

这是一部研究昆虫的科学巨著，同时也是一部讴歌生命的宏伟篇章，字里行间都洋溢着法布尔对生命的尊重与热爱。法布尔也由此获得了“科学界的诗人”“昆虫界的荷马”“昆虫世界的维吉尔”等桂冠。地球是丰富多彩的，人类并不是一个孤立的存在，“蜘蛛”“黄蜂”“蝎子”“象鼻虫”……它们也是地球上的生命，处在一个紧密联系的系统之中。昆虫也是地球生物链上不可缺少的一环，昆虫的生命也应当得到世界的尊重。

我们用“奇迹”来概括《昆虫记》一书。一个人耗费一生的光阴来观察、研究“虫子”，可以算得上是一种奇迹；一个人一生专为“虫子”写出十卷大部头的书，更不能不说是奇迹；而这部写“虫子”的书居然一版再版，先后被翻译成50多种文字，直到百年之后还在读书界一次又一次引起轰动，更是奇迹中的奇迹。

天地有大美。该书不仅真实可信地描写了昆虫的习性、生活等各个方面，展示了一个奇妙有趣的“昆虫世界”，而且作者的妙笔更带领我们走进一次绚烂多姿的心灵之旅。因此，《昆虫记》是由人类杰出的代表法布尔与自然界众多的平凡子民——昆虫，共同谱写的一曲生命的乐章，一部永远解读不尽的书。

先睹为快

看啦！在那池水深处，有一团绿绿的、浓浓的水草，我轻轻拨开一束水草，看到立刻有许多水珠争先恐后地浮到水面聚成一个大大的水泡。我想在这厚厚的水草底下一定藏着什么奇怪的生物。我继续往下探索，看到了许多贝壳像豆子一样扁平，周围冒着几个涡圈；有一种小虫看上去像戴了羽毛；还有一种小生物舞动着柔软的鳍片，像穿着华丽的裙子在跳舞。我也不知道它们为什么这样不停地游来游去，也不晓得它们叫什么，我只能出神地对着这个神秘、玄妙的水池，浮想联翩。

池水通过小小的渠道缓缓地流入附近的田地，那儿长着几棵赤杨，我又在那儿发现了美丽的生物，那是一只甲虫，像核桃那么大，身上带着一些蓝色。那蓝色是如此的赏心悦目，使我联想起了那天堂里美丽的天使，她的衣服一定也是这种美丽的蓝色。我怀着虔诚的心情轻轻地捉起它，把它放进了一个空的蜗牛壳，用叶子把它塞好。我要把它带回家中，细细欣赏一番。

接着我的注意力又被别的东西吸引住了。清澈又凉爽的泉水源源不断地从岩石上流下来，不停地滋润着这个池塘。泉水先流到一个小小的潭里，然后汇成一条小溪。我看着看着就突发奇想，觉得这样让溪水默默地流过就太可惜了。可以把它看作一个小小的瀑布，去推动一个磨。于是，我就开始着手做一个小磨。我用稻草做成轴，用两个小石块支着它，不一会儿就完工了。这个磨子做得很成功，只可惜当时没有小伙伴和我一起玩，只有几只小鸭来欣赏我的杰作。

（摘自《神秘的池塘》）

延展阅读

《法布尔传》

〔法〕勒古洛斯著，是记录法布尔生活与重要业绩的一部科学家传记。作者运用艺术彩笔，形象地勾勒出了法布尔清贫而勤奋的科学家的光辉形象。法布尔一生专注于科学研究，不慕名利虚荣。有一次他奉召参见法王时，“仍旧穿着不入时的衣冠，毫不介意，也不理会别人。他毫不客气地，以考察虫类的老练眼光，环视了周围的人，然后朝着那……两眼常半开半闭的脑筋简单的国王，答上三言两语，也就觉得麻烦之至……”而面对科学研究工作，他认为“决不能自暴自弃”。他说:“开步走吧，只要走，自然会发生力量!”法布尔教导人们要善用时间，不可荒废人生。

传记在详尽记录科学家一生生活风貌的同时，也运用生动的艺术描写展现了他独特的个性特点。通过阅读，人们不仅知道了法布尔其人其事，也激发了对于研究科学的兴趣，而他那坚忍不拔、刻苦钻研的精神更是让读者为之动容，激励着一代又一代奋斗不止的人们。

《所罗门王的指环：与鸟兽虫鱼的亲密对话》

作者是1973年诺贝尔生理医学奖得主奥地利科学家康拉德·劳伦兹。这本书的副标题是“与鸟兽虫鱼的亲密对话”。在这部动物行为学的经典著作里，劳伦兹以优美而生动的笔触，详尽地描述了苍鹭、黄鹂、狗、鹦鹉、戴帽猿、鳟鱼、水鸭、秃鹫、鹳鸟、鹰、燕雀、八哥、知更鸟、希腊龟、天鹅、鹌鹑、企鹅等上百种野生动物及家养动物的生活及行为习性，趣味盎然，简直是动物上台演的一个个小品，作者不过是摄影师而已。该书刚一出版发行，就受到了广大读者的欢迎和赞誉，并名列纽约图书馆评选的“20世纪十部最佳自然科学著作”之首。从初版到现在，它一直畅销不衰，风行全球半个多世纪依旧魅力不减。

《地球传》

徐刚 著

在《地球传》中，作者“以优美的文字言说地球的历史，地球无与伦比的美丽和神秘，地球与人、与其他万事万物的联系，真实记录了地球今日的现状和困境”，帮助人们恢复对地球的记忆，重建现代意义上的文明史观。

关于作者

徐刚，1945年出生，上海人，世代农人之后。毕业于北京大学中文系，以诗成名，兼及散文、传记文学，现任中国作家协会会员、中国环境文学研究会理事、国家环保总局特聘环境使者等。近20年来则以环境文学、人与自然之创作著称。

其主要著作有《徐刚九行抒情诗》《抒情诗100首》《小草》《秋天的雕像》《夜行笔记》《倾听大地》《伐木者，醒来!》《沉沦的国土》《江河并非万古流》《中国风沙线》《中国：另一种危机》《绿色宣言》《守望家园》《国难》等。徐刚曾获选“世界重大题材写作500位”之一。其作品近几年来曾获中国图书奖、首届徐迟报告文学奖、首届中国环境文学奖、第四届冰心文学奖等。

荐读理由

我们为什么不能像寻访儿时的摇篮那样，寻访地球?

我们为什么不能像了解母亲的身世一样，了解地球？

我们的摇篮也是我们祖上的摇篮，它摇动过一代又一代婴儿的哭与笑，晃大过一个又一个孩子的梦。

如同摇篮也会破损、需要修复一样，我们的母亲操劳过度后，那头顶的白发、额上的折皱，以及病痛的呻吟怎能不牵动我们的心？

我们每一个人都有一个生身母亲，我们所有的人共有一个地球母亲。

——《地球传·引子》

把地球比作母亲，是作者对地球深沉的感情的集中体现。确实，没有地球，就没有人类。从这个意义上说，我们每一个人都是地球的子孙。可是，看看我们是怎么对待我们的母亲的?！环境污染、资源浪费、人口膨胀……我们的地球已经快要达到承载的极限，我们的地球母亲衰弱了、苍老了。其实，地球母亲还很年轻，她不是真正的老了，而是未老先衰。拯救地球母亲，就是拯救我们自己。

现如今，环境问题已引起越来越多人的重视，在发达国家和一些发展中国家有了程度不同的立法。但在我们的生活中却还常常只是文化人的话题，绝大多数人的环境意识十分淡薄。帮助人们恢复对地球的记忆，重建现代意义上的文明史观，是一个非常紧迫的工程。正是在这种紧迫感的促使下，徐刚完成了此书。但是，“地球传”岂是一个人能够完成的？岂是一本书可以写完的？应该有三本《地球传》、五本《地球传》，应该由不同国别的作家从不同的角度用不同的笔法书写，让大家得到一个最接近（或比较接近）地球面貌的认识。基于这一点，我们就应该对摆在我们面前的第一本《地球传》表示敬意。

作为知名诗人、散文家的徐刚，以主要精力从事人与自然的研究及环境文学创作已经十年。他的著作《伐木者，醒来!》《沉沦的国土》《绿色宣言》《中国：另一种危机》及洋洋百万言的《守望家园》在读者中影响颇巨，同时培养了他对环境问题的敏感，加深了他对大自然的尊崇与热爱。在《地球传》中，他“以优美的文字言说地球的历史，地球无与伦比的美丽和神秘，地球与人、与其他万事万物的联系，真实记录了地球今日的现状和困境”。与其他纯数字、纯科技的《地球传》不同，本书有其不同一般的特色和风格。

首先，作者在书中饱含深情地呐喊、疾呼，振聋发聩，表现出了强烈的社会责任感。环境恶化、家园荒芜，既遥远又切近，它遥远如一个抽象的数字，如全世界每天有5600万吨二氧化碳排入大气层，63平方英里的土地成为不毛之地；它切近如北京天空弥漫的灰尘，我国诸多城市连年降下的泥雨、酸雨。作家痛彻肺腑地看到，经济在高速发展，灾害也在高速发展。把这种触目惊心的现象揭示出来，让利益驱动下忙乱不堪的人群浮躁的心能够冷静一点，徐刚表现了一个作家强烈的社会责任感。

作者的社会责任感还在于他在写作《地球传》之前以及写作期间对相关材料广搜博采、去粗取精。他专门去考察过广西的十万大山，他曾经航行在吉林松花江上，但更多的时间，他埋头于故纸堆、新近出版的报刊和统计数字里，苦思冥想，或寻章摘句，或分门别类，务求全面，一丝不苟。

其次，在作者眼中，地球是一个有生命的个体。作者把地球比作人类的母亲，不仅是文学的一种修辞手法，更是一种感情的自然流露。地球既是物质的，又是精神的，她的物质性表现为四季的更替，草木的枯荣，山川河流、动植物的繁盛，自然中的一切；她的精神则充满了神秘：我们不知道海洋的波动是不是她的呼吸，岩浆地火是不是她的血脉，冰川相撞、地震雪崩是她的欢乐还是痛苦，大陆漂移、造山运动是她的俯仰还是抽搐。所谓文明史，主要是人类逐渐掌握工具与武器的历史，我们增加了对自然的局部了解和认识，对她的整体的感受与爱，却丧失了更多。虽然作者沿着前人对自然认识的脉络来为地球作传，但他的基本姿态是把地球看做一个生命整体来崇拜和赞美。

作者以十年来积累的大量资料指出我们面临的严峻现实，他呼喊，我们不要将地球母亲置于死地。离开地球，人将一无所有，危险临近了，人们啊，你们要悔改！徐刚让我们听到了这种声音，这种清醒的人的声音，来自地球母亲的痛苦的声音。

我们各有一个自己的生身母亲。

我们还有一个共同的地球母亲。

读《地球传》，关注地球母亲的痛苦。你准备好了吗？

先睹为快

除了地球以外，谁能追忆以往？

我们已经清楚了：地球不发一语，不着一字。

人类的梦想之一，便是了解并进而把握地球。

可是，地球呢？就连人对着人大喊“理解万岁”的时候，它也是沉默的，沉默着转动、运行、负载，风雨如晦，分秒不息。

我想起了泰戈尔的《我的忏悔》中的几句话：

一只鸟天生就会飞翔、觅食、筑巢，

我凝望着小鸟的一切动作，

我在它的欢乐中感到怡然。

不必询问，泰戈尔已经告诉我们了，那种怡然便是“生命的意义”。所以只要当我思及地球意义的时候——那是生命意义的集大成者——敬畏之情便油然而生。这时候，科学与知识、地底下的化石到实验室里的试管，乃至认为的地质年代的划分，都不再是呆板、冰冷的了。神圣与激情使这一切均显得千姿百态，因为我们真正认识到地球是一个巨大而又无微不至的生命，人类和生灵万物只是在这巨大生命之中，才有了各自的生命。

地球的意义是从始至终。

地球的历程是包孕万物。

黄河则是另一番叫人心碎的景象：断流，连续10年年甚一年的断流之后，到1997年断流时间已经达到256天，一年中三分之二的时间，黄河下游是无水的、干涸的。黄河水呢？黄河上游的青海段地区乔木林覆盖率仅为少得几乎没有的0.35%。森林被砍伐到这种程度，过度放牧与采金又使草地退化，黄河已经无遮无掩无所保护了。黄河从源头开始流量便日渐减少，下游不断流又能怎么样？“统计资料表明：1956年—1989年的34年间，黄河上游多年平均流量为每秒677立方米，而1990年—1996年的7年间平均流量下降为527立方米，减少了22.7%。更令人瞩目的是，1997年第一季度以来水量降到了历史最低点，致使龙羊峡、刘家峡水库蓄水量比1995年同期减少了24.9亿立方米，比严重枯水的1996年同期还少14.3亿立方米，是建库以来蓄水量最少的一年。”（《中国环境报》1998年2月26日）

谁曾想到，有一天黄河之水不再流？

延展阅读

《沉沦的国土》

本书是一本报告文学集，是徐刚先生近十年来所发表的具有广泛影响力的作品的集结。书中收录了《伐木者，醒来!》《沉沦的国土》《倾听大地》《中国风沙线》《绿色宣言》《谁在谋害大地母亲》等作品。作者以自己的亲身采访和调查为依据，在人与自然、环境保护等方面，向社会发出了极具警示作用的忠告，有很强的可读性。

《当彩色的声音尝起来是甜的》

科学松鼠会 著

科学松鼠会是一个民间公益团体，以传播普及科学知识为宗旨，由100多位有着理工科背景的年轻人组成。他们热衷于科学写作，自称“科学松鼠”。他们所写的科普文章彻底改变了传统科普的严肃面孔，受到了社会各界的广泛好评。

关于作者

2009年1月15日，由大众科技报社和中国公众科技网共同主办的年度中国十大科普事件评选结果揭晓，在“科技奥运”“三聚氰胺”“神七”等一系列具有重大社会意义的事件名称之中，“科学松鼠会”无疑是本次评选杀出的一匹黑马。“科学松鼠会人气蹿红，博客科普受关注”被众多专家评为2008年下半年十大科普事件之一。

科学松鼠会是一个民间公益团体，以传播普及科学知识为宗旨，目前有成员100余名，他们中有大学副教授、博士后、研究生、本科生、科学记者和编辑以及一些公司白领，绝大多数有着理工科背景。因为对科普的共同志趣走到了一起，在博客上发表科普文章。他们热衷于科学写作，自称“科学松鼠”。他们相信科学是美的，希望为公众“打开科学坚果”，让“科学流行起来”。他们聚在一起聊科学、做讲座、看纪录片、辨星星、认植物……当然，他们最擅长的是文字表达。2008年4月28日“科学松鼠会群体博客”正式上线，到年底就有了近百位作者，几十万读者。当年，“松鼠会”就获得了德国之声博客大赛“国际最佳博客”和“最佳中文博客”两项公众奖。2009年5月初，“科学松鼠会”创始人嵇晓华（网名“姬十三”）被上海科学技术协会授予“上海大众科学奖”。

为什么以“松鼠”为名？嵇晓华表示，对于一些人来说，科学就像一枚枚难以开启的坚果，虽味美却不易入口。他们希望自己能够像松鼠一样，打开科学的坚硬外壳，将有营养的果仁剥出来，让人们能够领略到科学的美妙。从他们奉献给我们的这一堆美味的果仁来看，他们的目的初步达到了。

荐读理由

“科学松鼠会”自成立以来，在近一年的写作中，100余名“松鼠会”成员积累了近700篇、200多万字的文章，内容涉及宇宙学、生物学、生命科学、物理学、化学等自然科学的诸多门类。该协会精选其中的28位作者的54篇文章，结集出版，书名就叫《当彩色的声音尝起来是甜的》。

对“松鼠”们来说，最能承载写作乐趣的，自然是那些从生活实际问题出发、探究常理之外科学奥秘的文章。本书收纳的54篇文章，内容天马行空，文字灵动活泼，从口腔溃疡到国际空间站，从玫瑰花到数学思想实验，连文中的插图也出自理科博士之手，彻底改变了传统科普的严肃面孔。书中的文章全不按科普文章的常规出牌，常规是名词解释、科学原理、研究结果表明……他们却是从一个小的社会话题出发，其中的机趣、背后的故事就那么蔓延开来。书中不乏有趣的知识，例如，其中一篇文章谈到动物们的“嗑药”问题——大象喜爱沉溺于酒精世界，“非洲象吃了发酵的果实后，会变得极其兴奋且富于攻击性”；而酒后飞行则更加危险——“常有报道说，吃了发酵果子的醉醺醺的鸟儿撞到建筑物或树上，然后一头栽下来，翘掉。这些‘肇事者’尤以知更鸟和腊翅鸟为甚”。

该书的作者在标题上下了不少功夫，目的是吸引读者的眼球，如《密室里的谋杀》（一氧化碳中毒）、《手机的新功能——爆玉米花》（手机发射的微米，对人体是否有害）、《毒门秘笈》（动物毒、植物毒、化学制品毒）、《当彩色的声音尝起来是甜的》（视觉、听觉、触觉、味觉的相互作用和联合作用）等，文章中常穿插了一些年轻人喜欢的网络语言，基本上做到了他们所期待的“专业、好看、活泼、有容”的标准。

读过此书的读者都为理工科出身的作者的文笔叫好，他们的文章写得俏皮、轻松、灵动、喜悦、酷，带着一些漫不经心、不动声色，甚至有一些揶揄自嘲。比如，在神经生物学博士“姬十三”的笔下，生命被赋予科学与情感的双重色彩：巴黎有 1038 种昆虫、166 种鸟类和 32 种哺乳动物，兴高采烈地适应了城市生活；悉尼的白鹳学会偷吃公园游客的野餐；刺猬们在乡下吃虫子，进城之后改吃狗食……在名为《美好的知识》的文章里，野生动物们的城市生存故事被描摹得有声有色。而一段风行网上的“手机爆玉米花”的视频，竟使得就读于美国芝加哥大学分子、遗传及细胞生物学系博士生刘旸（网名“桔子”）立即调来 8 只手机和 5 粒玉米，并以“玉米花爆出之际，便是 8 只手机下肚之时”为赌注，认真地搞起科研，并把实验经过记录下来，而这篇由一桩游戏开头的文章，却是意在调查手机辐射率对人体的影响。

2009 年年底，该书获得第五届“国家图书馆文津图书奖”，评委会对该书的评语是:“在以往的记忆中，科学通常是我们报效祖国、建设祖国的工具，他神圣、庄严，同时也不苟言笑。我们很少想到，科学也有柔软的身段、俏皮的面容、欢喜的心境。《当彩色的声音尝起来是甜的》这本书，呈现出来的科学就是这样一副表情。”

先睹为快

我们都知道细菌无处不在，即使是我们认为洗得很“干净”的手上也充满了细菌。虽然多数细菌是无害的，但是——正如飞机失事是很小概率的事件，但只要碰上一次我们就歇着了——再多无害甚至有益的细菌，也改变不了有害的细菌让我们寝食难安，甚至再也不用吃饭了。人们吃出问题的例子，只有一小部分跟细菌无关——比如河豚或者各种食物过敏，其他的绝大多数都是细菌惹的祸。

我们所吃的各种食物，不管是蔬菜、水果，还是肉、蛋、奶，都充满细菌。绝大多数人喜欢的走地鸡、野味、农家肥种的菜、野生的鱼虾等等，携带的细菌比大规模养殖的更难控制。通常的洗涤，可以去掉一部分，但是对大多数细菌来说，任你风吹浪打，“我自岿然不动”。“星星之火，可以燎原”，在适当的条件下，用“春风吹又生”来形容，都显得过于保守。细菌的繁殖速度，不是“一生二，二生三”那么慢条斯理，而是一变二，二变四，四变八那样的几何速度。在适当的生长条件下，有的细菌半个小时就会增加一倍。换句话说，一个细菌在这样的条件下，24 小时之后，就可以给全国人民分上二十几万个。

（摘自《吃多少细菌才安全》）

在世人眼中，屁股一向以笨拙行世，这是情理之中的事，谁叫它长在眼睛的背侧，以致眼睛永远见识不到它的任劳任怨？但是，屁股及其内部的骨盆却组成了人体的中原之地，联结着躯干和下肢，在人类发展史上功勋卓著。

没有骨盆，人类现在还在撅起屁股挖山药；没有屁股，劳累双腿将无从休息；当然，对于以下肢移动的人类来说，没有骨盆，意味着当双腿往前挪动时，上半身却只能呆在原地。重要的是，屁股最伟大之处，并不仅仅在于它本身的工作，而在于它独特的休息时间：人体的放松常常是以屁股的受压为前提。

屁股就是一只随身携带的真皮沙发，如果你动作太慢没有抢到一楼，屁股就成了板凳。骨盆提供支架，脂肪作为缓冲垫，还有薄薄的皮肤，对触摸和压力都很敏感。虽然疼痛感受器并不很多，但苦于屁股对于休息的重要性，一旦受伤，确实痛苦难耐。因此屁股对疼痛的感受肯定十分强烈，虽然在肥厚的脂肪层下只有稀疏血管是最安全的扎针场所。

（摘自《屁股的生存哲学》）

延展阅读

《一百种尾巴或一千张叶子》

该书汇集了四位擅长解读动植物知识的“松鼠会”作者的精选文章，被认为是《当彩色的声音尝起来是甜的》之中“花世界”和“动物志”两部分的放大。本书以妙趣横生而不失专业精准的行文展开，由浅入深，娓娓道来，旨在在越来越远离大自然的都市人群中引领一种博物学精神的回归。

《吃的真相》

“松鼠会”成员云无心——一个“在实验室里研究做饭”的食品工程博士，以融科学于生活的态度，运用科研结论和权威机构的报告，对食品的营养、功效、安全等诸多问题作出解答。作者并不像很多“权威”那样提出“能吃”或“不能吃”，而是告诉大众怎样在了解食品的益害之处和未知风险的基础上进行理性的比较和选择，怎样分辨假象与真相，怎样破除自己的偏见和误解。

《科学的历程》

吴国盛 著

吴国盛教授所著的《科学的历程》把自然科学的诞生与发展放在人类文明史的长河中描述，又把人类文明的产生作为宇宙演化的一部分来阐述，有助于读者弄清自然科学在人类文明中的位置，以及人类文明在宇宙发展中的位置，从而加深读者对自然科学史的了解。比之译介到中国的外国人的科学史著，本书更具亲近感和现代感。

关于作者

吴国盛现任北京大学科学史与科学哲学研究中心主任，在科学通史等专业研究方面小有建树。

1979 年，15 岁的吴国盛考入北京大学地球物理系空间物理专业，本科毕业后考入北京大学哲学系自然辩证法专业攻读科学史与科学哲学，此后进入中国社会科学院哲学研究所，从事科学史与科学哲学研究。1997 年，33 岁的吴国盛被破格晋升，成为中国社会科学院最年轻的研究员。

1998 年，吴国盛获得哲学博士学位，并于次年离开社科院回到北京大学哲学系任教，当年即成为科学技术哲学专业博士生导师。

在就学期间，吴国盛的研究工作主要围绕西方自然哲学基本概念的历史而展开，涉及自然概念、宇宙概念、时间概念、空间概念等，旁及科学通史和科学编史学。1996 年以来，吴国盛主要研习现象学和海德格尔哲学，关注环境问题，关注科学的未来和人类的命运，开展对现实中种种现代性“现象”的反思，形成了新的学术思路和写作意向。他的著作《科学的历程》在1996年、1997年先后被中宣部、中国社会科学院、共青团中央等权威部门评为“五个一工程”著作奖、第二届全国青年优秀社会科学成果奖、首届胡绳学术奖，并在1999年被科技部、中科院、全国科协评为“科学家推荐的20世纪百部科普佳作”，列入了新华书店总店《全国新书目》的“新中国50年百部名著”。1997年，他的著作《自然的退隐》再获中宣部“五个一工程”奖。1999年其著作《时间的观念》获中国社会科学院“第三届青年优秀科研成果奖（专著类二等）”。

荐读理由

《科学的历程》是吴国盛教授在国内颇有影响的科学史著作。此书不仅包括物理学的发展史，也包括化学、生物学和其他自然科学的发展史，是一本较全面的科学史著作。

《科学的历程》以西方文明和科学的发展为主线，同时讲述了东方文明和科学技术对人类进步的重大贡献。书中对埃及、苏美尔、印度和中国四大古代文明作了简明清晰的描述，继而用较大篇幅详尽地描述了希腊文明，讲述了自然科学和数学在古希腊的蓬勃发展。

书中描述了人类的宇宙观从毕达哥拉斯的“中心火”模型，演化到地心说，再演化到日心说的发展，还详细地描述了我们中国人了解不多的、古代西方的一朵灿烂的文明之花——亚历山大科学院的成就。这座诞生于公元前200多年（相当于我国秦汉时期）的学术中心拥有动物园、植物园、演讲厅和藏书70多万卷的图书馆。国王还为科研工作者设立了科研基金。在那里工作的欧几里得创立了几何学，在那里成长起来的阿基米德发现了杠杆定律和浮力定律。这所科学院最令人惊讶的成就是造出了蒸汽机。后来，亚历山大科学院毁于战火，稍微复兴后又遭到宗教迷信势力的多次打击，最终消失在封建社会的黑暗之中。

这本科学史还描述了中国古代的四大发明如何经阿拉伯人和蒙古人传入西方，又如何为文艺复兴和科学的重新繁荣作出重大贡献。书中描述了哥白尼、布鲁诺、伽利略、开普勒等人对科学发展的贡献，以及宗教迷信势力对他们的打击和迫害。书中还描述了英国工业革命和法国大革命对科学发展的巨大影响。正是在革命的推动下，出现了现代的科学协会和科学院，促进了力学、热学、化学和电磁学的发展，促进了蒸汽机的改进和推广使用。这其中包含许多鲜为人知的悲喜剧故事。此外，书中还描述了相对论和量子论的诞生与发展，描述了原子弹的制造和人类登月飞行。

通常科学史的著作比较枯燥，不讲述科学发现的生动细节。这本书的可贵之处在于在讲述严肃的历史发展的同时，没有扔掉科学发展的那些生动活泼的细节，使得该书有更大的可读性和趣味性。阅读这本书，有助于读者树立科学的人生观和宇宙观，有助于我们了解科学进步的曲折艰难，以及宗教迷信对科学发展和人类进步的阻碍，有助于他们对科学知识的学习。

先睹为快

科学一开始就有两个来源，首先是好奇心，以及获得一个整体世界观的内在要求。人类永远需要为自己的心灵创造一个家园，一个不会因为千变万化的眼前现象而经常改变的理解框架，一种系统地理解世界的方式。这种内在的要求构成科学史上的哲学家传统。第二个来源是，为满足人类的物质生活需要，人类必须提高自己制造、使用和改进工具的技艺和能力，广而言之，人类需要提高自己支配自然界为自己服务的能力。在这里形成了技术和工艺的进步，以及近代大工业的发展，这一方面构成了科学史上的工匠传统。

由于地理上的相对隔绝、政治上的相对独立稳定，古代中国人所创造的科学技术也具有其独特的风格和独到的体系。构成这一独特的科技体系的有农、医、天、算四大学科，以及陶瓷、丝织和建筑三大技术。这四大学科和三大技术是中华民族先人在科学技术上的独特建树，至今仍保有其永恒的魅力。至于闻名遐迩的四大发明，则对世界近代科学的诞生起了重要的推动作用，是古代中国人对近代世界文明的卓越贡献。

……特别是中国的四大发明，对整个世界近代文明和科学的发展作出了突出的贡献。马克思曾写道:“这是预告资产阶级社会到来的三大发明，火药把骑士阶层炸得粉碎，指南针打开了世界市场并建立了殖民地，而印刷术则变成新教的工具，总的说来变成了科学复兴的手段，变成对精神发展创造必要前提的最强大的杠杆。”而纸的发明，更是对人类文明产生了深远的影响。

延展阅读

《时间简史》

本书作者史蒂芬·威廉·霍金是继爱因斯坦之后世界上最著名的科学思想家和最杰出的理论物理学家。在霍金的全部作品中，《时间简史》无疑是拥有读者最多的一部，自初版以来已经被翻译为40多种文字，在全球发行数千万册。《时间简史》的成功，说明人们对重大问题具有广泛的兴趣。那就是：我们从何而来？宇宙为何是这样的？

在这部书中，霍金带领读者遨游外层空间奇异领域，对遥远星系、黑洞、夸克、“带味”粒子和“自旋”粒子、反物质、“时间箭头”等进行了深入浅出的介绍，并对宇宙是什么样的、空间和时间以及相对论等古老问题作了阐述，使读者初步了解了狭义相对论以及时间、宇宙的起源等宇宙学的奥妙。

《万物简史》

这是一部有关现代科学发展史的既通俗易懂又引人入胜的书，作者是美国作家比尔·布莱森，他用清晰明了、幽默风趣的笔法，将从宇宙大爆炸到人类文明发展进程中所发生的许多妙趣横生的故事一一收入笔下。惊奇和感叹组成了本书，历历在目的天下万物组成了本书，这益于人们了解大千世界的无穷奥妙，掌握万事万物的发展脉络。

书中回溯了科学史上那些伟大与奇妙的时刻，引用了近年来发现的最新科学史料，几乎每一个被作者描述的事件都奇特而且惊人：宇宙起源于一个要用显微镜才能看得见的奇点；全球气候变暖可能会使北美洲和欧洲北部地区变得更加寒冷；1815 年印度尼西亚松巴哇岛坦博士拉火山喷发，喷涌而出的熔岩以及相伴而来的海啸夺走了 10 万人的生命；美国黄石国家公园是“世界上最大的活火山”……而那些沉迷于科学的科学家们也是千奇百怪：达尔文居然为蚯蚓弹起了钢琴；牛顿将一根大针眼缝针插进眼窝，为的只是看看会有什么事情发生；富兰克林不顾生命危险在大雷雨里放风筝；卡文迪许在自己身上做电击强度实验，竟然到了失去知觉的地步……

可读易懂的法律经典

《论法的精神》

〔法〕孟德斯鸠　著

18 世纪的法国启蒙思想家孟德斯鸠以其三权分立理论和君主立宪学说闻名于世，他的经典巨著《论法的精神》是人类进步的重要组成部分和极其珍贵的文化遗产，启迪了一代代法学、政治学、社会学、经济学研究者。

关于作者

说到孟德斯鸠（1689—1755），大多数读者一定不会感到陌生，他的分权理论和君主立宪学说，更是如雷贯耳。虽然当今世界在政治制度上完全实现三权分立的国家只有美国，但诸多议会制国家在政体建立时都或多或少地受到了分权思想的影响。甚至在经济生活中，现代管理结构设计也更加强调分权与制衡，这背后的思想无疑就是民主与监督。作为法国大革命的思想先驱、欧美各国特别是美国政治体制的奠基者、理性主义自然法学即古典自然法学的主要代表之一的孟德斯鸠，其理论和学说都对后人产生了极大的影响。

孟德斯鸠之所以在学术上能获得巨大成就与其丰富的法律实践经验和学术社交经历是分不开的。孟德斯鸠家族属世袭贵族，从祖父辈起就有入职法院、律师事务所的传统。孟德斯鸠 19 岁获得学士学位与律师资格，在巴黎的学术界开始了其学术生涯的最初阶段，不仅结识了许多颇有名气的学者，更重要的是与启蒙运动的先驱们建立了非常密切的联系。

就启蒙而言，法国所有的启蒙思想家——卢梭、伏尔泰、孟德斯鸠等——对民族、对世界均有着同样重要的贡献和意义，但是，决定他们成为启蒙思想家及形成其理论特色的重要因素却各有不同。身为资深律师的孟德斯鸠，家有良田，生活富足，学术事业稳步前进，既无流浪之苦，也无牢狱之灾，但生逢法国近代最黑暗的路易十四封建王朝时期，穷兵黩武、民不聊生，和其他仁人志士一样，他满怀着社会和时代的责任感开始探求解决社会矛盾的方案。

1714 年，年满 25 岁的孟德斯鸠少年得志，被任命进入法国波尔多高等法院任职，两年后就任庭长。虽然同为法律人，但法官比律师有更加广泛的交际圈和更全面立体的学术环境。因为地位、身份和名望的提高，孟德斯鸠结识了许多高层次的朋友，更加勤奋地钻研法学知识，进行学术研究。值得一提的是，28 岁的孟德斯鸠凭借自身的学术实力与人格魅力，被选任为波尔多科学院院长，完成了他的第一部具有重大影响的著作《波斯人信札》，仅出版第一年就再版十次，获得了巨大成功，孟德斯鸠也因此一举成名。

1728 年，39 岁的孟德斯鸠当选为法兰西学士院院士，得到了法国知识分子梦寐以求的荣誉。之后，他开始环游欧洲，实地考察各国政治制度、法律、民俗、宗教等情况，丰富了社会经验，拓宽了思维，启迪了智慧。他凭借多年的研究与思考，发表了自己一生中最重要的著作——《论法的精神》，这部花费了近 20 年才得以完成的气势恢宏的巨著成为孟德斯鸠政治法律理论的最高成就，对人类的法律文化产生了深远的影响。

荐读理由

《论法的精神》是如此伟大的一部著作，不仅仅是因为它系统地呈现了三权分立理论与三种政体体系，内容涉及法律、政治、经济、宗教、历史、地理；也不仅仅是因为它以独特的方式研究了法理学、宪法学、刑法学、民法学、国际法学等一系列基本法律问题；更重要的是孟德斯鸠作为一个出身于贵族家庭的新兴资产阶级，能够比同时代的其他启蒙思想家更深刻地提出社会发展的规律性和动力问题，从而启迪了一代代的法学、政治学、社会学、经济学研究者。笔者不敢妄言区区千字小文可以承载孟氏的浩瀚鸿篇，只希冀激发读者阅读《论法的精神》全书的兴趣与激情。

全书分为三卷。第一卷主要是关于法的概述以及论述法与政体之间的关系；第二卷讨论的是法与政治权力的关系；第三卷论述了法律与地理环境的关系。

作为古典自然法学的代表人物，孟德斯鸠与格劳秀斯、霍布斯、洛克、卢梭等人一样，也认为自然法是人类理性的体现，他假设人类有一种自然状态，国家起源于社会契约。但与《利维坦》中观点不同的是，孟德斯鸠认为自然状态下，人们的首要目的是繁衍后代而不是互相攻击，人们由于相互畏惧而相互亲近。他宣称，封建制度与人类理性是互相矛盾的，是违背人类自然规律的，只有资产阶级的国家和法律才是符合理性的、合乎自然规律的。

在此基础上，孟德斯鸠提出了自己的政体理论。他认为，在研究法的精神时，必须“首先研究同每一种政体的性质和原则的关系。因为政体的原则对法律具有至高无上的影响力，一旦论证得以确认，人们将会看到法律从原则里脱颖而出，就像喷涌而出的泉水一般”。他将政体分为共和政体、君主政体和专制政体三种，在共和政体下，主权属于全体人民或人民的一部分，共和政体又可分为民主政体与贵族政体；在君主政体下，主权属于君主，君主依照法律进行统治；在专制政体下，主权属于君主，但君主不是依照法律而是依照个人意志进行统治。

更为突出的是，孟德斯鸠提出了著名的政体原则的概念，即：使政体行动的东西、“使政体运动的人类感情”。具体地讲，民主共和政体的原则是“品德”，贵族共和政体的原则是“节制”，君主政体的原则是“荣誉”，专制政体的原则是“恐怖”。至于这三种政体孰优孰劣，孟德斯鸠认为好坏是相对的，具体要看这种政体是否适合该国社会政治、经济、地理、气候等的要求。比如在炎热的气候下，人们怠于劳动，所以专制政体是最适合的；在寒冷的气候下，人们比较刚毅、活泼，所以共和制最合适；等等。这就是孟德斯鸠享有盛誉的“地理环境决定论”。这种理论，在政治思想领域曾经产生很大的影响。

《论法的精神》中重点讨论的第二个问题是自由和分权。孟德斯鸠对于自由的内涵有着经典的论述:“在一个国家里，也就是说，在一个有法律的社会里，自由仅仅是：一个人能够做他应该做的事情，而不被强迫去做他不应该做的事情。”如果一个公民能够做法律所禁止的事情，他就不再有自由了，因为其他人也同样会有这个权利。要保障人们的自由，从国家政治制度角度必须限制政府权力，防止权力滥用和权力腐败，保障政治自由在法律上不至于落空。孟德斯鸠智慧地、更是逻辑地由此从自由转向分权。他正式定义且区分了立法、行政和司法权力及其分立与制衡机制。

孟德斯鸠的三权分立学说在理论上比洛克的分权理论更为系统、深入、细致，为资产阶级政治制度的建立奠定了基础，对法国《人权宣言》、法国 1791 年宪法和美国 1787 年宪法产生了直接影响。今天，关于分权学说发生了许多变化，产生了各异评论，但有一点还是为人们所坚持的，即权力的分立和制衡是保障人们自由和社会民主的必要手段，是对付专制的一种最为恰当的方式。

孟德斯鸠还在书中用大量篇幅探讨了中国清朝的法律，并将之与英国法、俄罗斯法进行比较。总体上看，孟德斯鸠将古代中国视为一个专制国家，但是相较于其他典型专制国家而言，中国有时具有贵族国家甚至民主国家的特征，具体不在此赘述。

孟德斯鸠的《论法的精神》是人类进步的重要组成部分和极其珍贵的文化遗产。孟德斯鸠的名字，将与他的不朽著作一起，在人类文明史上永放光辉。

先睹为快

人一旦生活在社会中便不再感到弱小，平等不复存在，战争状态于是就开始了。

每个社会都觉得自己实力强大，于是国与国之间便处于战争状态。每个社会中的每个人都开始觉得自己的实力强大，于是就想方设法使社会的主要好处为己所用，于是人与人之间便处于战争状态。

这两种战争状态的存在，促成了人与人之间的法律的产生。地球如此巨大，地球上的居民也必然分成不同的民族，各个民族之间的相互关系中于是有了一些法律，这便是万民法。各个民族生活在一个社会之中，这个社会应该得到维持，因而在治人者和治于人者之间的关系中便有了一些法律，这就是政治法。全体公民之间的关系中也有法，这便是公民法。

万民法自然而然地建立在如下原则之上：在和平时期，各国应尽力谋求福祉；在战争期间，各国应在无损于自己的真正利益的同时，尽一切可能减少破坏。

战争的目的是胜利，胜利的目的是征服，而征服的目的则是保全自己。组成为万民法的所有法律，都应源自这项原则和前项原则。

所有国家都有万民法，就连将战俘杀而食之的易洛魁人也有一种万民法。他们派遣和接受使节，懂得战争法与和平法，但是，坏就坏在他们的万民法并非建立在名副其实的基础之上。

延展阅读

作者还有下列精品：

《罗马盛衰原因论》

本书成书于1734年，孟德斯鸠通过对古罗马有关史料的研究阐发了他的政治法律理论。他认为社会的发展是遵循一定的规律而非人的意志所能完全控制的。但他同时把政治法律制度看成是决定社会发展的根本动力，认为罗马的兴盛是由于设立共和制度、法律开明、统治者贤智、民风质朴、品德善良等原因造就的，而罗马的衰亡则是由实行君主专制统治、对外的掠夺政策以及民风败坏等原因所致。本书可以认为是《论法的精神》的前奏。

《波斯人信札》

《波斯人信札》是孟德斯鸠第一部也是唯一的一部小说。这本书由160封长短不同的虚构的信组成，记录的是波斯富豪郁斯贝克和黎伽在游历西方期间，与留在波斯的亲友间、两人彼此间、与同在欧洲的其他朋友间的通信，信中主要交流的是他们对欧洲社会的感受。信中作者借他人之口将欧洲社会与东方社会的制度、习俗等进行比较，从而勾画出一幅颇具新意的法国社会生活画面。通过这些画面，孟德斯鸠辛辣地讽刺了当时法国极其腐朽没落的封建专制制度和风俗习惯。除此之外还有一部分郁斯贝克和妻妾之间的信札，内容与前述不同，主要目的是向西方读者详尽地描述东方社会的习俗风貌，被称为“后房故事”。在本书中，孟德斯鸠所写内容大量地涉及了政治与习俗，其次主要探讨了宗教、哲学、历史、法律、人口、婚姻家庭等问题。

《社会契约论》

〔法〕卢梭　著

卢梭是18世纪欧洲启蒙运动最卓越的代表人物之一，被誉为“现代民主政体之父”。他提出了“人生而自由”与“天赋人权”思想，他的《社会契约论》《论人类不平等的起源和基础》等政治性作品使他成为法国启蒙运动的精神领袖、西方思想史上的一座丰碑。

关于作者

在对中国产生过重要影响的外国启蒙思想家中，法国人卢梭无疑是其中的杰出代表，他提出的“天赋人权”思想传入我国后，一度被称为给古老中国开出的一剂“济世良方”。他是五四运动青年一代反对封建专制的思想旗帜。著名作家巴金曾不止一次说过，卢梭是教他“讲真话的启蒙老师”。

让·雅克·卢梭（1712—1778），18世纪欧洲启蒙运动最卓越的代表人物之一，法国大革命的思想先驱者，被誉为“现代民主政体之父”。卢梭没有受过系统的学校教育，一生颠沛流离。他当过雕刻匠的学徒，当过流浪儿，当过富人家的仆役、跟班和家庭教师，社会各阶层的生活他几乎都经历过。为此，他同情不幸的人们的遭遇，痛恨压迫人民的统治者。他通过长期勤奋的自学获得了渊博的知识，写下了一系列具有影响深远的论著，对近代社会政治、经济、文化、教育、宗教诸方面进行了全方位的批判和改革，推动了世界历史的进程。其“主权在民”的政治理念一直影响着现代社会的各种政治制度。

卢梭是公认的“浪漫主义运动之父”，其浪漫主义思想涉及社会学、政治学、文学、美学等多个领域。卢梭同时还是卓越的作家和教育思想家，在文学方面最出名的著作是《忏悔录》，教育方面有《爱弥儿》。他在《爱弥儿》中阐述的尊重人性的教育理念，曾启发过一代又一代中国教育家；他在《忏悔录》中表现出来的自我解剖的勇气，感染了无数读者……

卢梭因著书立说而扬名，也因著书立说招来灾祸，甚至需要隐姓埋名来保全性命。即使在死后他的名声也几经起落，毁誉不一。他的一些做法令人不解。卢梭先后抛弃了自己的五个孩子，因为他觉得凭自己的经济状况无法抚养他们，把他们送到育婴堂让国家培养是对孩子最好的安排。这一点在《悲惨世界》中也被雨果反复嘲笑挖苦。而他在《忏悔录》中也极内疚地提到了这一点。

卢梭晚景十分凄凉，在他生命的最后十年里，他患上了迫害妄想狂的病症。1778 年的一天，卢梭在街上被马车撞倒，继而又被路边的狗扑伤。他临死时说:“全能的主啊，天气如此晴朗，没有一片云，上帝在等着我了。”

荐读理由

《社会契约论》一书重点讨论了两个问题，即卢梭的国家理论，以及卢梭的法律和法治思想。

作为社会契约论的集大成者，卢梭的国家理论是以社会契约论为基础构建的。卢梭认为，按照自然法的原则，人们要在完全平等的基础上自愿联合起来，通过订立社会契约建立国家，制定法律，以保护每一个人的天赋权利。每个人将自身的一切权利全部转让给整个集体，这一结合行为就产生了一个道德与集体的共同体，以代替每个订约者个人，并形成独立的公共人格，以前称为城邦，现在则称为共和国或政治体，国家就这样形成了。

卢梭国家理论中的核心是人民主权思想，他坚决主张国家主权应该属于人民，而且永远属于人民。他认为人民主权应有下列原则：主权是不可转让的，主权是不可分割的，主权是不可代表的，主权是绝对的、至高无上的和不可侵犯的。正因如此，卢梭主张实行民主共和政体，反对任何形式的君主立宪，在这一点上，他和孟德斯鸠、洛克持完全相反的意见。卢梭的人民主权理论无疑更富有进步意义和革命精神。在他的理论中，给予了人民前所未有的自由，不给神权和王权半点立锥之地。他的理论是反对封建专制最有力的武器，使古典自然法学说和资产阶级启蒙思想达到历史最高水平。

关于法律和法治。同其他启蒙思想家一样，卢梭也将法律分为自然法和人定法，后者又被分为政治法、民法、刑法和风俗习惯与舆论。卢梭认为法律具有两个本质属性：对象普遍性和意志普遍性。即法律只调整某一类人或某一类行为，不调整个人行为；法律必须反映全体人民的意志。卢梭认为人民服从法律就相当于服从自己。关于立法，卢梭也有一套原则理论：首先，立法必须以保护人民的自由和平等为原则；其次，立法应注意各种自然和社会的条件；第三，要保持法律的动态稳定。

卢梭认为法律是自由的基石，“根本就不存在没有法律的自由，也不存在任何人是高于法律之上的”。同时他又认为自由是立法的目标之一，在他看来，自由和法律相辅相成，法律是自由的基础和保障，自由是法律的目标和价值，二者可谓一荣俱荣、一损俱损。最后，卢梭提出了法律面前人人平等的思想，他强调，立法者不是个人，应当由全体人民普遍参加；任何人都必须受法律的约束，哪怕是君主也不能自居法律之上。

卢梭对法律和法治的认识无疑是深刻并超前的，他关于法律的分类，基本接近于现代法律的分类；对法律本质的认识也符合现代法学的标准；对法律与自由、法律与平等的论述正是现代法治的应有之义。

卢梭虽早已离我们而去，但他的这些思想依然对我们有启迪和借鉴作用。

先睹为快

事物之所以美好并且符合秩序，乃是由于事物的本性所使然而与人类的约定无关。一切正义都来自上帝，唯有上帝才是正义的根源；但是如果我们当真能在这种高度上接受正义的话，我们就既不需要政府，也不需要法律了。毫无疑问，存在着一种完全出自理性的普遍正义；但是要是这种正义能为我们所公认，它就必须是相互的。然而从人世来考察事物，则缺少了自然的制裁，正义的法则在人间便是虚幻的；当正直的人对一切人都遵守正义的法则，却没有人对他也遵守时，正义的法则就只不过造成了坏人的幸福和正直的人的不幸罢了。因此，就需要有约定和法律来把权利与义务结合在一起，并使正义能符合于它的目的。在自然状态中，一切都是公共的，如果我不曾对一个人作过任何允诺，我对他就没有任何义务；我认为是属于别人的，只是那些对我没有用处的东西。但是在社会状态中，一切权利都被法律固定下来，情形就不是这样的了。

……

我说法律的对象永远是普遍性的，我的意思是指法律只考虑臣民的共同体以及抽象的行为，而绝不考虑个别的人以及个别的行为。因此，法律可以规定有各种特权，但是它却绝不能指名把特权赋予某一个人；法律可以把公民划分为若干等级，甚至于规定取得各等级的权利的种种资格，但是它却不能指名把某某人列入某个等级之中；它可以确立一种王朝政府和一种世袭的继承制，但是它却不能选定一个国王，也不能指定一家王室；总之，一切有关个别对象的职能都丝毫不属于立法权力。

根据这一观念，我们立刻可以看出，我们无须再问应该由谁来制定法律，因为法律乃是公意的行为；我们既无须问君主是否超乎法律之上，因为君主也是国家的成员；也无须问法律是否会不公正，因为没有人会对自己本人不公正；更无须问何以人们既是自由的而又要服从法律，因为法律只不过是我们自己意志的记录。

我们还可以看出，法律既然结合了意志的普遍性与对象的普遍性，所以一个人，不论他是谁，擅自发号施令就绝不能成为法律；即使是主权者对于某个个别对象所发出的号令，也绝不能成为一条法律，而只能是一道命令；那不是主权的行为，而那只是行政的行为。

延展阅读

《爱弥儿》

本书又称《论教育》，是卢梭的重要著作。此书出版时，轰动了整个法国和西欧一些资产阶级国家，影响巨大。这本书不仅是卢梭论述资产阶级教育的专著，而且是他阐发资产阶级社会政治思想的名著。《爱弥儿》一书通过对卢梭所假设的教育对象爱弥儿的教育，来反对封建教育制度，阐述他的资产阶级教育思想。

本书共分五卷。卢梭根据儿童的年龄提出了对不同年龄阶段的儿童进行教育的原则、内容和方法。卢梭提出的按年龄特征分阶段进行教育的思想，在教育史上无疑是重大的进步，它对后来资产阶级教育学的发展，特别是对教育心理学的发展，给予了极可贵的启示。

《论犯罪与刑罚》

〔意〕切萨雷·贝卡里亚 著

这是任何一个对法律有兴趣或者关心生命、自由、权利的人都不应错过的伟大著作，在短短六万字里，刑法学家贝卡里亚用精妙而又朴实的语言提出了罪刑法定、罪刑相适应及刑罚人道化等人道主义刑罚原则，对后世影响深远。

关于作者

切萨雷·贝卡里亚（1738—1794），意大利著名的法学家，资产阶级刑事古典法学派的创始人之一。他的著作《论犯罪与刑罚》一书具有划时代的意义，标志着刑法学作为独立学科的诞生，贝卡里亚也因此被誉为“近代刑法之父”。

贝卡里亚生于米兰的一个侯爵家庭，他祖母去世时留下了丰厚的遗产，依靠遗产和家庭其他收入，贝卡里亚出生后一直过着贵族的富裕生活。作为长子，贝卡里亚还有两个弟弟和一个妹妹。贝卡里亚天资聪颖，幼年在教会学校上学时就被同学称为“小牛顿”。16 岁时贝卡里亚进入帕维亚大学攻读法律专业，1758 年毕业后回到米兰，加入了其好友韦里创办的“拳头社”。在这个小团体中有年轻的数学家、法学家和经济学家，都是些血气方刚、风华正茂的青年，贝卡里亚与这些当地上流社会的青年知识分子们打成一片。对 24 岁的贝卡里亚来说，“拳头社”的活动对他的思想启蒙和视野扩展起着十分重要的作用。

生活在资产阶级启蒙思想广为传播的时代，年轻的贝卡里亚深受资产阶级启蒙思想家孟德斯鸠、爱尔维修、伏尔泰的影响，接受了卢梭的“社会契约论”的学说。1764 年，在他的自由主义同伴们的启发、鼓励与帮助下，26 岁的贝卡里亚完成了他的成名作，也就是后来震动了全世界的一本仅六万字的小册子——《论犯罪与刑罚》。这本书通过对旧的刑事司法制度的蒙昧主义本质的考察和深刻揭露，依据人性论和功利主义的哲学观点，分析了犯罪与刑罚的基本特征，提出了现代刑法和刑事诉讼理论的基本原则。

贝卡里亚这些振聋发聩的论述，立即引起宗教和保守势力的惊慌。在众友人斡旋下，尽管贝卡里亚没有受到实际的宗教迫害，但《论犯罪与刑罚》被列入天主教会的禁书目录中，理由是它过分地宣传理性主义哲学。贝卡里亚的书在法国知识分子中引起了强烈反响，但由于贝卡里亚天生敏感、怯懦的性格，使得其并未如预想的那样在学术界一帆风顺地取得辉煌的成就。1768 年，贝卡里亚受聘成为米兰宫廷学校经济贸易学教授，后因生活入不敷出，又兼任政府公务人员。1791 年他被任命为伦巴第刑事立法改革委员会成员，这为他一展自己的抱负提供了机会，可惜他仅留下了一些书面的咨询意见，三年后就因中风辞世了。

荐读理由

在《论犯罪与刑罚》一书中，贝卡里亚深刻揭露了旧的形式制度的蒙昧主义本质，依据人性论和功利主义的哲学观点分析了犯罪与刑罚的基本特征，明确提出了后来为现代刑罚制度所确认的三大刑罚原则，即罪刑法定原则、罪刑相适应原则、刑罚人道主义原则；并呼吁废除刑讯逼供和死刑，实行无罪推定。

卢梭的“社会契约论”学说认为，人生来是自由的，只是由于生存斗争日益尖锐，才为了平安地享受自由而将部分自由交给社会统一掌握，这些自由便形成立法权和惩罚权。贝卡里亚完全接受卢梭的理论，并认为，只有根据社会契约代表整个社会掌管由公民自愿交出自由的人，才拥有为犯罪规定刑罚的立法权；而法官的唯一使命就是审查和裁定公民的行为是否符合成文的法律，不得以任何借口增加对犯罪公民的既定刑罚。除此之外，贝卡里亚还坚决地否认法官拥有解释法律的权力，认为如果允许法官解释法律，可能会因法官的主观感情或价值观导致判决的不公正。

贝卡里亚依据资产阶级启蒙思想和功利主义哲学，认为犯罪应当是一个充分明确的、不容改变的法律定义，只有在维护社会契约秩序的目的下，法律才能对违背社会契约的行为作出“犯罪”的评价，只有法律才能规定什么是犯罪。同时他认为对犯罪过于严厉的刑罚，虽然可以在一定程度上遏制一些人犯罪，但是对另一些人来说可能更具有犯罪的吸引力。刑罚的残酷性造成了同预防犯罪的宗旨相违背的有害的结果，以酷刑或者重刑来预防犯罪是难以达到其预期的效果的。“严酷的刑罚也违背了公正和社会契约的本质”，因为“刑罚的目的仅仅在于：阻止罪犯再重新侵害公民，并规诫其他人不要重蹈覆辙”，而“不是要摧残折磨一个感知者，也不是要消除业已犯下的罪行”，因为“人的心灵就像液体一样，总是顺应它周围的事物，随着刑罚变得日益残酷，这些心灵也变得麻木不仁了”。

贝卡里亚同时提出了三项原则来适用刑罚：第一，要维护刑罚的肯定性，即在观念上建立起犯罪和刑罚的必然因果联系以威慑罪犯；第二，应当使刑罚的强度和性质与犯罪的严重程度和性质相对称；第三，要使犯罪及时地得到惩罚，使人们自然而然地将犯罪看做是惩罚的原因。

为了反对旧时代的刑讯逼供这一恶习，贝卡里亚提出了“在法官判决之前，一个人不能被称为罪犯”的无罪推定原则，他认为“如果犯罪是肯定的，对他只能适用法律所规定的刑罚，而没有必要折磨他，因为，他交代与否已经无所谓了。如果犯罪是不肯定的，就不应折磨一个无辜者，因为，在法律看来，他的罪行并没有得到证实”。刑讯的方法“能保证使强壮的罪犯获得释放，并使软弱的无辜者被定罪处罚”，其造成的后果就是“无辜者处于比罪犯更坏的境地，尽管二者都受到折磨，前者却是进退维谷：他或者承认犯罪，接受惩罚；或者在屈受刑讯后，被宣告无罪。但是罪犯的情况则对自己有利，当他强忍痛苦而最终被无罪释放时，他就把较重的刑罚改变成较轻的刑罚”。

相较于前人，贝卡里亚强烈地反对死刑制度，认为死刑是滥用刑罚权的极端反映。他从死刑违背了社会契约、并不是威慑犯罪的最有效的手段、易引起旁观者的同情和怜悯、其威吓作用是多余的、死刑会败坏社会道德和一旦发生错误则无法挽回等方面论证了废除死刑的必要性。此外，贝卡里亚还在该书中提出了诸如审判公开、正当程序、诉讼时效、刑事证据的合法性等刑事诉讼的基本原则。

《论犯罪与刑罚》是第一部系统研究现代刑法理论的著作，它系统地阐明了现代刑法和刑事诉讼法理论的基本原则，成为刑事法律从古代法走向近代法乃至现代法的开端，被刑法学者们奉为经典之作。贝卡里亚也被资产阶级刑法学者誉为近代刑法的始祖，他在该书中所确立的原则为以后的刑法变革奠定了基础，今天各国刑事法律的基本原则和基本司法制度都是在贝卡里亚思想的直接或者间接影响下确立的。

先睹为快

秘密控告显然是不正常的现象，却为当局所认可；在很多国家里，由于制度的软弱，它成了必不可少的东西。

这种风俗把人变得虚伪和诡秘，人们一旦怀疑别人是告密者，就视之为敌人。这样，人们往往掩饰自己的感情，由于他们习惯于对别人隐藏这种感情，以至发展到对自己也同样隐藏这种感情。他们没有明确而稳定的准则作指导，迷失在见解的烟海之中；他们竭力躲避威胁着自己的恶人，在对前途的种种忧虑中熬过眼前的时光；他们享受不到持久的恬适和安全，那刚刚降临到他们悲惨生活中的少许欢乐立即被囫囵地消受掉，能活在世间，就是他们的唯一安慰。人到了这种地步，该多么不幸啊！

难道我们能把这种人当做保卫祖国和君权的无畏战士吗？难道我们能从这些人当中找出廉正的司法官员吗？只有以自由和爱国的雄辩来维护和发展君主真正利益的司法官员，才能把人类各阶层的爱戴和颂扬同贡赋一起带给君主，并转达君主赐予百姓们的和平安全以及改善命运的积极希望（这是可贵的活力，是国家的生命）。

当诬陷把暴政的最坚硬的盾牌——秘密武装起来时，谁又能保护自己不受诬陷呢？当统治者把自己的臣民都怀疑为敌人，并且为了社会的安宁而不得不剥夺他们每个人的安宁时，这样的统治将会命运如何呢?!

延展阅读

《犯罪及其原因和矫治》

本书是意大利犯罪学家、实证主义犯罪学学派的创始人和主要代表人物切萨雷·龙勃罗梭晚年的著作。全书共分犯罪原因论、犯罪的预防和治疗、综合与应用等三个部分。在书中，龙勃罗梭提出了这样的一些影响犯罪的自然因素：一、极端的气温。在龙勃罗梭看来，高温导致生产过剩，而生产过剩又会变成财富不平等的原因，财富分配不平等接着导致政治权力和社会权力分配的不平等。这种不平等就会引起政治犯罪——革命。炎热也造成人们的懒惰，使人们容易使用麻醉品，沉溺于宗教式的苦思冥想，喜欢做夸大的幻想，这些都会助长无政府主义的倾向。同样，犯罪也与寒冷有关。在寒冷的国家，人们性格倔强、暴躁，对衣食住等的需要较为强烈，这种情况也会助长犯罪的产生。二、中等气温的影响。龙勃罗梭认为，“最容易产生造反和犯罪倾向的影响，就是比较适度的高温的影响”。由于适度的气温就像酒精那样刺激人们的神经中枢，因此，人们不能冷静地思考和生活，往往容易激动起来，在情绪激动状态中进行侵害行为。此外，龙勃罗梭还引证大量资料，论述了月份、季节、炎热的年份、地势构造、疟疾发病率、甲状腺地区、死亡率，以及种族、性别、年龄、遗传对犯罪的影响。

《法的门前》

《法的门前》是美国经典法理学教材《法律之门》的作者之一美国马萨诸塞大学荣誉退休教授彼得·德恩里科与原书中文译者邓子滨合作专为中国读者改编而成的。原书在美国畅销 30 多年，历经 8 版，被誉为英美法的微型百科全书。该书既汲取了原书的精华，又特别为中国读者考虑，删繁就简，精心筛选和编撰了适合中国读者的素材和内容，适合希望了解和思考美国司法模式的读者作为基础读物。

《论经济与社会中的法律》

〔德〕马克斯·韦伯　著

德国社会学泰斗韦伯是一位真正的学者，其一生研究领域十分广泛，从传统到现代，从政治到经济，从哲学、法律到宗教，都有所涉及。他对法律历史深入细致的研究，对法律与社会关系的独到见解，使后代的社会学家很难超越他，而且他对中国传统社会的分析，也为我们认识自己的法律传统有着重大的启发意义。

关于作者

德国社会学泰斗马克斯·韦伯（1864—1920），出身于德国一个殷实的大家庭，祖父是当地一位成功的资本家，父亲是一位律师和保守的政治家。他的父亲经常出入柏林议会和帝国议会，并在家中广泛接触各界学术名流，因此，韦伯从小就得以认识当时德国思想界的重要人物，加之韦伯本人天资聪慧，这使他很早就打下了坚实的理论思维基础。

18 岁时，韦伯进入海德堡大学法学院攻读法律，并于 1886 年取得见习律师资格，三年后，25 岁的韦伯以《中世纪贸易商社史》一文获博士学位。29 岁时，年轻的韦伯应邀担任弗莱堡大学经济学教授，在学术上开始了由法学向政治经济学的重大转变。1897 年至 1900 年期间，韦伯因精神崩溃，一度停止了著述和教学活动。1903 年开始，韦伯将自己的学术重心转移到了方法论研究和社会学研究。由于名声日隆，1909 年，经过韦伯等人的努力，“德国社会学学会”终于在柏林创立，韦伯也第一次正式称自己为社会学家。

韦伯是一位真正的学者，其一生研究领域十分广泛，从传统到现代，从政治到经济，从哲学、法律到宗教，都有所涉及。韦伯虽以社会学家最为著名，但随着时间的推移，他对社会法学的重大贡献越来越为人们所认识。

法律社会学是韦伯社会理论大厦的一个部分。韦伯对于现代社会困境的揭示体现在法律上便是法律的“形式合理性”与“实质合理性”之间的矛盾。韦伯对法律职业本身的分析也同样富于洞见。在读韦伯的书时，一定要和他的其他社会理论结合起来，才能体悟其用心：如何通过理解法律更好地理解社会。韦伯一生著作等身，尤以讨论社会、经济和法律之间关系的作品居多，下面就详细介绍其中的《论经济与社会中的法律》。

荐读理由

本书是现代西方法律社会学的经典之作，也是韦伯的遗作，书中包含了丰富的法律社会学理论，读者可以从中全面、完整地了解韦伯的法律社会学理论的基本观点。

在韦伯看来，“法律从来不仅仅是法律本身的问题，相反它更多的是经济与社会中的问题”。如果全面地看问题，法律社会学将是指对所有法律现象和所有社会现象的研究。韦伯没有意识到自己的研究会被后人称为“法律社会学”，在他看来法律也是社会的一部分。法律体系在社会中是与其他因素相互作用的，法律在社会中并不是孤立的存在，如果离开了譬如经济利益，法律规定将无实体意义。因此韦伯并不就法律而论法律，而是从社会行为和社会关系的背景中来定义法律。

韦伯认为法律是这样一种秩序，它的适用要通过专门的人采取行动强制遵守，或者在违反时加以惩罚，以实现这种强制，而这种强制手段就是有关的共同体化的“法的制度”。在他看来，有无这种“专门的人”——现实中也就是公职人员，是习惯法和法律之间的界限。虽然说习惯法也可能出现某种程度的强制，但法律的强制力还在于是一种“正式的威胁和有组织的抵制”。现代制度的特点是，以暴力为后盾的法律强制力由国家来垄断，但国家并不一定通过暴力来实施强制。

接下来，韦伯总结了包括法律秩序在内的各种社会秩序的合法性或正当性的效力，有几种来源：一、来源于传统，即我们常说的“一直就在”；二、来源于效果，特别是感情上的和信念上的效果；三、来源于它的绝对命令性；四、来源于实在的制定，因为合乎程序的立法以多数人的同意为基础。

作为一种社会行为的秩序，法律可以追求不同的目的。韦伯在书中写道，法律的首要目的就在于维护政治权威的利益，证明权威的正当性。社会政治权威的利益是一种存在，但不是一种孤立的存在，往往与其他利益交织在一起，如伦理的、宗教的、经济的，甚至是个人情感的各种利益。但经济利益在现代社会中，越来越具有其重要性，虽然法律不能由此被认为仅是保护经济利益的。换句话说，作为行为体系的法律，主要的意义是维护利益秩序。

此外，韦伯还在书中讨论了法的合理性。他认为社会历史的发展，就是人类不断理性化的过程。理性化，也就是合理化；历史的理性化，也就是不断的合理化过程。作为法律秩序来说，它实际上是要求人们服从，问题是，人们为什么会服从？服从即表示人们认为这是合理的。韦伯给出了四个原因：纯粹出自习惯、纯粹由于情绪、受到无知利害关系约束以及受到思想动机约束。在此前提下，法律得以不断地向前发展，而这一发展也被韦伯分为了四个阶段：由法律先知传达神启法律阶段、由法律先知宣布法律阶段、由世俗或宗教的权威强加法律于民阶段和由专业法学家精心制定系统法律阶段。

韦伯认为，一个理想的统治下的法律秩序的特点是：一、任何规范都可以由立法制定为法律，并要求所有人都服从它；二、法律作为一个整体形成一套抽象的规则体系，这些规则通常是立法的结果，而执法官员的任务则是把这些规则运用于具体案件，执法官员也同样受法律规则的限制；三、占据权力位置的人本身并非统治者，而是暂时任职的官员，由于职务的关系他们才享有有限的权力；四、人们是作为公民而不是臣民来服从依法设立的权威，他们服从的是“法律”，而不是执法的官员。

显然，这是一种典型的形式合理的制度，这种制度模式的发展，得力于资本主义经济模式的发达。韦伯生活的时代，正是德国从一个封建的、分裂的、相对落后的状态向统一的、强大的资本主义状态迅速发展的时代。经济腾飞带来了社会结构的快速转型，传统与现代发生了激烈的冲突，虔诚的情感服从被理性计算的冰水所淹没，价值观念发生重大转变，社会处于严重的渴望和焦虑的矛盾情绪之中。韦伯思想的中心即在于探讨社会的“现代化”过程。

而韦伯的伟大在于，从经济与社会中探究影响法律发展与演变的因素，上至古罗马，下至 19 世纪的德国，展现了他令人称奇的历史学、法学、社会学、宗教学、政治经济学的广博知识和高度的驾驭能力，高度概括但又不失缜密论证，透露出了极其实证的学术勇气。需指出的是，韦伯是一个十分严谨的学者，并不为资本主义作什么辩护，相反他也汲取了马克思的不少思想，站在观察者的角度对当代社会进行无情的揭露与批判，这一点与他坚持“无涉个人意念的价值判断”的方法论有关，这也是他作为一个学者的过人之处。

先睹为快

在说到“法律”“法律秩序”或“法律命题”时，我们必须注意法学和社会学的不同看法。前者设问：什么是法律内在具有的效力？即在具有法律命题形式的动词形式中，应该以正确的逻辑赋予它什么意义，或者说什么规范意义？而从后者的观点看，我们设问：在充满许多人参与共同体活动的可能性这一共同体里，实际上发生了什么，尤其是那些对社会行动行使社会性权力的人，主观上如何考虑某些有效力的规范以及怎样根据规范实际行动的。

私法与公法的区别，正如合作型法律与隶属性法律之间的区别一样。私法涉及的法律事务大致是：若干当事人相互交往，法律视他们的关系是合作的，他们之间的法律领域由立法、私法、法律交易或当事人自己决定。但是，在公法领域，掌握国家权力的人可以对隶属他的人们发布命令。有权发布命令并非国家的唯一功能，由公法调整的国家机关活动也不是限于命令之类。而且，各公共机关，即同级权力机关之间的关系调整均属“公法”领域。

延展阅读

《经济与社会》

本书是在韦伯去世之后，由他的夫人玛丽娅娜·韦伯整理出版的。全书共两卷，韦伯在书中全面而系统地表述了他的社会学观点和对现代文明本质的见解。他首先对社会学的定义、对象、方法以及一些基本范畴和概念作了详细阐释，统称为社会学的基础；然后分别又互有交叉地阐发了他的经济社会学、法律社会学、政治社会学和宗教社会学思想。韦伯在书中广泛地援引世界历史资料，把发生在不同时代、不同文明和不同社会中的经济形式、法律形式、统治形式和宗教形式纳入他独特的概念体系，分门别类地作出类型化比较研究和系统化因果分析。

《特权和寻租的经济学》

〔美〕戈登·图洛克　著

戈登·图洛克是国际上最为重要的公共选择经济学家，被称为当今学界最有实力但尚未获得诺贝尔奖的经济学家之一。在阅读该书的过程中，读者更多的不应是对寻租理论的结论性接受，而应该发现现实生活中的问题，对寻租理论进行进一步思考。

关于作者

图洛克研究领域广泛，涉及经济学、公共选择、法与经济学、生物经济学和外交等领域。

图洛克的人生经历颇为丰富。他出生于20世纪20年代，上大学时就在五年之内学完了六年的学习内容。毕业后由于不喜欢律师工作，他考入了美国国务院的外交部，并被委派驻中国的天津市。正因为有着在中国工作生活的这段经历，图洛克回到美国后被分派到国务院的情报调查局工作。在情报局的工作经历让他对政治和官僚生活有了深刻的体会，并促使他开始研究有关国家、选举、官僚等传统政治学话题。

1957年与布坎南的相识给图洛克的学术生涯带来了巨大转折。在布坎南的安排下，图洛克进入了弗吉尼亚大学的托马斯·杰弗逊政治经济学中心，开始从事与经济学相关的研究工作。1962年，图洛克与布坎南合著的《同意的计算》一书出版，他们成为公共选择范式的创始人。随后，公共选择学会成立，图洛克任会长。1969 年，在图洛克和布坎南的努力下，弗吉尼亚工学院创办了公共选择研究中心，出版有《公共选择杂志》。这些举措都为公共选择学派的成立奠定了基础。

图洛克也是寻租理论的创始人。1967 年，当他在赖斯大学任经济学和政治学教授时，发表《关税、垄断和偷窃的福利成本》一文，对后世影响巨大。

图洛克荣誉颇丰。1970 年，他被选为美国政治学协会委员会成员；1978 年，他当选为南部经济协会主席；1992 年又当选为西部经济协会主席，荣获芝加哥大学荣誉法学博士学位；1998 年，荣获美国经济协会“杰出会员”奖。

他一直为将经济学的理性分析方法引入政治决策过程研究中而努力。如今，图洛克是乔治·梅森大学法学和经济学教授，同时也是布坎南政治经济学研究中心的研究员。

荐读理由

《特权和寻租的经济学》是图洛克对其从事了将近 40 年的寻租领域研究进行的一次回顾和反思。该书完整地阐释了寻租理论的各个方面，并运用这一理论解释了现实生活中的诸多现象。

寻租是指资源的利用实际上降低了总产出，却使得少数人获利的活动。该书共分两部分。在第一部分中，作者提出了一个令人费解的悖论：按照资金耗散理论，寻租引起的巨大收益会引起其他寻租者进入这个寻租市场，直至租金被完全竞走（即租金耗散）。然而，作者对华盛顿的观察却让他发现，在现实生活中，与寻租带来的巨大收益相比，寻租者付出的成本要低得多。面对这一悖论，图洛克提出了六种互补的传统解释。他指出，这一悖论的出现主要源于人们无法估计寻租给他们带来的损失大小。

第二部分“关于寻租的随想”，收集了作者在寻租方面的其他一些短文，涉及内容广泛，包括寻租的定义、寻租与传统的市场分析的关系等。这些文章反映了作者对于寻租理论的一些不太正式的想法，读来会让人颇有启发。本书的意义不在于对寻租进行总结性分析，而是提出了一些有待于进一步研究的问题。

该书穿插了各种见闻和轶事，夹叙夹议，让读者在轻松愉悦的阅读中备受启迪。图洛克具有发散性思维，在该书中，你可以找到更多关于寻租的问题，而不仅仅是答案。因而，在阅读该书的过程中，读者更多的不应是对寻租理论的结论性接受，而应该善于发现现实生活中的问题，对寻租理论进行深入思考。

先睹为快

我们所观察到的寻租业规模看上去和现有的寻租理论相悖，这并非个例。另外，有一个补充的观察就是，租金通常以非常无效的方式被转移。赋予某人在某个方面的垄断权是一种从社会意义上来说低效的将利润转移给他的方式，不论是什么利润。而且，在大多数对有价值的生产进行控制的情况下，这种优惠不是赋予了某个人，而是赋予了具有相当规模的一群生产者；这些生产者面临的市场价格要高于不受管制的市场的价格，他们会提高产量来尽可能地攫取高价格带来的好处。利贝凯普论证了得克萨斯的铁路委员会远没有最大化得克萨斯石油生产者的利润。

我们知道，国会议员之所以会为诸如保护性关税、农业补贴方案等项目进行投票，其中的一个理由就是，他们认为这些项目会吸引投票。经济学家几乎总是反对这些项目，因为他们认为这有损投票者。从技术上说，投票者使投票分化，也就是将他们全部的偏好函数集中在一个或几个他们认为重要的具体问题上。其他将精力集中在别的问题上的投票者则不考虑上面这些投票者的福利。

经济学家们指出，如果投票者都没有分化其投票，那么所有的投票者的福利就会更糟。另一方面，民主赋予了投票者选择权，而不是按照经济学家的观点去投票。投票者就是为此而进行投票。难道我们也把这个当作成本吗?

我想要以开始第二部分的方式来结束本章和本书：讨论寻租的合适定义。正如我之前说过的，我对寻租的定义比较粗糙。我们需要一个一般性的定义，这个定义使我们既可以考虑不合理的经济制度，又可以考虑我们所称的销售努力上的过度投资。遗憾的是，我们并没有这样的定义。我们没有办法去衡量如下情形下在销售上的过度投资：其最终结果本身是合意的。

我对这个问题的解决方法是仅仅将寻租这个概念限制在我们知道的低效的制度上（如保护性关税）。因此，我们讨论获得保护性关税的成本，是根据寻租和反对保护性寻租的“避免寻租成本”。而销售肥皂的成本则不在两者之内。再次重申，我想要有个连续函数来将这三者统一起来考虑。但是，目前我们多少仍只能局限地运用寻租理论。

延展阅读

《收入再分配的经济学》

这是作者的另一部精品。该书讨论了有关经济平等的相关问题。不仅包括地区间矛盾，也含有对国家层面诸多问题的讨论、国际秩序的疑问等。对于研究宏观经济学或是公共财政学的读者来说，是一本不可多得的好书。

《经济学语境下的法律规则》

〔美〕大卫·D. 弗里德曼　著

在经济学方法“为天下之公器”的时代，弗里德曼教授运用芝加哥经济学派的广博知识，深入浅出地为从经济学角度理解法律提供了生动的辩护。此书通俗易读，是北京大学法学院法理学、经济法等课程的推荐书目。

关于作者

大卫·D. 弗里德曼，1945 年出生，美国圣塔克拉拉大学的法学教授，无政府资本主义学说的重要学者。弗里德曼早年毕业于哈佛大学，后获得芝加哥大学物理学博士学位，但受其父亲——著名经济学家、诺贝尔经济学奖获得者米尔顿·弗里德曼的影响，对政治、法律和经济产生了浓厚的兴趣并专注于此。弗里德曼最为知名的观点为“保安公司可以代替政府”，这在他早年的著作中有详细的论述，但此书未引进国内，有兴趣的读者可以在网上查阅。

荐读理由

本书是专门为非法律专业人士所写的。弗里德曼更像是一名传教士，注重以深入浅出的行文来阐述法律与经济之间的关系，注重许多极富创意的思路与精彩的思辨，引人入胜。但在采用这种学生、律师和非专业人士易于接受的形式的同时，弗里德曼并没有以牺牲这些思想的学术性为代价。

弗里德曼在书中贯彻了一个思想，即不同于传统的法律原则，经济学提供了一种统一的尺度，通过运用经济学基本理念来理解和评估合同法、财产法、刑法、侵权法和其他各个法律部门中的法律规则。也正因为此，这本书提升了对法律的经济学分析中日益重要的问题的论证深度，为经济学观点的支持者和反对者提供了一种重新组织思维的可能。

弗里德曼不仅倡导对法律进行经济学的分析，他更强调效率与公平之间的关系。既然效率是当代经济学的基础，那么经济学可以通过使所有人受益的方式来解释和塑造法律，弗里德曼运用英国著名经济学家罗纳德·科斯的交易成本理论，在法律和双方合意的基础上将经济学巧妙地运用于侵权法和合同法。而这种通篇分析建立于“理性个体”基础之上的视角，正是传统社会科学所缺乏的。下面试举一例作为说明。

弗里德曼在第 14 章《侵权法》开篇拟定了一个场景：我在路上拦住我的朋友聊天，然后他继续往前走。当他路过一座大楼时，一个花盆从天而降砸死了他。那么，是否“如果不是我，他就不会死”了呢？我是否要为他的死承担责任呢？

在弗里德曼看来，“我”的行为显然不属于侵权行为，没有理由对死去的朋友承担损害赔偿的责任。他在书中这样解释：“让侵权行为承担损害赔偿的主要原因，从经济学的观点看，是给予人们一种动机不去做强加给他人成本的事情。但是，如果行为人不知道而且无法知道他的行为将施加成本并且会导致损害赔偿的时候，这种规定就是无益的。因而，不可预见性是对侵权损害赔偿的一种抗辩。这种结论不适用于虽然行为人不知道其行为的结果但是很容易就能发现这种结果的情况。在这种情况下如果出现损失，他将承担损害赔偿责任这一事实，会给他一个动机以发现他的行为可能导致的结果是什么，并且在发现后相应地修正自己的行为。”

关于刑法，弗里德曼也有许多有趣的见解，比如我们常说的“同命不同价”问题，在他的书中有相似的提问：我们用罚金来惩罚犯罪，那么对富人和对穷人的罚金是否该一样呢？比如说，偷窃一百美元对一个穷人和一个富人同样都是一笔数目的钱，所以同样的罚金应该能够威慑这种犯罪。实际上，由于富人每小时的时间比穷人同样的时间值更多的钱，如果他们偷一百美元需要同样的时间，那么威慑富人的罚金应该比威慑穷人的罚金要低些。但是读者很容易对弗里德曼的分析表示质疑：因为富人对钱的珍视程度不如穷人，所以可能罚一百美元就可以起到威慑一个穷人的效果，而罚一万美元才能对一个富人起到同样的效果。

在阅读此书的过程中，读者可能会对弗里德曼的诸多见解产生诸如此类的质疑，比如在他看来，如果在某一个特定的区域植树种草的综合收益（当然是用美元来计算）比一个工厂的综合收益低，那么，即使工厂排出了大量污染物，依然不应改建这座工厂，仅需要工厂主付钱给当地的居民作为赔偿即可。然而，环境保护用我们的话来说是“功在千秋”，并不能用一朝一夕来计算，弗里德曼的考虑似乎过于“资本家”化了。也难怪朱苏力教授在推荐此书时让学生对其中的观点“加以甄别”。

但无论如何，我们从阅读中所感受到的更多的是一种方法论，即构建于理性选择基础之上的经济学不仅可以成为理解我们已经制定的规则的重要工具，而且是决定我们应该制定什么规则的重要工具。相信此书一定能为您带来全新的阅读体验。

先睹为快

刑事案件不同于民事案件，一个人的损失不会成为另一个人的收益。

假设我利用一个绝好的机会把我富有的叔叔推下了山崖。可我的运气真是糟透了，一个观察鸟类的人恰巧在这时将他的照相机对准了我，结果使我被抓捕、受审并被判刑。在量刑阶段，我的律师指出我的罪行是由于不同寻常的诱惑和千载难逢的机会而导致的——我只有一个有钱的叔叔。此外，一旦我因这项犯罪被判有罪，将来的潜在受害人不大可能会和我一起去攀岩。因而，他辩称法院应判定我有罪然后放我回家。无论他们怎么做，我都不会再杀人，而且他还指出吊死我或监禁我都不可能挽回我叔叔的性命。

这个结论是古怪的，但论证则看似合乎逻辑。许多法律学者可能作出的回应是，法律不仅仅与结果有关，它还关乎正义。……

经济学家给出了一个不同的回答。……如果不加惩罚就放了我，法庭是在向将来可能面临同样诱惑的侄子们宣布一条降低刑罚风险的法律规则。将谋杀者处以极刑不会挽回受害人的生命，但是这种惩罚所建立的法律规则可能威慑后来的谋杀者，并因此挽回那些不然就会成为牺牲品的人的生命。人们应当通过其所建立起来的激励机制和他们在回应此种激励时改变其行为所产生的结果来判断法律规则。

如果交易成本为零，换言之，如果任何有利于双方的协议都会得到履行，那么最初界定的财产权将引发一个有效率的结果。这一结论有时被称为科斯定理。

延展阅读

《法律经济学文献精选》

如果你对法律经济学产生了一定兴趣，不妨来读读此书。该书由北京大学法学院前任院长朱苏力教授等人编译，其初衷是为了给法学院学生提供一个有关法律经济分析的坚实基础，其选取了各不相同且极富挑战性的学术期刊文献以一种统一的形式汇集在一起。这些被仔细删减过的论文将经济学理论应用到了法律的许多方面，从知识产权法、公司金融法、合同法一直到财产法、家庭法和刑法。为了让法学院学生更好地接受和理解这些文献，大多数数学推导都被删去了，这种安排同时也鼓励一种基于直觉的对经济学理论的理解和应用。每篇文章的简短介绍，解释了它们的背景和语境。无论对经济学还是法学的课程，这本文选都将是一份有价值的参考资料，因为它不仅为经济学专业的学生提供了一个从枯燥理论中逃离的短暂休息机会，而且也为法学院学生提供了一个看待法律的宽广和统一的视角。

《高手：解决法律难题的 31 种思维技巧》

本书作者沃德·法恩斯沃思是美国波士顿大学法学院教授。全书视野宏大，角度新颖，运用法哲学、证据学、经济学、心理学、社会学等多个领域的基本方法来探讨问题。书中归纳的 31 种思维技巧，是面对法律问题时最根本、最常用的分析工具。书中的分析，将纠正我们对大量法律问题的错误判断，促使我们重新思考那些原以为理所当然的观点，从而更客观、更全面、更准确、更深入地面对法律规则、法律后果以及法律职业，成为一名擅长法律推理的高手。

《中国法律与中国社会》

瞿同祖　著

《中国法律与中国社会》一书为我们描绘了一幅古代中国的法制全景，让我们看清了中国法制历史的清晰脉络。中国著名历史学家瞿同祖先生的这本书被国内许多法学家评价为，是了解中国法制历史甚至中国古代社会的最佳读本，其资料之翔实、文意之深刻、语言之平实，在中国法学界无出其右。

关于作者

瞿同祖（1910—2008），中国著名历史学家，出生于湖南长沙。瞿同祖出身世家，祖父为晚清大学士瞿鸿禨，父亲瞿宣治先后任职于中国驻瑞士及荷兰公使馆。瞿同祖因生于1910年，岁在庚戌，其祖父生于1850年，也是庚戌，因此取名同祖。他幼承庭训，在叔父瞿宣颖（其先后任燕京大学、南开大学、清华大学教授）指导下学习古文、汉赋及历史。1930年，瞿同祖以优异的成绩被保送至燕京大学，主修社会学。六年后，瞿同祖硕士毕业，又因成绩优异获得金钥匙奖，其硕士论文《中国封建社会》翌年由商务印书馆出版，并成为许多高校历史系的指定参考书。

毕业不久后，抗日战争爆发，瞿同祖南下避乱，并应吴文藻和费孝通邀请，到云南大学任教，兼任西南联合大学讲师。期间，他撰写了一生最重要的著作《中国法律与中国社会》。当时的写作条件极其艰苦，为了躲避空袭，瞿同祖和费孝通等一起住在了云南呈贡县的农民家里，每个礼拜都骑马到火车站，然后坐火车到城里去上课，上完课又坐火车、骑马回来。

1945 年春天，经费孝通联络，应德裔美籍社会史学家魏特夫的邀请，瞿同祖携妻女抵达纽约，先后任哥伦比亚大学中国历史研究室研究员、哈佛大学东亚研究中心研究员。1961 年《中国法律与中国社会》以“传统中国的法律与社会”为名，在巴黎和海牙出版英文版，赢得国际声誉，被认为是关于中国法律研究最好的西文著作。当此书还在征订单上时，就被著名经济学家哈耶克提前预订了。

瞿老 1965 年辞职回国，却恰逢“文化大革命”，想写作而不得，积郁成疾，再无著述，成为隐逸之士。2006 年，瞿老获得中国社会科学院荣誉学部委员称号。

瞿老的学术成就斐然，堪称国际一流的学者，其极富原创性的法律社会史研究几乎可与韦伯的法律社会学研究东西辉映，其中国法律社会史的研究方法和研究成果堪称独步学林，足可垂范后世。

荐读理由

《中国法律与中国社会》一书为我们描绘了一幅古代中国的法制全景，让我们看清了中国法制历史的清晰脉络。据瞿老自述：“该书不同于其他中国法制史的是将法律与社会结合起来予以研究的一个创新尝试，故命名为《中国法律与中国社会》，它既是一部法律史，也是一部社会史。”他在导论中指出，著作的主要目的在于研究并分析中国古代法律的基本精神及主要特征。他认为，法律是社会的产物，是社会规范之一，任何社会的法律，其宗旨在于维护和巩固其社会制度及社会秩序，只有充分了解某一种法律产生的社会背景，才能了解这些法律存在的意义和作用。循着这条思路，书中深入探讨了中国社会的家族、婚姻、阶级、巫术与宗教以及儒家和法家思想，进而得出“中国古代法律自汉至清没有什么重大变化”的结论。

之所以称瞿老与法社会学家韦伯有相近之处，在于他将中国古代法律放到古代社会的大背景中探究，而不是以当代的话语体系对之解读，这对于我们进一步加深对中国古代社会的了解、深化对中国法律的认识具有积极的启发意义。此种研究方法还对法律社会学研究，甚至整个中国法学的演进有着极为重要的借鉴意义。当代很多法学研究者热衷于法律移植与国家间横向比较。然而，仓促急就的法律移植毕竟与社会结构之间的关联性有限，在现实中很容易产生断裂和冲突。相比较之下，瞿老的研究方法更注重社会结构与社会变迁对法律变革的影响。正如瞿老在该书导论中所说的那样，其真正关心的不仅仅是法律条文的具体变化，还是蕴涵于条文变化之后的社会变化，传统的法律研究往往只注重于条文、形式的研究，而忽视了对法的实效和功能的研究。不仅如此，社会学中最为典型的“个案调查”也在《中国法律与中国社会》的行文中体现得淋漓尽致，几乎每一重要的具体个案，都辅之以详尽的剖析。也正因为这种大胆的跨学科的范式创新，才使得该书被公认为运用现代方法研究法律史的成功典范。

全书共六大专题，各专题之下又分若干小专题，其中存在着内在的逻辑联系：以家族主义为核心的阶级格局，是整个中国社会的基石；因此，无论是婚姻家庭、生活方式，还是政治体制，甚至是宗教，都被打上儒家化的烙印。瞿老在书的第一章，便开始着重剖析家族主义在中国法律史中的重要影响，而在最后一章，又以“以礼入法”结束。书中第二章“婚姻”，第三、第四章“阶级”，第五章“巫术与宗教”，也为以往的法律史研究者所不太关注，因为他们较多地着眼于政治史、思想史的论述而忽视对社会史、经济史的考察，但这些范畴又实实在在地影响着法律的创制、运行、存废，真正体现所谓“活的法”，所以瞿老这种在体例上的突破无疑是具有重要意义的。

瞿老的书在选材上也不同于传统意义上的法律史著作，许多社会学、人类学意义上的研究材料，也被其大胆纳入法律史的研究领域：

不但包括传统法律史学所运用的历代法律规范、典章制度，还包括各类经史子集，甚至是一些野史、文艺作品、家谱等文本也成为论证的参考资料。所以，此书不但注意到了几千年中国法的制度变革，也把握到了制度变革后的民情基础，从而使读者领会到中国法的精神实质。

读罢此书，我们可以发现，法律与社会有着密不可分的依存关系，它维护了当时社会的制度、道德和伦理等价值观念，也反映了一定时期的社会结构。中国古代法律的主要特征表现在两个方面：一为家族，一为阶级，简言之即为忠孝二字。二者是儒家意识形态的核心、中国社会的基础，也是中国法律所着重维护的社会制度和社会秩序。

中国的家族是父系的，也称为本宗，对于家族的统治是父权家长制的。具体而言，父权的绝对性体现在两个方面：经济权、法律权。一方面，法律禁止子孙私自动用和处分家财；另一方面，父亲对子孙有绝对的惩戒权及送惩权，甚至只要是存在子孙违反教令等行为的，父母将子孙杀死，亦可免罪。家族是政治、法律的单位，政治、法律组织只是这些单位的组合而已。因此，以家族为本位的社会基础，也决定了中国古代刑法在对待涉及家族的犯罪时，亲疏伦理关系自成为其需要考虑的重要因素。为了维护家族伦理秩序，有些情况下，刑法甚至不惜牺牲其惩治犯罪目的的实现，于是便有了中国古代法律中规定的亲亲容隐制度。

从某种意义上讲，瞿同祖先生的《中国法律与中国社会》可谓是一例相当特殊的学术史个案，瞿先生的此部著作从一出版就被公推为法律史学界的扛鼎之作，后辈学者但凡言及中国传统法律文化，也每每援引瞿先生的相关论述。本书依据大量个案和判例，分析了中国古代法律在社会上的实施情况及其对人民生活的影响，揭示了中国古代法律的基本精神和主要特征，是相关学科研究的重要参考书。

先睹为快

法律是社会产物，是社会制度之一，是社会规范之一。它与社会风俗习惯有密切的关系，它维护现存的制度和道德、伦理等价值观念，它反映某一时期、某一社会的社会结构，法律与社会的关系极其密切。

一般的情形，家为家，族为族。前者为一经济单位，为一共同生活团体。后者则为家的综合体，为一血缘单位。

父祖是统治的首脑，一切权力都集中在他的手中，家族中所有人口——包括他的妻妾子孙和他们的妻妾、未婚的女儿孙女、同居的旁系卑亲属，以及家族中的奴婢，都在他的权力之下。

延展阅读

《乡土中国》

此书乃著名社会学家费孝通先生的代表作，而费孝通和瞿同祖两人都是1910年生人，在学术背景上也有诸多相似之处。这本书中所讲的中国，并非具体的中国社会的素描，而是包含在具体的中国基层传统社会里的一种特有的体系，它支配着社会生活的各个方面。费孝通先生在书中还提出了著名的“陌生人社会”观点，对以后的学术界有着重要影响。可以说，了解何谓“乡土社会”对我们如何理解具体的中国社会、中国法制怎样在老百姓中施行有很大的帮助。

《生活在民法中》

梁慧星　著

梁慧星是我国著名的民法学专家，在《物权法》《合同法》《侵权法》《民法典》起草小组中都发挥了举足轻重的作用。从《生活在民法中》这本讲演录中，读者可以了解梁慧星的物权思想以及他眼中的《物权法》，这本讲演录是了解民法基础内容的一本通俗易读而又权威的佳作。

关于作者

梁慧星 1944 年出生在四川省，1962 年中学毕业，考入西南政法学院法律系本科。大学毕业后遭遇“文化大革命”，后被分配到昆明农用轴承厂。“文化大革命”结束后，作为高考恢复后的新三届，梁慧星在 1978 年考取了中国社会科学院研究生院法学系民法专业硕士研究生，毕业后留在该院民法经济法研究室从事民法学研究。由于学术成就卓越，1990 年人事部授予梁慧星“有突出贡献中青年专家”称号。1993 年他担任民法学博士生导师。作为第十届全国政协委员，第十、十一届全国人大法律委员会委员，第十一届全国人大代表（主席团成员），梁慧星参与了我国多部重要法律的起草，对我国的立法有着重要影响和贡献。梁慧星曾担任《合同法》起草委员会组长，也是《物权法》《侵权法》《民法典》起草组的核心成员。

可以说，国内每一位法学院学生都或多或少地读过梁慧星撰写或编写的民法相关专著和教材。在梁慧星看来，民法学的学习方法与其他法学学科的学习方法是一致的，即掌握一套概念体系。大陆法系的法律规范是由概念来建立的，概念是抽象的，掌握了概念体系就掌握了法学，这套概念体系是最重要的，其完整性非常重要。在民事案件中出现的法官也难以解决的难题，在根本上往往是基础概念的问题。在梁慧星看来，学习民法就是要先掌握概念，从基础开始，找一本最好的教材，牢记其中的概念体系，然后再理解、运用。

梁慧星民法思想的重点在于私权保护，虽然他著有多部专著，但是这本讲演录集中了其主要的法学理念，且深入浅出、易读易懂，非常适合非学术性读者阅读。

荐读理由

梁慧星是《物权法》起草组的核心成员，其对于这部对我国法治进程与民众生活都有重要影响的法律有着深刻的认识与理解，在他多次的高校讲演中，都对物权理论有所涉及。通过阅读此书，我们可以对梁慧星的物权法思想甚至是我国《物权法》的制定基础与原则有更多的了解。

此书共分五编，从法律观念到民法典，从物权法到民事诉讼，再到民法的学习方法，编者将梁慧星在各个高校、政府机关等地的重要讲演收录于此，以冀使读者更全面地了解梁慧星的民法理念。

第一编“法律观念和私有财产的保护”共有两篇。第一篇《宪法修正案对公有制经济和私有财产的规定》是梁慧星在中国社会科学院研究生院前沿学术讲座上的发言，讲座着重探讨了 2004 年《宪法》修正后的现行《宪法》第 11 条和第 13 条，前者是对非公有制经济的保护，后者是对公民私有财产权的保护。在演讲中，梁慧星回顾了中国经济的发展历程及其对法制的影响，表示对非公有制经济的重视与保护是完全符合社会主义市场经济发展大局的；同时，他用了大量篇幅讨论了宪法修正案对私有财产权、私有财产继承权、征收和征用的规定，表示了对民众私有财产保护的全力支持。第二篇《社会主义市场经济法制的几个法律观念》是梁慧星在山东省政府“省长法制讲座”上的讲演。面对政府的各级部门领导，梁慧星强调了公务员，尤其是党政机关领导应该保有的平等观念、法治观念、私权观念和民法观念。

第二编“论民法典”中有一篇《民法典起草中的几个主要问题》，是梁慧星在“国家机关青年干部学术讲座”上对2002年《中华人民共和国民法草案》的分析。他首先对什么是民法进行了探讨，将大陆民法概念中国化；接着，解释我国在拥有《民法通则》《合同法》等民事法律的基础上，为什么还要制定《民法典》及其逻辑性；最后，梁慧星着重探讨了《民法典》制定中的若干争论问题，如要不要单独设人格权编、要不要规定野生动物归国家所有、要不要固定宗教财产归宗教法人所有等。

第三编“论物权法”是本书的重点，一共有四篇。第一篇《物权法草案的几个问题》是梁慧星在清华大学法学院的讲演。讲演时物权法还在制定过程中，梁慧星用大量篇幅讨论了大家都十分关心的不动产变动的相关制度，如预告登记、买卖不破租赁、一房多卖等等，并借助许多案例来帮助听众理解。第二篇《物权法的基本问题》是梁慧星在东北大学文法学院关于物权法草案的征求意见稿所作的讲演。所涉及的“基本问题”也都是学界和社会所关心的问题，如物权法定原则、物权公示原则、物权优先于债权原则、动产的善意取得制度等。第三篇《关于物权法草案的若干问题》是梁慧星在广东海洋大学法学院所作的讲演，其时正值物权法草案是否违宪的争论之际，梁慧星在讲演中对物权法草案的一些细节是否涉及违宪给出了自己的看法。最后一篇《物权法若干基本制度的解释适用》是梁慧星在辽宁法官学院的讲课记录。面对法官，他更多的是从司法实践上来解释物权法。

第四编“裁判的方法”有一篇讲演：《法官怎样裁判案件》，梁慧星面对西安市中级人民法院的法官，强调了法律的某些属性决定着法官的法律思维，在裁判中起到关键的作用，使得法官在判案时不作法条的奴隶，而是更加积极主动地发挥法律的规范性、正义性、目的性作用，成为一名实现公平正义的高素质法官。

第五编“答学生问”中，梁慧星针对民法学习与《民法典》起草的若干问题回答了东北大学文法学院学生们的提问。从这些问答中，读者可以对如何学习民法，如何理解民法典，如何建立一个正确、逻辑的民法思维有更加全面的认识。

可以说，《生活在民法中》是了解民法基础内容的一本通俗易读而又权威的佳作。

先睹为快

什么叫非公有制经济呢？“非公有制经济”概念，要从方法论上说，是不科学的，因为方法论上讲概念必须是肯定的，概念只能说“是什么”，不能说“不是什么”。要严格地说，非公有制经济这个概念在方法论上、科学性上是有缺陷的，它站不住。但是，从社会学上来说，从国家的政策、政治方面说，我还是要肯定这个概念，它表明了中国人的智慧，就像邓小平说“摸着石头过河”，不是那种非此即彼、非常明确的思想，反而比明确的概念好。假设他在改革开放初期就说，我们要搞市场经济，要鼓励一部分人先富起来，将会是一种什么情景？当时不是还在讲“两个凡是”吗？当然，当时也还不可能认识到要搞市场经济。因此说在某个特定历史条件下，需要大智慧，宪法现在规定“非公有制经济”，不是轻率的。这样一修改，就把“补充”给取消了。非公有制经济当然就不是什么“公有制经济的补充”了，它根本就不是谁的补充，它本来就是市场经济的基础，既然市场经济的本质是私有者的交换，所以私有经济是市场经济的题中应有之义，是最自然不过的，只有在私有经济之上，才有真正的市场经济。中国的特色也就出来了，中国的特色在什么地方，既有公有制经济，也有私有制经济，然后就在公有制经济、私有制经济两种经济形态的基础上搞市场经济。就这一点意义就非常重大。中国特色的社会主义，就是社会主义市场经济。为什么叫社会主义的市场经济呢？因为是建立在公有制经济、私有制经济两种经济成分基础之上的市场经济。可见这次宪法修正，在个体经济、私营经济后面加上“等非公有制经济”，并且规定，非公有制经济是社会主义市场经济的重要组成部分，有极重大的意义。

我们和西方的市场经济不一样，除了私有制经济外，我们还有公有制经济，是两种经济基础之上的市场经济，不是单一的私有制经济之上的市场经济；我们和传统的社会主义也不一样，我们搞的是真正的市场经济。改革开放刚开始时，我们是不得已的，摸着石头过河，当时邓小平同志说“白猫黑猫，抓住老鼠就是好猫”，当时我们说这是典型的实用主义的哲学，那是不得已。没有理论，研究不了，过去的经验、过去的理论解决不了，过去的经济思想、经济观念、经济政策都已经走到绝境，那时没有理论来指导，只好来一个实用主义。反映了当时的不得已，说穿了就是危机对策。慢慢地，我们一步一步地走了 20 年，回顾这 20 年，当初我们想的是开放个体户就行，后来个体企业、私营企业也出来了，再后来其他的非公有制企业也出来了，慢慢有了理性认识。从感性认识上升到理性认识，这就是我们的社会主义的市场经济。因此，这次修改宪法就明确规定，非公有制经济是社会主义市场经济的重要组成部分。这一点，从法律上来看，决定了非公有制经济和公有制经济是平起平坐的，为什么不叫补充呢？补充就不是平起平坐，就有主从，公有制经济是主，私有经济是从，有主次之分。现在宪法规定，非公有制经济是社会主义市场经济的“重要组成部分”，虽然没有说非公有制经济和公有制经济平等、平起平坐等，但是从法律上来看，那是理所当然的。所以，非公有制经济获得了和公有制经济平等的法律地位。宪法上规定了非公有制经济的平等的法律地位，也才为中国经济在新世纪的进一步发展奠定了基础。

延展阅读

《法律思维与民法实例》

民法为众法之源，民法殿堂宏大而幽深，初学者往往不得其门而入，《法律思维与民法实例》堪称入门的金钥匙。本书的作者王泽鉴教授是我国台湾地区著名的民法学者，也是世界范围内广有影响的学者。作者在书中通过诸多案例与深入分析向民法债权的初学者们介绍了一套正规的合同法思维方式，对中国大陆民法研究产生了很大的影响。此书在两岸法学院的民法课堂上几乎人手一册。

《中国古典名著的法眼解读：戒石铭与皮场庙》

水浒英雄脸上的金印应该打在什么位置？武大郎捉奸要是成功，能现场杀了西门庆吗？探春不认亲舅舅，又是什么道理？中国古典名著，你真读懂了吗？复旦大学教授、法律文化知名学者郭建，将带你一起开启解读中国古典名著的另一扇大门，带你徜徉于中国古代博大精深的法律文化长廊中。

《制度是如何形成的》

苏力 著

此书乃北京大学法学院前任院长朱苏力的代表作之一，“苏力”是朱苏力的笔名。作者从身边的小事出发，分析出令人惊叹的法学、社会学甚至是经济学的学术意义，使读者在阅读中体会到所谓制度形成的艰辛与漫长，此书亦是北京大学法学院法理学等课程的必读书。

关于作者

作为北京大学法学院前任院长，朱苏力在学术界和社会界都有着很大的影响力。每年法学院的开学典礼和毕业典礼上，他的讲演都会博得学生们的阵阵喝彩，并被第一时间上传到网络且引起热议。朱苏力也是国内多年法学学术论文发表数量第一名得主。早在20世纪90年代中期，他就连续发表了大量法律社会学、宪法学与行政法学方面的论文。当时一位法学界元老看了他的文章，感叹道:“这样有创见的文章，一个人一生能够写出一两篇，也就足以留名了；苏力在三五年之内，能够写出十多篇这样的论文，其前途岂可限量!”近年来在国内颇为流行的法律经济学，最早也是由朱苏力翻译美国法学家波斯纳的多部著作所一并介绍引进的。

留学美国的教育背景并没有令朱苏力成为一个具有浓厚西化色彩的法律学者，他反而以反对西化、强调本土价值、主张法律为政权服务的论调著称。由于坚持本土主义、国家主义的学术观点以及强烈为政权辩护的政治立场，朱苏力一直与倾向于国际化、中立化，主张司法独立、试图摆脱意识形态影响的中国主流法学界存在着尖锐的对立，为此遭到广泛的批评和非议。

朱苏力祖籍江苏，生于1955年。少年从军，又当过工人。1978年恢复高考后，用贺卫方的话说就是“复转军人进了法学院”。1984年读硕士期间赴美留学，1992年回北京大学任教。有《法治及其本土资源》《送法下乡》《道路通向城市》《法律与文学》等独著，《法理学问题》《超越法律》《无需法律的秩序》等译著，以及论文、书评百余篇。朱苏力作品的风格是其挑选一些似乎与法律风马牛不相及的事件，然而就在这些事件中用法律的思维去分析。用他的话来说，就是别人想不到的，你就去想；别人不敢做的，你就去尝试；别人想到了而这样理解的，你就换一种思路。当然这决不意味着标新立异、哗众取宠，这实际上是高超的思维逻辑之下，近乎超越学术界的见解。

朱苏力的作品，可以说不是一种论文体，而是一种近乎散文的学术评论。他的某些结论、观点还有待于推敲，但读者更多关注的也许不在于其结论，而在于其行文之中给人以思维的享受。苏力的思维逻辑、论证方式以及一些观点与学术界大相径庭，确实给人耳目一新的感觉。

荐读理由

“苏力”是朱苏力的笔名，较之“朱老师”，学生们也更习惯称呼他为“苏力老师”。这本书汇集了苏力2000年后发表的部分论文、学术随笔和读书笔记，其一贯的做法是从身边日常的“俗话、俗语或俗事”出发，分析出令人惊叹的学术意义来。此书亦是如此，对我们习以为常的一些观点、看法或想当然的东西进行了细致的分析，例如对“犯罪嫌疑人”和政治正确的剖析、制度的形成并非平面化而是机缘巧合凑成的观点等等，这些出人意料又让人颇为折服的解说，常常让人耳目一新，掩卷沉思。苏力的文章给人的印象往往是不盲从、不敷衍，对一个简单的问题都不放松，细致分析每个细节，最后得出结论。你可以不认同苏力的观点，但是他对社会问题的思考态度、对观点的论证过程，特别是他独特的叙述方式，足以让我们在阅读的同时感觉到思考的愉悦，让人感觉“原来文章可以这样写，原来理论可以这样表述，原来我们的周围还有这么多的理论素材”。

《为什么“朝朝暮暮”》这篇文章作为此书的开篇，看上去更像是一篇杂文，苏力运用了大量的社会学分析方法，在文中探讨了两性之间的恋爱、婚姻以及性之间的问题。他提出：任何的婚姻制度必须和社会的需求相适应；任何的婚姻制度，不能由少部分人决定其合理性，而应该考虑到绝大多数人的需要；离婚自由并不一定能提高男女的生活幸福指数；传统中国的一些婚姻做法在规制了妇女“自由”的同时，也规制了（特别是通过社会舆论）男人的行为，从这个角度讲其也是一种对女人的保护……

在《我和你深深嵌在这个世界之中》一文中，苏力表达了对戴安娜之死的一些看法。他在文中分析了戴安娜之死事件中的媒体和那几位记者应该承担的责任，引起读者的反思：为什么在这个事件中人们没有关注戴安娜的男友多迪。在苏力看来，其实戴安娜已经被媒体和公众视为一种“符号”，而人们之所以关注她超过其他的人并将责任推到那几位记者身上，在于“当社会遇到某些人们难以接受的突发事件时，社会会寻求替罪羊来调整和巩固自身”。在现代社会陷入巨大的精神分裂的情况下，戴安娜一方面利用媒体塑造了自己的形象，另一方面又被其所害，尽管这并不对其死亡起决定性的影响。可怕的是，在现代社会的这种分裂中，我们看到媒体和公众仍旧会毫不悔改地继续加深这种分裂，哪怕它是以一种“反省”的方式。

在《罪犯、犯罪嫌疑人和政治正确》一文中，苏力告诉读者：有些原则是有特别的适用对象的，或者说有主要的适用对象的，而且原则的确立是为了杜绝某些错误的观点。语境化的东西（在文中即“犯罪嫌疑人”）不能一般化、普适化，特别是在政治正确的强力下，我们更容易犯这样的错误，即“一种地地道道的语言和思想的暴政”。“任何法律从根本上都是要回应其所在社会的需要，而不是为了迈向某个确定的方向。从这个意义上看，一个发展也许只是一轮新试错的开始”，苏力如是说。

《制度是如何形成的》讲的是关于马伯利诉麦迪逊案的故事。苏力通过对这个著名的“宪政开端”的分析，对于制度的产生与形成得出了如下结论：仅仅追求个人的动机或以“道德”来评价历史和制度的形成是不贴切的，至少是不完整的。因为近代以来，由于对人类理性力量的过分崇拜，我们如今几乎习惯于将某个后来人认为良好的制度视为一种正当理性的逻辑展开，视为个别人或少数精英清醒意识和追求的产物，把一个制度同后来者构建起来的关于这一制度的理性论证等同起来；我们不仅日益注重制度设计，而且在设计时，也往往注重所谓的制度的“本质关系”；在考察一个制度时，也习惯于从善良愿望出发考察它的纯洁、崇高的起源。而一个制度的失败，也往往归结于其先天的理论不足或创制者的道德缺陷。然而，“制度在发生学上的伟大意义往往是后人回头展望之际构建起来的，在后来者的总体历史观的观照下和理性塑造下才带上了神圣的光环；而这种光环常常使得我们不能或不敢以一种经验性的求知态度来‘凝视’（福柯语）它和凝视我们自己”。最后，制度的形成不是理性设计的或具有偶然性的，但也不完全是随机的、无需任何条件的，而是需要有多种社会因素，包括法学家、法律家的职业因素和努力。

先睹为快

今天，人们已经普遍接受法治是当代中国应当追求的。在流行的法学话语中，人治往往受到批判，甚至被等同于专制。从普及法治的常识、促成当代中国的制度形成、确立人们对法治的追求而言，这种近乎宣传的文字也无妨，但是，若是将这样的文字当作法理学，则有重大纰漏。如果法治作为治理社会的手段真的是如此优越，而人治真的是如此恶劣，且反差真的是如此鲜明，那么人类历史上为什么还会有长期的“人治”和“法治”之争？人治又怎么可能曾经长期被一些伟大思想家作为一种治理社会、国家的基本方法之一？这些思想家怎么会在这样一个在我们看来都一目了然的选择之间选择了人治？难道，我们的前人真的是如此愚蠢，而我们真的是如此聪明？如果从这种进路来思考法治与人治的问题，首先会把问题太简单化了。从理论思维上看，这种论证方式甚至比“文化大革命”时期的“宁要社会主义的草，不要资本主义的苗”的论证方式都不如。其次，这种论证也就势必将法治和人治的讨论道德化，或者是将人治论者视为傻瓜甚至坏蛋，他们为了追求个人权力不惜损害全社会、全民族的利益。在这种政治的或道德的评价引导下，就不可能认真地理解和尊重古代诸多伟大思想家的研究。第三，这种分析也容易将中国法治建设的任务简单化，似乎法治与人治的问题只是一个领导人的认识和决心的问题，而完全忘记制度的形成和建立是社会多种因素制约的产物。

事实上，在法学和政治学中，法治是同人治并列的两种基本的治国方法。既然是并列，那就不可能是优劣利弊如此简单明了，昭然若揭。只有在难分高下的较量中，法治相对于人治的优点才值得追求。只有打老虎的武松才能算得上英雄，如果打的只是一只老鼠，恐怕武松的名字早就被人们遗忘了。而且，既然是一种治国的手段，那么人治也不可能仅仅是为了维护统治者个人的权力；即使是为了青史留名，为了自己的国家强大和具有影响力，一个领导人也不会在如此明显的选择之间选择一个对实现其政治抱负如此不利的治国方略。并且如果他愚蠢地选择了，他又凭什么能够获得其追随者和人民的支持，他的专断意志又如何可能为其他人服从？因此，我们必须假定，人治和法治的目的基本是一致的，都希望社会安定、经济繁荣、人民安居乐业。

（摘自《认真对待人治》）

延展阅读

《道路通向城市：转型中国的法治》

本书是作者的另一部精品，集中展示了朱苏力对当代转型中国社会中法治实践的独特分析思路和看法。作者从制度的角度切入，集中讨论了处于空前的社会变革时期的当代中国的一些法律理论和实践问题。例如，中央与地方关系及其制度化、习惯在立法中的地位、最高法院在宪政结构中的位置、法官遴选以及其他一系列司法改革的问题。作者试图通过细致的理论论述和实证分析水到渠成地展示并凸现这一法治实践中独特的中国问题，例如大国法治、建国法治、转型法治以及这些问题中隐含的诸多两难。本书追求对当代中国法治实践问题的社会科学解说和经验研究，追求一种对规范性法学研究的补充。

《法律人的思维方式》

陈瑞华　著

陈瑞华教授是北京大学法学院刑事诉讼法学的博士生导师，此书是其在各高校法学院演讲录的合集。相较于陈瑞华的其他学术专著，此书语言基本上是口语化的，通俗易懂，但并未牺牲其内在表达的学术价值。书中大量的真实案例一方面提高了阅读性，另一方面也使普通的非法学专业读者对何为“法律人的思维方式”有了形象的理解。

关于作者

陈瑞华教授可以算是北京大学的“校园知名教授”，在他为本科生开设的刑事诉讼法等课程上，常常会出现其他院系的学生甚至是普通的社会民众的身影。不同于其他法学教授，陈瑞华更注重通过介绍一个个生动的案例、评述当下最热门的刑事案件来讲授刑事诉讼法学的基本原理和中国刑事诉讼现状，在他的讲授中，渗透着对中国司法现状的深入思索和深刻反思。可以说，陈瑞华不仅仅是一位法学教授，更是一位公共知识分子。

陈瑞华出生于1964年，先后于1989年、1992年、1995年获得中国政法大学法学学士、法学硕士和法学博士学位，1995年7月进入北京大学法律学系博士后流动站工作。对于陈瑞华来说，能够成为北京大学法律学系第一位法学博士后是一个机遇，然而，机遇总是青睐有准备的人。之前在中国政法大学学习的十年时间中，他几乎看完了图书馆里刑事诉讼法方面的所有英文原著。1997 年 7 月，他出站被聘为副教授，随后被破格评为教授，33 岁的陈瑞华成为当时北京大学法学院最年轻的教授。

在陈瑞华看来，中国法学要想作出自己的独特贡献，不能只是重复研究西方学者研究过的问题，重走西方学者走过的老路，而必须从本国正在发生的重大社会转型和变革中寻找问题，通过对中国问题的描述和分析，对问题的现状作出尽可能精确的解释。多年来，为了找准“中国的问题”，陈瑞华一直坚持深入基层搞调研、试点，与地方法官、检察官、警察、律师进行了较为广泛的接触，从而掌握了中国司法制度运行的实际状况，获取了大量的第一手材料。

在陈瑞华看来，学术的基础是自由，让思想自由地徜徉在学术的天空，这是治学的前提。在一次采访中，陈瑞华表示:“每每与实践接触，我都能感受到‘一种活生生的现实扑面而来’，自己的观念受到冲击，对司法实践的了解更加准确。”多年来陈瑞华始终坚持不兼职、不做官，全力治学。主要著作有《问题与主义之间——刑事诉讼基本问题研究》《刑事诉讼的前沿问题》《看得见的正义》《刑事审判原理论》《程序性制裁理论》《法律人的思维方式》等以及 80 余篇论文，取得了令人瞩目的学术成果。在近年来的法学论著引用率统计中，陈瑞华的 10 篇论文进入法学界最有影响的 200 篇论文之列；他的论著综合引用频次位列法学界前十位，其学术水平获得了法学界的广泛认可。

荐读理由

《法律人的思维方式》是陈瑞华教授的一部学术演讲稿，记载的是他多年来在全国各地所作的同名讲座的实录。用清华大学张卫平教授的话来讲，陈瑞华教授在抨击时弊时的激情表达“能够鼓动起听众激昂的情绪，听者会为他真诚的深刻分析所感动和折服”。

在此书前言中，陈瑞华提到，随着国家司法考试制度逐步走向成熟和完善，法官、检察官和律师都要通过统一的“国家司法考试”，才能取得从事法律职业的资格。这在“法律职业共同体”形成的道路上迈出了重要一步。但是，由于种种原因，同为法律人的法官、检察官和律师，经常在一些法律价值理念、逻辑推理方式和分析法律问题的角度方面产生各种分歧，甚至还出现一定程度的冲突和对立。这些从事不同法律职业的法律人，竟然在一些基本问题上无法达成共识，这无疑是中国法律人今天所要面对的最大挑战之一。不仅如此，一些社会公众基于对中国法治状况和个人境遇的反思，对于这一套来自西方的法律思维方式也渐渐产生了怀疑，甚至还会因为不接受一些个案的裁决结果，而对法律人的思维方式提出质疑，对法律人提出批评，并进而对“来自西方的法律体系”提出挑战。

对上述问题的深深感触，成为陈瑞华“法律人的思维方式”系列讲座的灵感之源。由于演讲的对象既有法学院学生、教师，也涵盖了从事法律实务的法官、检察官和律师，因此，这些讲座的内容和角度也有明显的差异。有的讲座属于法律入门课（如“法律人的思维方式”“人权视野下的刑事诉讼”等），有的属于为法官、检察官和刑事律师所讲的职业训练课程（如“刑事辩护的三种形态”“什么是程序正义”“程序法的制裁方式”等），还有的讲座则较为专业，涉及法学研究的前沿领域（如“刑事证据法的理论体系”“社会科学对法学方法的影响”“刑事诉讼的几个前沿问题”等）。

其实，不论是初入法律之门的学生、从事法律实务的人士，还是站在法律理论最前沿的研究人员，都需要对一些法律理念进行深刻的理解，对法律实施问题加以深入的反思，对法学研究的前沿课题进行总体的把握。因为即使是一个初入法律之门的本科学生，迟早也会成为从事法律职业的实务人士，或者会成为从事法学研究的专业人员；一个从事法律实务的法官、检察官、律师，也同样需要重新思考那些最基本的法律理念，并对法学前沿问题有一定的了解；而一个从事法学研究的学者，也需要了解法律人的思维方式所面临的一些挑战，对司法实务状况有准确的把握。

先睹为快

下面我讲的是第二个领域，证据领域。在证据这个领域中，法律人的思维方式和普通人的思维方式发生的冲突最为激烈。有很多这样的现象，老百姓不理解。比如说，一个案件，为什么要排除非法证据？我们学了刑诉法和证据法可能开始慢慢理解了，原先可能不能理解。我们有一个规则叫排除规则，不是因为这个证据不具有可采纳性，不是这个证据不具有证明力，而是因为这个证据取证手段违法。取证手段违法，我就要排除。换句话说，法律不把这个证据作为证据，理由不是因为这个证据是假的，不相关的。理由是什么？取证手段违法。我举个例子，这个案子发生在辽宁。2001 年辽宁省高院审判李俊岩案件。李俊岩是涉嫌被指控犯有组织黑社会性质的犯罪，一审判处死刑立即执行。他的辩护律师在法庭上提出他受到了刑讯逼供。理由是什么，证据是什么呢？就是在整个案卷笔录中有一份公安人员的讯问笔录。这份讯问笔录是李俊岩做有罪供述的一份讯问笔录。上面记载着某年某月某日，讯问人是公安局刑警队的李某某、范某某两人，两名侦查员。一般来说啊，这个公安局的讯问笔录有一条叫讯问开始时间和讯问结束时间。大家清楚地看到讯问开始的时间是 2000 年 7 月 8 日晚 6 点，讯问结束时间是同年 7 月 11 日凌晨 5 点（台下笑），讯问接近七十多小时，这太明目张胆了。而且有证据显示在这七十多个小时的时间里，讯问人在讯问过程中，不让他睡觉，不让他吃饭，不让他喝水，甚至不让他上厕所，剥夺了他的一切自由，导致嫌疑人在痛苦难耐的情况下，供述了犯罪事实。就凭这一点，足以证明刑讯逼供的发生。最后辽宁高院在二审开庭的时候，公诉人说，尽管有这种情况发生，但证据是可靠的，能够使用，辩护人认为，证据可靠不可靠跟案件讨论的问题无关。不管这个证据能不能用，作为定案根据，取证手段严重违法，违反了严禁刑讯逼供这条基本的法律准则。法庭应当排除非法证据。最后法院判决李俊岩这份证据不具有证明效力，排除非法证据，不作为定案根据。你看，这就是法律人的思维方式啊，辩护人有这种法律人的思维方式，公诉人就没有这种法律人的思维方式。各从其主，各有自己的利益。当初到法院立案，你摇身一变成了公诉人，他摇身一变成了辩护人，另外一个，又摇身一变成了法官（台下笑）。如果法官没有法律人的思维方式，他能听从辩护人的辩护意见吗？这个案件能判成这样吗？一个很重要的原因就是关键证据被排除了。当然，这个判决结果，这里不作评述。

我说这些话是为了说明，在证据领域中，有大量的法律人的思维方式。我们学法律，如果这些东西学不来，或者说掌握不牢，将来不管做律师，做法官，做检察官，做侦查人员，可能都要出问题。

延展阅读

《看得见的正义》

这是作者的另一部精品，是一部学术随笔，可以算是陈瑞华最富有挑战性的一次学术经历。这是因为，对那些与一般民众有相当距离的法律程序和司法制度问题，从理论上作出清晰的分析，而又尽量做到通俗易懂，确实是一件不容易的事情。陈瑞华在书中通过整理自己阅读、思考、观察、访问中感悟到的一些思想“火花”，来展示心中的“看得见的正义”——程序正义。陈瑞华在书中写道：“（我）真诚地相信，接受那种为英美人所坚持但不为英美人所垄断的程序正义观念，对于中国走向法治之路可能是有益的。”

可供借鉴的历史片段

《人类的故事》

〔美〕房龙　著

《人类的故事》是房龙的成名作，销量达 1000 万册以上，世界上许多国家和地区都把这本书当作最好的历史通史类入门书。无论是对历史感兴趣的普通读者，还是专家学者，相信都可以从本书中获得启发和阅读的快感。

关于作者

荷裔美国作家亨德里克·威廉·房龙（1882—1944）是一名出色的通俗作家，也是一位伟大的文化普及者。

房龙青年时期先后就读于美国康奈尔大学和德国慕尼黑大学，获得博士学位。他在上大学前后，屡经漂泊，从事过教师、编辑、记者和播音员等工作，还曾经专门到通俗剧场中学习说话技巧。1913 年他开始写书，1921 年凭借《人类的故事》一举成名，从此饮誉世界。

房龙多才多艺，精通 10 种文字，拉得一手优美的小提琴，还会画画。他为世人留下了 30 多部作品，而且每本书都由他自己画了插图。同时，房龙也是用文艺手法宣传科学的大师。郁达夫曾说："房龙的笔，有这样一种魔力，但这也不是他的特创，这不过是将文学家的手法，拿来讲述科学而已。"

他的绝大部分著作是风靡世界的畅销书，诸如《宽容》《地球的故事》和《圣经的故事》等，皆是以人文主义的目光，通过睿智的语言将人类历史的各个方面复述了一遍。

荐读理由

《人类的故事》是房龙的成名作，曾被译为20多种文字，一经问世即引来了书评界的欢呼，并为房龙赢得了当年的最佳少儿读物奖。

从人类的起源到每一个历史时期的精辟论述，该书以深厚的人文关照和俏皮睿智的文笔，展示了人类历史的浩荡长卷。

《人类的故事》共60多个篇章，从“人类舞台的形成”“我们最早的祖先”“希腊的城市”“波斯战争”“亚历山大大帝”“文艺复兴”“骑士制度”等等，讲述了人类发展的历史。其中有节奏明快的“大历史”叙述，也不放过任何真正影响人类文明进程的事件和细节。从宇宙的形成和人类的出现一直讲到20世纪，展示了宏大的人类历史，有重点地把世界历史的重大事件、人物以及文化、宗教等用故事的形式加以讲解，用生动的语言来讲述艰深的内容，用普通的故事揭示人类的智慧。

房龙善于用简短的比喻，将自己置身于人类之外，冷静地看待人的可笑和过失。人类是最晚来到地球上的动物，却是最早用大脑来征服大自然的动物。就像房龙说的，唯一会自相残杀的动物就是人类。他一心认为唯一会毁灭人类的就是人类自己。正因为如此，我们有必要优先对人类进行研究。房龙也喜欢用幽默的比喻，比如将人类装进一个盒子，推下科罗拉多大峡谷，人类就会不复存在。总之，在房龙的笔下，历史上死气沉沉的人物都成了活生生的人。

先睹为快

我们生活在一个巨大问号的阴影底下。

我们是谁？

我们去向何方？虽然进展缓慢，但由于坚忍不拔的努力，我们已经把这个问号越来越推向那条隐约可辨的界线，我们希望越过这条界线找到问题的答案。

可是我们离出发点还没走多远。

我们所知道的东西仍然很少。不过我们已经可以推测出许多事情来了。

在这一章里，我将告诉你们人类最初出现的舞台是如何形成的。

关于最初的那些“真正的”人，我们知道得很少，而且谁也不曾见过他们的照片。不过，我们有时在古老土壤最深一层的泥土里会发掘出他们的碎骨。这些碎骨埋于久已从地面绝迹的其他动物的破碎骨骼中间。人类学家（即终生孜孜不倦地研究动物王国成员之一的人类的渊博科学家）曾获得这些碎骨，并能相当准确地将我们最早的祖先重新构成原来的模样。

史前期的人类不懂得什么是时间，他们没有什么生日、结婚纪念日或逝世纪念日的记载；也不知道什么叫年、月、日。但是，一般说来，他们已掌握了季节的交替，因为他们发现在严冬过后，随之而来的总是温暖的春天，接着又是炎夏。那时各种果子都成熟，野麦穗也变得黄澄澄的可以食用了。一阵阵狂风扫落树叶，标志着夏尽秋来；不久，许多动物又准备作漫长的冬眠了。

古埃及人教会我们做许多事情。他们是卓越的农民，懂得灌溉的一切事宜。他们建筑了庙宇，这些庙宇后来为古希腊人所仿造，而且还是我们今日礼拜堂的最初模式呢。他们发明了历法，这种历法证明是很有用的测时工具，所以被沿用至今，仅有几处变更。但更重要的是，古埃及人懂得了把语言留传给子孙后代的方法。那就是他们发明了书写术。

延展阅读

作者还有下列精品：

《宽容》

在本书中，作者用生动睿智的语言讲述了漫长的人类思想发展史，以历史上的重大事件和重要人物为依据，以社会和人是否宽容为标尺，用轻松幽默的方式来揭示真理，主张宽容与和平，倡导思想解放，是关于宽容和自由思想的经典之作。《宽容》是一部人类思想的解放史，它以犀利的笔触勾勒出了人类思想的嬗变轨迹，清晰地呈现了人类心灵深处的隐秘世界。它曾被译为20多种文字，畅销全球近百年。

《地球的故事》

该书是房龙关于人类地理的力作。他用文学手法，赋予知识以灵性，把自然地理的规律和人文地理的千姿百态展现在读者的面前。这是一本完全改变了我们关于地理学偏见的地理书。在这本书里，地理学中必要的名词和数据都被赋予了一种感性的表达形式，成为息息相通的一个网络——通过五大洲大量的地理数据的对比，凸现出人类普遍的生存意义。

《圣经的故事》

这是房龙广受赞誉、传读不衰的名著。书中的赏析文字通过画面故事综述深入地阐释圣经故事。作者用朴素睿智、宽容的声音简明扼要地解答了圣经是怎样的一本书、包含哪些内容、作者是谁、与犹太人的关系、犹太教与基督教的关系、耶稣是怎样的一个人等令青少年感兴趣的问题。

《世界文明史》

〔美〕威尔·杜兰特　著

杜兰特是美国著名学者，他和胡适一样，都是大哲学家杜威的学生，在西方社会声名显赫。他以《哲学的故事》一书成名，更以11巨卷、1500万字的《世界文明史》一书达到其60年学术生涯的巅峰。《世界文明史》是一部揭示人类文明遗产的旷世巨著，被称为“20世纪的《史记》、人类文明的《离骚》”。

关于作者

见《哲学的故事》之“关于作者”。

荐读理由

《世界文明史》被称为“20世纪的《史记》、人类文明的《离骚》”。自从1935年出版第一卷《东方的遗产》起，到1975年出版最后一卷《拿破仑时代》止，每一卷都好评如潮。

为撰写《世界文明史》，杜兰特曾周游世界，先后到过亚洲与欧洲的许多国家，了解这些国家的历史、典籍与传统，搜集了大量的素材。他和他的妻子把毕生的精力奉献给了人类文明史的研究，该著作一出版便引起了各国学者的高度评价，《世界文明史》先后被译成法、德、西、葡、日、中等多种文字，也使杜兰特成为享有国际声誉的学者。

《世界文明史》全书约1500万字，有近千幅精美插图，上起“文明的建立”，下迄“历史的教训”。这是一部揭示人类文明遗产的旷世巨著。它几乎涵盖每一时代、每一国家，涉及政治、经济、军事、宗教、文化、哲学、历史、教育、艺术、音乐、科技等领域，堪称文明史研究的集大成者。

从思想上说，这部著作并不是欧洲中心论。一般西方学者均认为：“一切文明皆源于白种人，无白人之助，无一人能生存。”杜兰特则认为，最早的人类文明产生于东方，东方文明才是世界文明的源头和基石，甚至认为亚洲文明是形成希腊与罗马文化的背景和基石，欧洲大多数的发明都是来自埃及和东方。因此在写《世界文明史》时，他以《东方的遗产》作为全书第一卷。

在东方文明中，杜兰特又尤其重视中国文明。他认为“中国文化乃是世界文明重大成就之一”。他惊叹中国文明的绵延不绝。该书在描写中国时，态度客观，完全跳出了西方人写中国史时的一知半解。他相信中国的未来，相信中国“有康复和更新的本质”。

该书第一章和最后一章对人类的文明进行了总结，得出了很多发人深省、令人深思的见解。“文明是增进文化创造的社会秩序。它包含了四大因素：经济的供应、政治的组织、伦理的传统以及知识与艺术的追求。”文明的产生有三大条件：地质的条件、地理的条件和经济的条件。只要具备了这三大条件，“任何大陆和任何肤色人种都可产生文明”，“文明没有种族的限制”，“文明乃合作的产物，文明是我们共同的遗产和债务”。

作者在展开人物活动的过程中展示了文明的成就，而在对文明成就的展示中也渗透了对文明的理解与思考。作者常常在卷末以多方论辩的方式来作结，让论辩的各方都有平等的发言机会，充分地发表自己的意见，从论辩过程中自然而然地得出结论。例如《宗教改革》一卷就虚拟了新教、天主教和人文主义者的论辩，看似是历史人物之间的对话，实际都是作者从今天的高度对历史所作的整体思考与评价，而且常常一语中的。

杜兰特认为，一般分类历史写作法对于评价或批判人类整体的生活都有欠公正：历史的写作，一定要经纬兼顾，分析与综论并用；最理想的历史纂修应设法把每一时代每一国家的文化、组织、发展和变动等整个错综复杂的现象都加以综述。他希望这部《世界文明史》能诱导出一点进取的精神，使我们能冲进文明史的致命深处。

先睹为快

某些因素形成了文明，这些因素可能激励文明，也可能阻碍它的发展。

首先是地质的条件。文明诞生在冰河时代的一个中间期：冰河融化的水流随时都可能再度高涨，流水夹杂坚冰石块摧毁了人们辛勤的成就，将人们的生活空间逼限于地球的某一狭窄部分。我们建立了城镇，但魔鬼般的地震又可能摇耸双肩，使我们无一幸免地遭受灾害。

其次是地理条件。热带的炽热以及蔓延遍地的寄生植物都是文明的劲敌。懒散与疾病，早熟与夭折，也转移了人们生活上创造文明的精力，而使人们专注于饥饿与再生，以致无艺术与心灵的创作可言。雨水是必需品，因为水是生活的媒介，甚至比阳光更重要。自然界这种难以理解的任性，可能使一度工业繁荣的王国沦为枯竭的地域，如亚述的首都尼尼微或巴比伦即是如此，但也可能使一些地域偏僻、交通不便的城镇迅速成长与富庶起来，如大不列颠、美国华盛顿州西北城市或太平洋海岸的普吉湾海峡各城市就是如此。如土壤肥沃，则适于种粮食与谷物，如河流交错、沿海多天然良港，则便于商船停泊。假如具备了以上一切条件，又位于世界通商要道，如雅典或迦太基、佛罗伦萨或威尼斯——虽然仅凭地理条件绝对不能创造出文明来，这样的地域却更易于接受文化，其文明亦更加充实。

经济条件更为重要。一个民族可以拥有典章制度、崇高的伦理法规，甚而有如美洲的印第安人对少数技艺有其独到见解。但是假如这些民族停留在狩猎时期，或者一个民族只依靠狩猎的成果而存在时，则绝不会从野蛮进入文明。如阿拉伯游牧民族贝都因的苗裔，他们格外地聪敏与活跃，更能表现其勇敢、大方、高贵的气质。但是假如没有最起码的文化必需条件——粮食的不虞匮乏，则其智慧将在狩猎的冒险与交易的诡诈中消失殆尽，不会有花边彩衣、礼仪与雅致、艺术与享乐等属于文明的事物遗留下来。农耕是文化的第一种形式，是当人们定居后，为了不可知的未来而耕作储粮，使人们能有时间与理性去转变而成为文明人。因此，我们构筑房舍、庙宇及学校；发明生产工具；豢养狗、驴、猪等牲畜来充实自己的生活；学习并改善工作的方法与程序；保持长久的寿命；将祖先在精神与伦理方面的传统，加以充实与健全后，再留传到下一代。

延展阅读

《历史中的英雄》

杜兰特一直努力向世人呈现他深爱并为之奉献一生的“思想国度”，而《历史中的英雄》则是他对“思想国度”的祝福和最后的遗嘱。

《西行漫记》

〔美〕埃德加·斯诺　著

《西行漫记》又名《红星照耀中国》，是美国著名记者和作家埃德加·斯诺的不朽名著，也是一部文笔优美、纪实性很强的报道性作品。它不带任何政治偏见和党派色彩，斯诺通过亲自采访所得的第一手资料，得到了中国人民和世界人民的信任。

关于作者

在北京大学未名湖畔，苍松翠柏掩映着一座陵墓，墓碑上镌刻着叶剑英同志的手书——“中国人民的美国朋友埃德加·斯诺之墓”。

埃德加·斯诺 1905 年生于美国密苏里州堪萨斯城一个印刷厂主家庭。1926 年进入密苏里大学新闻学院学习，大学毕业后曾在报社工作。1928 年来到中国上海，担任上海《密勒民译论》编辑，兼任《芝加哥论坛报》等报驻华记者，九一八事变后，他亲赴前线采访，写下了一批颇有影响的有关中日战争的报道。

斯诺是记者，更是战士，哪里是战斗的第一线，他就奔赴哪里，用自己的笔向世界报道中国的真相。九一八事变、一·二八事变、一二·九运动等爆发之后，斯诺都立即奔赴前线，亲临现场采访，写出了一篇篇出色的战地报道，热情地歌颂中国人民的抗战，报道侵略者的罪行。

1937 年中日战争爆发后，一次，斯诺在参加日军召开的记者招待会上大声质问:“为什么要在中国领土上进行军事演习?为什么借口士兵失踪动用大兵?为什么侵略者不撤兵回营，反叫中国守军撤出宛平?”一连串的问题，让日军新闻发言人狼狈不堪，只得仓促宣布记者招待会结束。

斯诺作为一个进步的新闻记者有着敏锐的洞察力，他极为欣赏中国军队，他称赞新四军:“最大资产，也许就是它的革命传统，那就是有组织方法、百折不挠的精神以及战斗的战术。”他夸奖八路军:“已经成为一种英勇的传说，这传说在它历次战斗的记录中，象征着每一个作战的人都必须相信它具有的那些战斗品质：忍耐、敏捷、勇敢、指挥的天才、不屈不挠以及——也许最重要的——精神的不可战胜。”

中华人民共和国成立后，斯诺还对中国进行了三次长期访问。他所写的大量介绍中国的报道，对增进中美两国人民之间的了解和友谊作出了贡献。他表示:“前途是艰险的，但桥梁能够架起，而且最后必将架起。”

鲁迅先生说过，斯诺“之爱中国，远胜于有些同胞自己”。正像斯诺第一次被迫离开中国时所说:“我的一部分将永远地同中国褐色的群山、碧玉似的梯田、晨雾掩映的岛上庙宇留在一起；同那些信任过我、爱护过我的儿女，同那些脸色黝黑、衣衫褴褛、眼光明亮的儿童，同我所认识的同辈和好友，尤其是同那些卑贱的、没有军饷的、饥饿的、受人蔑视的、农民出身的步兵留在一起……”

斯诺生前写道:“我爱中国，我愿在我死后把我的一半留在那里，就像我活着时那样。”1972 年斯诺与世长辞，他的夫人遵照他的遗愿，将他骨灰的一部分安葬在北京大学的未名湖畔。

荐读理由

《西行漫记》是埃德加·斯诺的不朽名著，它在中国被翻译成《红星照耀中国》，是一部文笔优美、纪实性很强的报道性作品。它不带任何政治偏见和党派色彩，斯诺通过亲自采访所得的第一手资料，得到了中国人民和世界人民的信任。

20 世纪 30 年代，是国共斗争最为激烈的时候，国民党反动派实行新闻封锁并放出种种诬蔑、谣言，而斯诺突破了敌人的重重封锁，在战火纷飞中不畏艰险只身深入陕北苏区，实地采访了英勇的中国共产党人和苏区人民，亲历了苏区的斗争、生产和生活，收集了大量珍贵的历史资料和图片，采访了红色中国的真相。斯诺同毛泽东、周恩来等进行了多次长时间的谈话，搜集了二万五千里长征的第一手资料。四个月的采访，他密密麻麻写满了 14 个笔记本。他深深感到："中国在这最紧急的时刻，找到了民族最伟大的统一，找到了民族的灵魂。"他所写的举世闻名的《西行漫记》，向全世界第一次真实地报道了中国共产党和工农红军的光辉形象，震撼了整个世界。

全书共 12 篇，主要内容包括：关于红军长征的介绍；对中国共产党和红军主要领导人的采访；中国共产党的抗日政策，红军的军事策略；作者的整个采访经历和感受等。斯诺对中国的认识达到了一个前所未有的高度。他发现了一个"活的中国"，他对普通中国百姓尤其是农民即将在历史创造中发挥的重要作用作出了正确的预言，他发现了隐藏在亿万劳动人民身上的力量，并断言中国的未来就掌握在他们手中。

1937 年，《西行漫记》首先在英国出版，一问世便轰动世界，在伦敦出版的头几个星期就连续再版七次，销售 10 万册以上。世界舆论普遍认为这是一部杰作，标志着西方对中国的了解进入一个新时代。如果说赛珍珠的《大地》使美国人第一次真正了解了中国老百姓，那么《西行漫记》则使西方人真正了解了中国共产党人的真实生活。从某种意义上说，一代美国人对中国共产党人的认识都是从斯诺那里得来的。

《西行漫记》中译本出版后，在中国也产生了巨大的反响，成千上万的中国青年因为读了《西行漫记》，纷纷走上革命道路。该书先后被译成20多种文字，几乎传遍了全世界，而且不断地再版和重印，教育了千百万读者和一代又一代的青年，成为享有盛誉、家喻户晓的文学作品。

先睹为快

哪怕是最简单的事情，也是有争议的。有些人否认红军的存在，认为根本没有这么一回事。只不过有几千名饥饿的土匪罢了。有些人甚至否认苏维埃的存在。这是共产党宣传的捏造。然而，亲共的人却称颂红军和苏维埃是中国要摆脱一切弊害祸患的唯一救星。在这样的宣传和反宣传中，要想了解真相的冷静的观察家就得不到可信的证据。关心东方政治及其瞬息万变的历史的人，都有这样一些感兴趣而未获解答的问题。

那是六月初，北京披上了春天的绿装，无数的杨柳和巍峨的松柏把紫禁城变成了一个迷人的奇境；在许多清幽的花园里，人们很难相信在金碧辉煌的宫殿的大屋顶外边，还有一个劳苦的、饥饿的、革命的和受到外国侵略的中国。在这里，饱食终日的外国人，可以在自己的小小的世外桃源里过着喝威士忌酒掺苏打水、打马球和网球、闲聊天的生活，无忧无虑地完全不觉得这个伟大城市的无声的绝缘的城墙外面的人间脉搏——许多人也确实是这样生活的。

后来我才知道游击队的课程里，有这种中国古代战争厮杀呐喊的演习，就好像在《水浒传》中所描写的封建时代比武的那样。在无意中作了这种战术的对象，亲自尝到了脊梁凉了半截的滋味以后，我可以证明这用来恫吓敌人还是非常有效的。游击队喜欢夜间出动，在天黑突袭时发出这种叫喊一定是很怕人的。姚在百家坪介绍给我一个苏维埃工作人员。我刚刚坐下，准备和他开始谈话，忽然一个束着军官皮带的青年指挥员骑了一匹汗流浃背的马急驰而到，跨下马背。他好奇地端详着我。我从他的口中才知道我自己这段冒险经历的详细情形。

首先，切莫以为毛泽东可以做中国的“救星”。这完全是胡说八道。决不会有一个人可以做中国的“救星”。但是，不可否认，你觉得他的身上有一种天命的力量。这并不是什么昙花一现的东西，而是一种实实在在的根本活力。你觉得这个人身上不论有什么异乎寻常的地方，都是产生于他对中国人民大众，特别是农民——这些占中国人口绝大多数的贫穷饥饿、受剥削、不识字，但又宽厚大度、勇敢无畏、如今还敢于造反的人们——的迫切要求作了综合表达，达到了不可思议的程度。假使他们的这些要求以及推动他们前进的运动是可以复兴中国的动力，那么，在这个极富有历史性的意义上，毛泽东也许可能成为一个非常伟大的人物。

延展阅读

《为亚洲而战》

这是作者的另一部精品。

本书以翔实的资料和作者耳闻目睹的事实，描述了 1937 年卢沟桥事变后日本帝国主义侵略中国的情况。作者对八一三事件及其后的南京大屠杀，都作了如实的记载，揭露了日军的暴行；还记述了由于国民党军队接连败退，武汉、广州相继沦陷，重庆遭敌机轰炸，沦陷区和国统区民不聊生的史实。书中记述了新四军建立的经过以及开展斗争的艰苦条件，还有对新四军取得的辉煌战绩和搞生产自救、努力改善所在地区人民的生活条件的高度赞扬。书的后半部分介绍了 1938 年后中国创办工业合作社运动的缘起和发展情况。

《万历十五年》

〔美〕黄仁宇　著

明代的历史，因其扑朔迷离、跌宕起伏而被历史学家所关注。美籍华裔学者、历史学家黄仁宇用独特的“大历史观”所著的《万历十五年》以横扫千秋之势重新解说了这段历史。在这本史著中，作者赋予了历史真实鲜活的面容，不仅可以使人们清晰地体验到光明与黑暗、进步与倒退的较量，更重要的是给人们以遐想的空间和回味的余地。

关于作者

提及黄仁宇（1918—2000），似乎就脱离不开“传奇”二字：十四五岁就开始向当地报纸投稿，写作热忱自此从未间断。当时的《湖南日报》副刊，连续登载他写的世界名人传记，每篇都有他自己手描的人物画像；18岁考取天津南开大学；抗战开始，他投笔从戎；战后负笈美国，以34岁的“高龄”从大学三年级读起，先念新闻系，后转至历史系，1954年大学毕业，其后又在该校继续读研究生，分别于1957年和1964年获得硕士和博士学位；后因多年没有新著问世，在62岁时被纽约州立大学纽普兹分校从正教授的职位上解聘。

具有戏剧性效果的是，在他被解聘后的第二年，他屡屡碰壁的《万历十五年》由耶鲁大学出版社印行，并由当时美国名作家厄卜代克在 *New Yorker* 杂志上撰写书评推荐，1982年和1983年该书获得“美国国家书卷奖·历史类好书”两次提名。翌年，《万历十五年》中文版在北京出版……从此黄仁宇的著作一部接一部地出版，几乎每本都受到了热烈追捧，从早期的英文论著，到后期的中文论著，都有不少学者撰写书评评介，以至一时“黄书走红”，甚至有人开始筹办“黄学研究会”，并申请创办《黄学研究》学术丛刊。如此热闹的现象也难怪有人感叹在20世纪最后十余年间，一名华裔历史学家、美国的退休教授，竟成为史学界在中国大陆影响最大、名声最著的一人，也真算是一个“异数”。

能够让他引起这样澎湃的社会现象是基于他最著名的论调——“大历史观”的提出。所谓“大历史观”就是用随笔式的手法把严谨的历史轻描淡写地叙述，但是又不乏冷静的思考。这样的历史态度在当时的学术界确实少见，因此，许多人对这样的历史观给予热烈的支持，如“庄周”就曾在《齐人物论》中说道:“黄仁宇先生开创了一种新型的历史随笔，用清新俊朗的文字把谨严的学识和博通的史观熔于一炉，遂使学术著作顿成大众的精神美食。”

但是也有人对黄仁宇持有的历史态度不满意，比如台湾的龚鹏程教授就说道:“我读黄先生书，辄为其缺乏中国思想、文学、艺术等之常识所惊”，“黄先生的史学和史识是根本不能涉入任何关于哲学与文学领域中的”，“技仅止此，便欲纵论上下古今，可乎”？看来，关于黄先生“大历史观”的认识还要继续争论。既然关于黄先生“大历史观”的争论暂时还没有结果，倒不如我们先去看看黄先生的成名作《万历十五年》，再来理论黄先生“大历史观”的事。

荐读理由

有关明代的史著可谓洋洋大观，如黎东方的《细说明朝》、孟森的《明代史》，当然还有吴晗的《朱元璋传》与《海瑞罢官》等，都对明代这段长达267年的纷杂历史作了详尽的载录。而美籍华裔学者、历史学家黄仁宇用独特的“大历史观”所著的《万历十五年》以横扫千秋之势重新解说了这段历史。

“万历十五年”是明代第十四个皇帝明神宗朱翊钧当政的第十五个年头，即公元1587年。这一年是极为平淡的一年，除了一些难以避免的灾患之外，在这块古老的土地之上没有发生任何一件足以影响历史进程的大事。但是作者却独独选择这一年作为其切入点，以全新的视角、新颖的形式、深刻的思想为我们揭示了明代历史进程中的一页，昭示了东方的这个古老帝国衰败的必然。

全书以人物为主线，分为七个章节，每一个章节都有一个主角，而这些主角的选择又涉及社会不同的阶层，构成了明代中晚期社会结构的一个缩影。在这些人物中既有当时的最高统治者万历皇帝，又有权倾一时的重臣张居正；既写了当权的保守派官僚海瑞，又写了身为布衣的自由派知识分子李贽。而这些人物之间又暗藏着各种矛盾：有万历皇帝同群臣之间的矛盾，有各级官僚之间的矛盾，有保守派与自由派的矛盾……但是所有的矛盾都集中于一个矛盾，即个人与体制的矛盾，这个主要矛盾的存在导致了所有这些人物都具有一个共同点——最终的命运都具有悲剧色彩。

如万历皇帝虽然贵为一国之君，但在立储这个问题上却一直不能如愿，在与群臣争斗了数十年之后最终屈服，这种屈服表面上是向群臣屈服，实际是在向体制屈服；又如戚继光为了建立新军和保卫国家，不得不在理想与现实之间游离，这种游离迫使他投机取巧，巴结权贵，最终仍逃脱不了政治中的现实，在贫病交加中死去。在书中，所有的人物，无论地位，无论善恶，统统都不能在事业上取得有意义的发展，他们或身败，或名裂，还有的身败兼名裂，没有一个功德圆满者。他们的个人理想、价值在一个黑暗大时代里被社会现实击得粉碎，而他们的人生轨迹也随之湮灭了。这不仅是个人的悲剧，也是整个民族的悲剧。

作者在全文中，以深厚的史学素养和远见卓识，用大胆、平实的笔触评说明史，进而评述中国的历史。他在这本史著中赋予了历史真实鲜活的面容，不仅可以使人们清晰地体验到光明与黑暗、进步与倒退的较量，更重要的是给人们以遐想的空间和回味的余地。细心的读者不仅可以从中品味个人的人生酸楚，而且还会发现隐藏于表面背后的历史积淀。用这种方式撰写历史，不仅能唤起人们对往昔客观历史的记忆，更重要的是让人们从深厚的历史迷雾中走出，进而思索。因此，读过此书的人都说："读《万历十五年》给人现实意义上的启迪远在其史料价值之上。"

先睹为快

一代名将戚继光在阳历1588年1月17日离开了人间，按照阴历计算，为万历十五年十二月十二日。如果这消息已为皇帝所获悉，则多半是出于东厂中秘密警察的劳绩，因为政府的正式档案中并没有提到这件事情。

三个月以前，戚继光的名字最后一次在御前提出。一位监察御史上疏建议起用这位已被罢免的将领。这一建议使皇帝深感不悦，建议者被罚俸三月，以示薄惩。戚继光是本朝最有才能的将领，其被劾罢官三年以后仍不能见谅于万历，原因全在于他和张居正的关系过于密切。

但是通观本朝武将的经历，其不幸似乎又不仅止于戚继光一人。甚至可以说，戚继光的谢世纵然并没有得到应有的荣誉，然而他在生前所受到的重视，仍然大大超过了其他将领。他的朋友，另一位名将俞大猷，和戚继光一样，具有再造本朝军事力量的宏图，但却屡被参劾并受到申斥，难酬壮志。另外几位高级将领，卢镗先被拘禁，后遭斥革；汤克宽被拘释放，命令他戴罪立功，最终在塞外为国捐躯。戚继光部下的将领胡守仁、王如龙、朱钰、金科等人也受到革职或戍边的处分。唯一的例外则是与他同时的刘显，虽然屡被参劾，却能岿然不动。这并不是朝廷对他特别垂青，而是他负有征剿四川“士蛮”的重任，这一战争旷日持久，也找不到更合适的人选取代他的指挥权。刘显去世以后，他的儿子刘綎被誉为跨灶之儿，继之而成为万历一朝的名将，但也迭经革调，1619 年和努尔哈赤作战，在仓猝进兵的情况下力战而死。

这些令人同情的遭际，在本朝带有普遍和必然的性质。探本溯源，还必须从本朝文官和武将之间的关系说起。

概括说来，武将领兵作战，和文官集团的施政原则在根本上是不能相容的。当社会和经济的发展不能平衡，冲突激化，以政治手段调剂无效，通常就会导致战争。有时候严重的天灾造成大面积的饥荒，百姓面对死亡的威胁，也会铤而走险，诉诸武力。但是我们帝国的文官，则一贯以保持各方面的平衡作为施政的前提，如果事情弄到动用武力，对他们来说就是失败的象征。他们具有一种牢不可破的观念，即上自国家，下至个人，不能把力量作为权威。如果一个地区有什么特殊的经济利益，那么就应当加以压抑而不是提倡。至于天灾足以引起战争，则尤为无知妄说，因为从道德观念来说，天下的事物无不可以共同分配，灾民的暴动，乃是小人犯上作乱的劣根性使然。

但是就武将来说，他们所受到的训练和战争的经历却养成了和文官截然不同的气质。他们需要具备准确的选择能力和决心，着眼点在于取得实效而不避极端：冲锋陷阵，要求集中全力，对敌人的重点作猛烈打击；退守防御，考虑的是地形的险要和工事的完善，如不可守就要断然放弃；战斗胜利，就一心扩张战果，而不为其他问题而犹豫。在一般情况下，他们把自己和部下的生命视为赌博场中的筹码，必要的时候可以孤注一掷。而大多数文官则以中庸之道为处世的原则，标榜稳健和平。武人在刀剑矢石之中立下的汗马功劳，在文官的心目中不过是血气之勇，即使克敌制胜，也不过是短暂和局部的成功而已。

延展阅读

作者还有下列精品：

《赫逊河畔谈中国历史》

本书收录了黄仁宇先生在《中国时报》“人间副刊”上发表过的33篇文章。文章基本以传记体裁为主，对中国史上的文儒名人、帝王将相、重大战役、历史变革等进行讨论评判，从一个侧面介绍了中国的历史。本书和黄仁宇的其他作品一样，较好地体现出作者深厚的知识底蕴及其对中国历史的深刻领悟，亦深刻表现了作者的“大历史观”。

《缅北之战》

本书是作者当年随中国抗日远征军赴缅甸作战的战地报告，是研究缅北战争的第一手历史资料。作者亲身经历了这场战争，以最切身的角度记录了这场战争的各种实况，非常珍贵。这场远赴缅甸对日作战的刻骨经历深深植入他的记忆，以至于他到了晚年还能时常回想起战争的种种场景。他曾如此记述自己的受伤经历：“好像谁在我们后面放爆竹，我已经被推倒在地上了，三八式的步枪弹击中我右边大腿。我爬到一撮芦苇下面，裤子上的血突涌出来。当时的印象是很清楚的，一点也不痛，但是感觉到伤口有一道灼热，而且渐渐麻木。”

《光荣与梦想：1932—1972 年美国社会实录》

〔美〕威廉·曼彻斯特 著

威廉·曼彻斯特是美国著名记者和作家。《光荣与梦想》是一本无论从内容还是思想上都极具分量的书籍，全书从 1932 年富兰克林·罗斯福总统上台前后一直写到 1972 年的水门事件，勾画了整整 40 年间的美国历史，内容十分丰富。曼彻斯特写作历史传记，强调一种近乎现场感的新闻纪实写法。通过这本书，中国人第一次意识到新闻竟然可以这么写，历史竟然可以这么写。

关于作者

2008 年，美国第四大投资银行雷曼兄弟公司宣布破产，消息一传出，美元和美国股指期货齐声下跌，从而引发了席卷全球的“金融海啸”。“经济大萧条是否将再次降临美国”成为各大媒体探讨的主要话题。过惯了大手大脚生活、一时间不知所措的美国人不由得翻出威廉·曼彻斯特当年写的《光荣与梦想》，反复研读里面关于 20 世纪 30 年代萧条期美国人生活细节的记载。在描述当时人们的衣着时，威廉·曼彻斯特写道：“身为一家之长，那浑身打扮竟像歌舞杂耍剧中的流浪汉：上衣缺扣子，袖子见窟窿；膝盖外露，后裆透空；头上那顶凉帽是在谁家锅炉房里挂过几年的，脚下那双破球鞋贴满橡胶补丁，手上戴的一副帆布手套左右两只不一样；除此之外，披上一张老羊皮短袄，既臭且脏。”

威廉·曼彻斯特（1922—2004），美国著名记者和作家。1946 年，他和同为军官的约翰·肯尼迪在疗伤时结下友谊。战后数十年间，曼彻斯特逐渐成为肯尼迪的心腹密友。肯尼迪当选总统后，曼彻斯特多次为他撰写讲稿，并于 1962 年出版了《总统肖像》一书，这是他日后所写三部肯尼迪传记作品的首部。1967 年，详述肯尼迪遇刺经过的《总统之死》出版。肯尼迪的遗孀杰奎琳起初反对出版此书，认为其中披露了太多的家庭隐私，曼彻斯特后来让步，同意删去书中部分段落。此书共销售了一百余万册，也将他推向了畅销历史作家的行列。1983 年，肯尼迪遇刺 20 周年之际，曼彻斯特又出版了《一个短暂的辉煌时刻》，以充满激情的笔调再次回顾了肯尼迪时代。

曼彻斯特是个地道的工作狂。据说在盛年时，他仅喝点酸奶，就能连续工作 50 个小时。他在写《总统之死》一书时曾因工作过量而晕倒被送到医院抢救。曼彻斯特在创作作品前，都要进行详尽的调查研究，细节描写得生动与巨细是读者公认的他的写作标志。他以独特的小说家般的笔法，写出 20 世纪多位伟大人物激动人心的传记，其中包括丘吉尔、麦克阿瑟、肯尼迪和洛克菲勒家族。他的书先后被翻译成 17 种文字和盲文。其中，最畅销的两本著作是《克虏伯的军火》和《总统之死》。描写现代美国政治和社会发展史的《光荣与梦想》是其第十部著作，也就是这本书让中国人记住了他，并让他成为中国记者的楷模。

曼彻斯特一向很谦虚，他不认为自己多么博学多才、对历史的研究多么深。他曾经说过："孜孜不倦地探索也许可以得到真理，但这并非真理的全部。别说一本书，即使整个图书馆都不可能提供所有的真理。一个作者所能反映的只是现实的一个片段和不懈的希望。"

荐读理由

《光荣与梦想》在世界上久享盛名，在中国读者中产生的震撼更是超出一般人的想象。自从 20 世纪 70 年代末商务印书馆内部发行此书后，几乎没有不知道这本书的知识分子。它在特定的时代为一个封闭国家的人打开了一个再也封闭不了的视野。这本书对一大批中国记者的写作产生了极大的影响，成为传媒人的必读书，以至于是否认真研读过这套书，成为那个时代进入新闻行当的年轻人是否够“档次”的标准之一。通过这本书，人们第一次意识到新闻竟然可以这么写，历史竟然可以这么写。

在《光荣与梦想》一书中，举凡这一时期美国政治、经济、文化和社会生活等方面的巨大变化，历届政府中统治集团的内讧和两党的钩心斗角，经济危机引起的严重社会动乱，以及工人、农场主、退伍军人和黑人的群众斗争……都写得绘声绘色。该书对近 40 年来美国人的精神风貌、社会时尚、各阶层的生活，一直到流行的服饰发型、音乐电影、美语中的时髦词汇等，都有广泛的评述。本书充分运用新闻报道的特写手法，根据大量的美国报刊资料和采访材料写成，为了解美国当代政治、经济、社会等各方面的内幕情况，提供了比较丰富的资料，具有参考价值。

该书在美国出版时，编者这样评价此书:“曼彻斯特是在用新闻创造历史，在他笔下，新闻与历史融为一体，写得那样从容，那样富有韵律，像小说，却高出小说，你可以置身其中，也可以跳出来思考。每一条新闻，都是历史的一个极微小的片段。没有一本小说能与这本充满市井俗话和奇闻轶事的出色的史书相抗衡，书中的故事让人紧张并有危机感。我想，读本书时，你时而会眼含热泪，时而会捧腹大笑，你会一口气读完它。”

该书在国内正式出版时，出版社只是对书中的一些“粗口”作了略微的删减，基本保持了原书的风貌，最大限度地满足了读者对本书的阅读兴趣。

先睹为快

在温泉，罗斯福在静坐中活动了一下，看了看表。下午1时了。他对舒马托夫夫人说:“我们只有15分钟了。”

她这时也画不了几笔。罗斯福刚才全神贯注看文件，她不敢请他摆好姿势，只好利用这个时间在画上着色。

白宫那位上了年纪的黑人女仆利齐·麦克达菲在门口停下来，朝客厅里瞧了一眼。她见露西·拉瑟弗德面向总统。他刚讲了一句俏皮话，她听了正在微笑。后来利齐对人说:“这就是罗斯福先生给我最后的印象。我记得他最后的情景，是他注视着一位美人的笑脸。”

罗斯福把一支烟放进烟嘴儿里，把它点燃。他这时已经从给人绘像的姿势出溜下去，画家也知道再要他坐好已不可能。她看着他，见他举起左手摸摸太阳穴，按了一下。看来他想在前额捏一下，但那只手垂了下来，手指抽搐着，好像想摸索什么东西。萨克雷小姐把钩针放下，向罗斯福走过来说:“您掉了什么东西么?”他用左手在脖子后面压了一下，闭上眼睛，低声说——声音极微，只有她听到——“我头非常痛。”他的手臂垂了下来，头倒向了左边。前胸弯陷下来。那是下午1时15分。

戴西·萨克雷立即给布鲁恩去电话，并叫舒马托夫夫人把就近的特工人员找来。这位画家找到以后，就朝着她的汽车走去。露西·拉瑟弗德接着也疾步跟着走出，一定不能让埃莉诺·罗斯福知道她在这里。当然，他会康复的。消息在白宫里传开，大家也都觉得他会好转的。没有罗斯福在白宫执政的美国，这怎能叫人受得了呢！国外作战的青年们在记忆中，美国总统一直就是罗斯福。他这个病况是暂时的，医生们会把他医好的。大家你安慰我，我安慰你，对他的康复都深信不疑。只有医生们看法不同。

延展阅读

《美国人》（三卷）

《美国人》是美国著名历史学家、前国会图书馆馆长布尔斯廷最负盛名的代表作，三卷分获班克罗夫特奖、帕克曼奖和普利策奖。第一卷《美国人：殖民地历程》从多个角度介绍了殖民地时期的美国，讲述了美国初创状况、民族形成和性格、宗教和教派纷争以及《独立宣言》的诞生。第二卷《美国人：建国的历程》讲述从美国独立后到内战前的历史，披露了许多有趣的史实，如：美国如何从法国购买路易斯安那并得到佛罗里达，华盛顿生前死后受到的截然不同的遭遇和评价、1776 年独立宣言的真相等。美国如何摆脱殖民地桎梏，冉冉上升为世界舞台新生力量的过程，极富启示性。第三卷《美国人：民主的历程》叙述的是从美国内战前后到 20 世纪 60 年代的历史。现代美国在经济、政治制度和思想文化方面全方位崛起的脉络，在第三卷中获得了详尽生动的梳理和描述。

《美国的智慧》

本书是国学大师林语堂脚踏东西文化、挥毫泼墨之作。“中国人应该向美国人学习什么?”全书内容涉及社会生活的方方面面：生活、生命、情感、自由、幸福、自然、宗教、幽默与讽刺、爱情与婚姻、战争与和平等。林语堂提倡“以自我为中心，以闲适为格调”的小品文创作。在本书中，林先生收放自如，真正体现了这一风格。全书引用了 300 余位古今中外思想家的作品，如拉尔夫・沃尔多・爱默生、本杰明・富兰克林、戴维・格雷森、奥利弗・温德尔・霍姆兹、托马斯・杰弗逊等等。阅读本书，犹如与大师面对面交谈，相信你的心灵会得到一次净化和升华。

《毁灭的种子：战争与革命中的国民党中国（1937—1949）》

〔美〕易劳逸　著

易劳逸是美国伊利诺大学历史系教授，是享誉国际的著名中国现代问题专家，尤其对国民党统治下的中国历史有独到的研究。《毁灭的种子》全景式地分析了国民党政府在大陆统治的最后12年，探讨了这个政权的各种痼疾和可能的解决尝试。但是，最终的结果都是此路不通。国民党从内部已经体制性地完全腐朽，缺乏对中国的有效治理，因此覆亡就是它最终的命运。

关于作者

易劳逸，出生于1929年，美国伊利诺大学历史系教授，是享誉国际的著名中国现代问题专家，尤其对国民党统治下的中国历史有独到的研究。他也是南京大学的兼职教授，多年来在促进中美文化交流方面做了许多有益的工作。

当时，西方的历史学家们还很少有人对国民政府的历史感兴趣。易劳逸是中国问题的专家，对国民党统治中国的历史有过系统的研究，在《毁灭的种子》之前，已经有《中国国民党的法西斯组织：蓝衣社》和《流产的革命：国民党统治下的中国（1927—1937）》两本著作问世，《毁灭的种子》依然延续了前两本著作的主题，对国民党统治在大陆失败的原因进行更加深入的研究。这些书籍，对于促进对国民党和国民政府史的研究，都产生了相当大的影响。

一直以来，关于国民党问题的研究都是比较敏感的话题，大陆学者容易受制于胜利者的意识形态偏见，产生成王败寇的心理优势，分析这一问题自然很难客观公正；而台湾学者因为国民党的失败会极力掩饰或者避而不谈这一问题；海外的中国问题专家最初因为美国政府对华政策的失败也对这一问题遮遮掩掩。随着政治空气的松软，对这段历史的研究也断断续续进入到了公共视野，但如果说有专著的出现集中分析和深入探讨这一历史空白，易劳逸的研究功不可没。

易劳逸教授作为西方一位可敬的政治史学家，对国民政府的成败给予了全面的评价。他认为评价国民政府时，要“避免一些不现实的苛求。例如，期望任何政府在十年中便能够创造一个现代化国家和发达经济，那是愚蠢的”，“相反，如果把十年间的一切积极的发展，皆归功于国民政府，那也是错误的”。

荐读理由

国民党何以失败？这是1949年国民党政权垮台后，一个在国际史学界长期争论不休的问题，也是现代中国发展中一个非常值得反思的问题。雷利·桑德兰曾用一句话来概括：“对国民党失败这一问题的新近研究会由《毁灭的种子》而得以开拓。”

易劳逸教授通过分析国民党的各种材料，运用地质学家研究地球形成的方法，摘取若干典型事例，在《毁灭的种子》中探讨了国民党统治在中国大陆失败的原因。这本不足300页的书，和易劳逸另一本更薄的《流产的革命》堪称研究国民党问题的典范，书中提出的诸多问题与尝试解释的路径，流风所惠，在今日研究国民党的著作中俯拾皆是，清晰可辨。

该书认为，国民党毁灭的种子，其实早已播种，诸如中央与地方矛盾的加剧、自由派知识分子的离心、农村贫富差距的扩大、政府对农民的横征暴敛、苛捐杂税不一而足、贪污腐化与投机倒把极为普遍、农民贫困饥饿怨愤到造反的地步，以及国民党军队抗敌能力的日趋衰退……

该书第二、三两章专谈抗日战争中和战后的农民和赋税问题。第四、五两章探讨了拯救这个政权的另外一种可能：党内改革。第六、七章的主题是军队，对比了对日战争和国内战争中的国民党军队。

在该书中，易劳逸教授认为自己“通过对这些事例的具体分析，就可以揭示出许多隐藏于政治现象之下的力量，从而，对历史的动力——它规定了中华民国的必然趋向及国民党最终败于共产党——作出恰当的评价”。

易劳逸又以“同情之理解”的态度生动而全面地展示了他的分析方法。比如在第一章里，他以云南为例，具体展现了国民党中央政府和云南地方政府之间微妙而错综复杂的关系。1928 年东北易帜后，蒋介石完成了对全国形式上的统一。但是，整个国民政府时期，中央政府事实上未能有效地控制地方政府。

在全书的最后，易劳逸提出了一个颇有思辨性的问题：如果一座建筑物在暴风雨中倒塌了，那它倒塌的原因是什么呢？一个科学的回答将首先要求对建筑物的结构特性，其次对风暴之强度，作出仔细的考察。如果发现这座建筑物的结构已经腐坏，人们就必须仔细掂量：倘若没有暴风雨，它是否就不会倒塌。然而事实是暴风雨已经来过了，建筑物已经倒塌了，那么，可以说暴风雨是导致建筑物倒塌的原因吗？“千里之堤，溃于蚁穴；百尺之室，突隙烟焚”，以同情之心态，设身处地地考量历史，自然会明白历史的魅力所在，即在于它的复杂之处。

《毁灭的种子》全景式地分析了国民党政府在大陆统治的最后 12 年，探讨了这个政权的各种痼疾和可能的解决尝试。但是，最终的结果都是此路不通。国民党从内部已经体制性地完全腐朽，缺乏对中国的有效治理，因此覆亡就是它最终的命运。

先睹为快

1949 年，中国共产党打败国民党的革命胜利，对美国政界来说，无疑是一个冲击。早在 1947 年，冷战的飓风已经把华盛顿的政治舞台吹得寒气逼人，而中国共产党领导人民翻身解放，又大大增强了那儿的反共逆流。1950 年 2 月 9 日，即中华人民共和国诞生后的四个月，参议员麦卡锡在一次演说中宣称："在我手上，掌握着一份为国务卿所熟悉的 205 人的名单，他们是共产党分子，然而却至今还操纵和支配着国务院的政策。"不久，参议员麦卡锡虽然将他名单上的"叛国者"裁减到只剩 81 人，但是，他讲辞的主旨依旧如故：在美国，共产党和共产党的同情分子影响了美国的对华政策，结果，美国不能给予有力的援助以防止蒋介石政权的垮台。

在最近几十年的美国历史上，对这些人的无休止审查——他们"将中国丢给了共产党"，成了最可悲的冤案之一。国务院内，最富有经验和学识的中国问题专家，诸如谢伟思、戴维斯和范宣德等人，由于他们目睹了国民党政权的腐败和积弱，预感到（而不是鼓励）共产党的胜利，而被麦卡锡和他的反共伙伴们诬为共党同情分子，断送了前程。在各个大学，一流的汉学家，像拉铁摩尔和费正清，也受到了类似的诽谤。

按照魏德迈将军的说法，"委员长远不能算是一个独裁者，事实上仅仅是一帮乌合之众的首领而已。他常常难以保证推行自己的命令"。说蒋介石不是一个独裁者，不过只讲对了一半。九州之地，蒋介石的手脚能够达到的地方，他的飞扬跋扈往往是独裁和专制的楷模，譬如，他会心血来潮地杀死一个贪官污吏或败军之将。但是，有一点魏德迈将军可以自信是说对了，就是蒋介石以及国民党政府的权力往往受到各种牵制。

即使在那些国民党政府直接控制的省份里，基层权力机构也会由若干中央政府驾驭不住的地方士绅来把持。几乎有一半的军队是受一些并不绝对服从中央命令的将领指挥。在 20 世纪 40 年代的整个十年间，许多省是在既不忠于蒋介石，而又擅自巧立军政名目的“省主席”统治之下的。因此，如果以当代西方的国家观念来衡量，国民党中国同同时代的欧洲国家相比，并不能算是一个现代的民族国家。这一事实对抗战中国民党的言行举止不无影响，显然也促使了它在 1949 年的垮台。

延展阅读

《流产的革命：国民党统治下的中国（1927—1937）》

这是作者的另一部精品。

该书与《毁灭的种子》一样，试图阐明：1927 年在南京建立起来的这个由国民党执政的政权，为什么一开始就显示出其脆弱和不稳定性，不能实现有效的政治统治，并最终走向了崩溃。书中作者批评了 1927 年至 1937 年间国民政府的政策和实质。他指出，国民政府试图创造一套完整统一的政治制度，但是没有成功。他用无可辩驳的事实，指出国民政府“是以政府机构的无效率、腐败、政治压迫和宗派活动为其标志的”。最后得出结论：“国民党在 1927 年至 1928 年取得政权后，迅速丧失革命势头，而变成了军事独裁政权。”

《昨日的世界——一个欧洲人的回忆》

〔奥地利〕斯蒂芬·茨威格　著

奥地利著名作家茨威格把个人命运和时代融为一体，通过自己所经历的人与事，展示了他生活过的城市和国家的文化和生活风貌，记录了从第一次世界大战前夜到第二次世界大战时动荡的欧洲社会，描述了他与一些世界级的诗人、作家、雕塑家、音乐家交往的情景。他以诗人的感情、小说家的技巧来再现历史，融哲理于抒情，使历史事件变得栩栩如生、引人入胜。

关于作者

1933 年希特勒上台后，纳粹在报纸上公布了 44 位作家的禁书名单，奥地利作家斯蒂芬·茨威格（1881—1942）就在其中。

茨威格是目前在中国最有号召力的德语作家，用读者的话来说，他是“以诗人的姿态登上文坛，以小说家闻名于世，以卓越的传记作家载入史册”。他既是一位心理描写大师，也是刻画细节的高手。他的小说《一个陌生女人的来信》《一个女人一生中的二十四小时》《象棋的故事》以及传记作品《人类的群星闪耀时》等，都为中国读者所熟知。

茨威格 1881 年出身于维也纳一个犹太富商家庭，自幼受到良好的教育和文化艺术熏陶。他成名很早，16 岁便在维也纳《社会》杂志上发表诗作。20 岁时出版了第一本诗集《银弦》，并于 1903 年取得博士学位。

茨威格家境十分优越，他经常旅行，游历世界各地，先后结识了罗曼·曼兰、罗丹和里尔克等人。他有意识地深入社会底层，了解一些生活在最底层的人的生活经历和内心世界。第一次世界大战爆发后，他自愿入伍，被委派从事战时新闻服务。战争的进程和他的朋友——法国作家和平主义者罗曼·罗兰对他的影响使他越来越反对战争。

第一次世界大战结束后的满目疮痍和带给世人的苦难深深刺激了茨威格，让他感触最深的是社会道德的沦丧。此后的二十余年是他创造力最旺盛的时期，他的主要作品大多是这一时期的产物。茨威格对心理学与弗洛伊德学说十分感兴趣，他的作品擅长细致的性格刻画，以及对奇特命运下个人遭遇和心灵的热情的描摹。罗曼·罗兰称茨威格是一个“灵魂的猎者”，高度称赞他作品中出神入化的心理描写。

1933 年希特勒上台后，法西斯分子对茨威格等反战作家的图书实行封禁，第二次世界大战的阴云覆盖了欧洲大陆。茨威格不得已迁居英国。1938 年，德国吞并奥地利后，茨威格加入了英国国籍，不久又离英赴美，1940 年经纽约去了巴西。

茨威格的一生在物质方面没有任何匮乏，而且也绝不缺乏荣誉。第二次世界大战期间，虽然他身在国外，没有像他的亲友们一样遭遇厄运，但他的内心同样备受折磨。他那敏感的心灵，既承担着自己的痛苦，也分担着在祖国受迫害的亲友、同胞的忧患。1942 年 2 月 22 日，茨威格和第二任妻子夏洛特·阿尔特曼在里约热内卢附近的公寓双双服用镇静剂自杀——出于对他的“精神家园欧洲”的毁灭的痛心。

他在去世之前，完成了《昨日的世界——一个欧洲人的回忆》，这是他一生的历史，更是对在第二次世界大战中沉沦的欧洲的回忆。

茨威格去世后，巴西政府为他举行了国葬，并把他的住所改为博物馆。

荐读理由

《昨日的世界——一个欧洲人的回忆》是茨威格生前最后一部散文作品。这是一本能给人的思想和情感带来冲击的书，是一本永不过时的书。

本书写于1939年至1940年，根据写作年代看，此书应该是茨威格客居英国时写成的。他这样描述当时的写作情景："在我的旅馆房间里，手头没有任何一本书，没有任何记载，没有一封友人的书简。"

至于写作此书的意图，茨威格在"序言"开篇说道："我从未把我个人看得如此重要，以至醉心于非把自己的生平历史向别人讲述不可。只是因为在我鼓起勇气开始写这本以我为主角，或者确切地说以我为中心的书以前，所曾发生过的许许多多的事，远远超过以往一代人所经历过的事件、灾难和考验。"

茨威格把个人命运和时代融为一体，通过自己所经历的人与事，展示了他生活过的城市和国家的文化和生活风貌，记录了从第一次世界大战前夜到第二次世界大战时动荡的欧洲社会，描述了他与一些世界级的诗人、作家、雕塑家、音乐家交往的情景。他以诗人的感情、小说家的技巧来再现历史，融哲理于抒情，使历史事件变得栩栩如生、引人入胜。

虽然当年写作时，茨威格在给友人的信中说："出于绝望我正在写我一生的历史"，但此书绝不是一般的传记，事实上这本书主要不是写他的生平。《昨日的世界》的副标题是"一个欧洲人的回忆"。正因为如此，茨威格超越了个人，而成为那个时代欧洲的见证者，"成了理性遭到最可怕的失败和野蛮在时代的编年史上取得最大胜利的见证人"。本书思想深邃，但决不故作高深；文笔优美，却无任何煽情文字，也被人称之为"思想式回忆录"和"抒情式自传"。

本书涉及作者许多重要的思考，如民族、种族、人民、国家、个人，文明与野蛮、自由与专制、正义与非正义、理性与非理性、高贵与卑贱、爱国主义与民族主义、宁静与喧嚣、文人及艺术家的品格和尊严等。

先睹为快

我在那几个月里已经离开伦敦，隐居到巴斯乡间，在我一生中，我从未有像当时那样感觉到自己对世界发生的事完全无能为力。我在伦敦是一个清醒的、有思想的、远离一切政治的人，我献身于自己的工作，默默地、锲而不舍地耕耘，把自己的岁月变成作品。但也有另外一些少数人，他们待在某个看不见的地方，人们不认识他们，也从未见过他们，他们就是待在柏林威廉大街、巴黎凯道赛、罗马威尼斯宫以及伦敦唐宁街的人。这十个或者二十个人为人们不知道的事情谈话、写信、打电话、订条约。其中只有少数几个人表现出特别的机智或才干。他们作出没有别人参与的决定，别人对那些决定中的细节一无所知。他们却用那些决定来左右每一个欧洲人的生活和我本人的生活。现在，我的命运是掌握在他们手中，而不是掌握在我自己手中。他们毁灭或者爱惜我们这些无权无势的人。他们赐予我们自由或者逼着我们受奴役。他们为千百万人决定战争或者和平。而我在那个时候就像所有的其他人一样，坐在自己的房间里，像一只苍蝇似的不能抵抗，像一只蜗牛似的没有力量。然而，那是关系到生死存亡的大事，关系到内心最深处的我和我的未来，关系到我脑子里正在形成的想法，关系到已经产生和尚未产生的计划，关系到我的起居和睡眠，关系到我的意志、我的财产、我所有的一切。当时，我像坐在自己小囚室里被判了刑的犯人眼望着空室，面对四壁静候着，陷入那毫无意义的、无能为力的等待。我左右的那些同伴们在打听、议论、饶舌，仿佛我们中间某个人知道或者能够知道，他们要怎样支配我们。电话来了，一个朋友问我，我在想什么。报纸来了，只是使我更加心烦意乱。收音机打开了，听到的是前后矛盾的话。我走进小巷，遇到的第一个人问我这个同样一无所知的人，是否会发生战争。人们在不安中打听、议论、胡扯、讨论，尽管他们清楚地知道，他们多年来所积累的全部知识、经验、预见，在那十几个不认识的人的决定面前毫无价值。他们知道，他们在二十五年之内第二次对命运感到束手无策，缺乏毅力，他们知道，那些使自己脑袋发痛的想法是没有意义的。我终于再也忍受不了那座大城市——伦敦了，因为那里的每一个街角都贴着海报，那些刺眼的话像疯狗似的向我扑来；因为我无意之中从身旁熙熙攘攘的人流中的每一个人的额角上看出，他在想什么。原来我们想的全是同一件事。只是想战争会不会爆发。只是想在那决定性的赌博中是赢还是输。在那决定性的赌博中，我的整个生命、我的最后几年岁月、我的那些尚未写成的书，以及我迄今感到是我的使命、我的生命意义的一切，都成了赌注。

延展阅读

《人类的群星闪耀时》

这是作者的另一部精品。

在书中茨威格选择了历史上的12个时刻进行描写。这些时刻有的改变了整个欧洲（比如滑铁卢战役中未能及时增援的法军少将格鲁希的遗憾），有的改变了一个人的命运（比如亨德尔的中风与感悟）。吸引人的情节加之作者高超的艺术技巧使得这部特写集激情洋溢，非常具有感染力。

《中国人史纲》

柏杨　著

台湾著名作家柏杨所著的《中国人史纲》以近80万字的篇幅，讲述和评论了从盘古开天地的神话时代到1900年八国联军入侵北京的整部中国历史。全书行文舒展流畅，评论尖锐深刻、发人深省。

关于作者

柏杨作品中最为读者熟悉的当为《丑陋的中国人》了，柏杨也因此在大陆成为最有名的台湾作家之一。

柏杨（1920—2008），出生于河南，叛逆与不畏强权的性格使他经常成为学校的“风云人物”，并与校方频频发生冲突，从小学到高中，他几乎每学必辍，没有拿到过一张文凭。为上大学他数次使用假学历证件，曾被当时的教育部门“永远开除学籍”。1949年，柏杨到了台湾。1968年，台湾《中华日报》“大力水手漫画”专栏刊登了一幅漫画，内容是父子两人购买一座小岛，岛上只有他们父子两人，建立了一个王国，并由父子两人竞选总统。这幅漫画触怒了台湾当局，当局以“侮辱元首”“通匪”等罪名，逮捕了该专栏的负责人柏杨。这就是震惊当时的“大力水手事件”。事实上，柏杨早因撰写评论性杂文而得罪当局，“大力水手事件”只是一个导火索罢了。柏杨因此事件身陷囹圄九年有余，身心受到严重摧残。但他的意志并没有消沉，他在狱中坚持完成了《中国人史纲》《中国历代帝王皇后亲王公主世系》《中国历史年表》三部书稿。1978 年出狱时台湾当局勒令他“不准提往事，不许旧调重弹，不许暴露台湾社会的黑暗”，才准他为报纸写专栏。2008 年 4 月 29 日，柏杨因为肺炎在台湾逝世。

柏杨擅写小说、杂文，特别是他的杂文，笔触痛快淋漓，文字刻薄尖锐，直指中国人的种种劣根性和中国文化的弱质，有着文学大师鲁迅的影子，因此他被誉为“继鲁迅之后最伟大的杂文家”。他的杂文集主要有《玉雕集》《倚梦闲话》《西窗随笔》《牵肠挂肚集》《云游记》等。北京大学教授、学者钱理群说:“我在读柏杨先生著作的时候很自然地要联想起鲁迅先生。鲁迅曾经有一个想法，他想选择历来极其特别而又极其能代表中国人性质的一种人物，做一部‘中国人史’。鲁迅先生最后没写成。柏杨先生写的《丑陋的中国人》和《中国人史纲》，某种程度上就是鲁迅想写的‘中国人史’。我感觉到柏杨先生和鲁迅先生在某种意义上是相通的。他们都坚持对中国国民弱点的批判，坚持对中国传统文化弱点的批判，也坚持自我反省，整个民族性的自我反省。”

荐读理由

《中国人史纲》是柏杨于 1968 年至 1977 年在狱中写成的。他自述道:“（本书）是我在火炉般的斗室之中，或蹲在墙角，或坐在地下，膝盖上放着用纸糊成的纸板和着汗珠，一字一字地写成。”柏杨称此书“是我生命中最重要的作品。它的出版，不但使我振奋，也更使我期待”。该书在台湾出版后，好评如潮，被列为台湾社会影响力最大的十部书之一。

该书以近 80 万字的篇幅，讲述和评论了从盘古开天地的神话时代到 1900 年八国联军入侵北京的整部中国历史。全书行文舒展流畅，评论尖锐深刻、发人深省。

《中国人史纲》在开始叙述历史之前，有一章“历史的舞台”的内容，以假想读者坐太空船游历宇宙的方式叙述中国历史发生的时空舞台，一改过去枯燥乏味的写史手法，令人耳目一新。如:“如果是2月天气，我们在太空船上会眺望到，最北的黑龙江千里冰封，那里的中国人还穿着皮衣皮靴，从口中吐出的热气会立刻在睫毛上凝结成冰。而最南的珠江这时仍滔滔奔流，那里的中国人正额上淌着汗珠”；“一个住在开封20层楼上的居民，如果开窗向北眺望，他会大吃一惊，发现黄河正在他头上数百米的高处滚滚东流”……如此形象具体的描写自然会引起读者的共鸣。这也体现了作者的史学思想，即地理环境对历史具有极为重要的影响。

作者在每章的最后又设“东西方世界”一节，以方便读者对当时的世界有一个概略的了解，使中国历史不再脱离于世界之外，可以使读者看出历史的此消彼长，看出中华民族原来是怎样的强大，又是怎样一步步落后下去的。这既给人一种新鲜感，又给人一种整体感。

柏杨先生以人性史观作为全书的主导思想，对历代帝王在权力无限制膨胀下的人性扭曲进行了真实的揭露和批判，还原了历史的真实。柏杨先生对无良帝王的抨击和嘲讽，是全书最精彩的内容之一，“动人处令人会心一笑，刻薄时有大碗喝酒、放声骂娘的痛快”。

北京大学中文系教授、文学评论家陈晓明评论《中国人史纲》里“有一种我们当今非常迫切需要的反思的精神、反思的态度，无论是过去的（20世纪）80年代、90年代，还是21世纪的今天，柏杨先生的著作始终不过时，因为他那种态度是我们始终需要的，不能够遗忘的，不能够缺席的”。

先睹为快

另一种现象也使我们惊异，那就是中国历史上的新兴政权，对于焚烧旧政权的建筑物怀有浓厚的兴趣。叛变成功的武装部队一旦攻陷大一点的城市（尤其是国都），第一件事几乎就是纵火。像公元前3世纪，西楚王国国王项羽焚烧秦王朝国都咸阳（陕西咸阳），大火三月不绝。纵火的目的在于表示自己是爱民的，所以对暴政下的产品必须彻底扫除。可是新贵们当然不愿露天而居，烧掉后不久，他们就振振有词地再建筑属于自己的更豪华的宫殿。等到下一个叛变成功时，再被付之一炬。

结果是，中国的古城和古建筑，几乎全部毁灭，留下来的寥寥无几。诺萨斯城仍在，而新郑已数度化为废墟。罗马城仍在，而西安、洛阳，除了一些被挖掘过的帝王坟墓外，很少有属于建筑物上的古迹。开封10世纪宋王朝的宫殿，20世纪初只剩下砖砌的高台。南京14世纪明王朝的宫殿，20世纪初成为一个命名为“明故宫”的飞机场。只有北京的城市和宫殿仍保留着，但都是15世纪后的建筑，而它的窄狭和阴暗，也使人失望。

这些人为的禁忌符咒，在鸦片战争后终于被撕毁，西方发源的新兴文化的冲击使中国人的灵性复苏，在现代中国巨厦林立的街头，我们无法思议古城窄狭拥挤的景象。

延展阅读

《酱缸：千年难醒的噩梦》

“酱缸”是柏杨对中国传统文化最尖刻而形象的比喻，在《酱缸：千年难醒的噩梦》中，柏杨围绕着酱缸和所谓的官崽学展开对传统文化的批判。柏杨坦言：“我只是指出我们的文化和社会病在哪里，却没能力去治病救人。我的敌人很明确，就是酱缸文化，而我的目标是希望我们的中华文化更加健康，让我们中国人受到世界的尊重，让我们每个人都拥有尊严。”

《统一与分裂：中国历史的启示》

葛剑雄　著

葛剑雄是研究历史地理的学者，针对中国历史上的分分合合、疆域的变化、人口的变动，他从历史地理学者的角度给出了自己的解释，为我们揭示了中国历史发展的规律，阐释了地理因素在其中发挥的作用，进而探讨了中国文化的传承与发展。

关于作者

葛剑雄，祖籍浙江绍兴，1945 年出生，1981 年毕业于上海复旦大学研究生院，1982 年起在复旦大学中国历史地理研究所任教，曾任复旦大学中国历史地理研究所、历史地理研究中心主任，现任复旦大学图书馆馆长。

葛剑雄是研究历史地理的学者，在历史地理、中国史、人口史、移民史等方面造诣颇深，著有《西汉人口地理》《中国人口发展史》《普天之下：统一分裂与中国政治》《统一与分裂：中国历史的启示》等作品，被国务院学位委员会、教育部评为“作出突出贡献的中国博士学位获得者”。

葛剑雄小时候便对《三国演义》中的开篇“天下大势，分久必合，合久必分”印象深刻，到后来师从谭其骧教授，开始研究中国历史地理时，才发现要说清这句话的真实含义实在是不容易。学术界对中国历史上的统一和分裂以及与此相关的一系列问题，都还未作出令人信服的解释。并且许多长期被视为定论之语，其实并不符合基本的史实，抑或无法正确解释中国的历史。

葛剑雄20多年来一直思索着中国历史的统一与分裂问题，他发表的第一篇文章便是关于统一与分裂的，名为《统一分裂和中国历史》。之后的著作《统一与分裂：中国历史的启示》也是在此文基础上写成的。

荐读理由

“统一与分裂”，虽人人可谈，却非人人可以谈得好。葛剑雄的《统一与分裂：中国历史的启示》以翔实的史料、鲜明的视角，对该问题进行了精辟的分析，以理性的思考来审视中国历史上的统一与分裂。对于如何认识统一时期的消极因素和分裂时期的积极因素，他也提出了自己独特的见解，帮助读者更好地认识中国历史的过去、现在与未来。

到底什么叫“中国的统一”？“中国”是什么？中国历史上究竟是统一的时间长，还是分裂的时间长？长时间来这些问题都困扰着葛剑雄，也促使他思考研究，他也在此书中给出了相应的解释。

该书共有五章，分别是“昔日的天下观”“分与合”“分合的标准”“天命与人事”与“千秋功罪”。作者在书中比较客观地阐述了统一大王朝与分裂地方政权的优缺点。

我们常说统一是主流，但中国历史上的大一统，并不意味着绝对的太平盛世，也不意味着它的时间一定要长。作者举了大量的例子，说明中国历史上的统一并不总是好的，分裂也并非总是坏的，一反大家以往的传统认识。这种认识在当时的社会大环境看来，不能不说是一种突破。

作者在书中从地理到历史，由历史而入文化，逐步展开讨论，把读者带入一个全新的视野，并最后总结道：

“昔日天下的历史完全证明：在统一政权中产生的消极因素和社会弊病的根源并不是统一本身，更不是统一带来的和平安宁和经济繁荣，而是政治制度，或者说是用什么制度来实现统一，如何统一，统一到什么程度。同样，分裂社会中存在的积极因素也不是分裂本身带来的，更不是战争和破坏所能造成的，而是冲击、削弱了旧制度的结果，是外力迫使中央集权制度暂时或局部解体的副产品。”

该书还会让人从中获得诸多启示，如经济因素在统一中扮演了重要角色，又如分裂实际上延续了传统文明，为北方游牧民族接受传统文明提供了机会和条件等。作者还指出了导致文明衰落和分裂的重要原因：统一政权内部存在的消极因素即社会财富的消耗方式，中央集权专制制度带来的行政低效，统一政权经济发展受到的军事、政治方面的制约以及不适宜的人才选拔机制等。

最后全书以一句意味深长之语作结：“尽管我们讨论的是昔日的天下，但面向的无疑是未来的世界。”

先睹为快

九州制是对未来的设想，五服制却是对过去的理想化。因为在西周和以前虽然采用类似的分等级统治体制，却并没有把每一等级固定为五百里，实际上也不存在这样的可能。所以五服制虽见于《禹贡》，却从来没有哪一个君主或政治家有意实行过，只能胎死腹中。

究竟是筑起长城、守住长城对中国历史贡献大，还是将长城南北统一起来对中国历史的贡献大，这是不言而喻的。但从汉朝以来把长城作为“天之所以限胡汉”（老天爷用来分隔胡人和汉人）的界线，把“天下”限于长城之内；流风余韵，是否还存在于某些现代中国人的思想深处？这是值得我们考虑的。

只有透过这一层历史的迷雾，才能看清中原王朝的实际疆域随着移民的增加而扩展巩固的事实，才能看清少数民族不断融合进汉族的事实，才能充分认识各民族对中国历史发展所作出的共同贡献。

统一应该是实质性的，而不是名义上的。应该是统一者和被统一者双方都接受的，包括被统一者被迫接受的；而不是一厢情愿的，或者是后人追认的。

延展阅读

作者还有下列精品：

《中国人口发展史》

本书共 3 编 15 章。该书论述了中国人口史的空间、时间范围和具体内容，纠正了一些长期沿用的错误说法，并对自公元前 3 世纪以来各主要历史阶段的人口数量确定了大致的范围。此外，还包括人口构成、人口再生产、人口分布和人口迁移、中国人口调整的起源和演变等内容。

《西汉人口地理》

作者依据丰富的文献记载，从人口变化规律、农业生产及粮食产量三个方面，考察了西汉 200 年间的人口增长情况、人口的分布、人口的迁徙，又分析讨论了各个历史阶段人口的增长变化情况及其原因。

《国史新论》

钱穆　著

钱穆先生被称为“百年来中国史学界之第一人”。其著作《国史新论》有别于以马克思主义历史观为指导的古代史研究，也摆脱了国际上普遍存在的以西方为准则的史观，而从一个比较新的角度来研究中国历史的规律和形态，对比中西历史，尊重中国文明的个性，肯定了中国传统文化精神的合理性和历史的意义。

关于作者

钱穆先生（1895—1990）是20世纪中国的史学巨擘，早年以考据扬名史坛，中年以后又以通识性论著名播学界。顾颉刚评之为“今日国史界之第一人”，甚至有人称其为“百年来中国史学界之第一人”“我国最后一位国学大师”。

钱穆，字宾四，江苏无锡人。他来自社会最底层的乡村，早年因家贫辍学，没有接受大学正规的学术训练，也没有出国留学，完全是靠自修苦读而成为享誉海内外的学术大师。钱穆先生从18岁起开始致力于学术，为历史研究与历史教育劳心尽瘁，80年未尝中断，即使是晚年多病，双目失明，仍著述不辍，并写出了《晚学盲言》这样的大著作。

钱穆学识渊博，1930年因发表《刘向、刘歆父子年谱》成名，由顾颉刚推荐，被聘为燕京大学国文讲师，后历任北京大学等多所名校的教授，且极受学生欢迎，当年北大讲坛上最叫座者乃胡适和钱穆二人，钱穆称“大凡余在当时北大上课，几如登辩论场”。1950年他又在香港创办新亚书院（现并入香港中文大学），使战乱流离的学生得以继续学习。钱穆先生一生以教育为业，五代弟子冠盖云集，著名学者余英时、严耕望等皆出自其门下。

钱穆不仅是文化史学的集大成者，也是一位开放型的现代学人。他治国史而以学术流变为基底，直承儒统，独立开辟，破除史家门户藩篱，提出贯通诸家的历史研究新路向，对中国历史尤其是对中国历代思想家及其思想源流的研究和考辨，均自成一家之言。

他生平著述颇丰且所涉领域极广，专著超过80种，代表作有《先秦诸子系年》《中国近三百年学术史》《国史大纲》《中国文化史导论》《文化学大义》《中国历代政治得失》《中国历史精神》等，其著作均缜密谨严，具有很高的学术价值，蜚声学圃。

更令人钦佩的是钱穆先生终生不渝地捍卫和弘扬中国文化精魂的热忱和勇气，他毕生以抉发中国历史和文化的主要精神及其现代意义为治学的宗旨。他重视探求中华民族文化的内在精华，认为“我民族国家之前途，仍将于我先民文化所贻自身内部获其生机”。并一再告诫后人:“你是中国人，不要忘了中国，不要一笔抹杀自己民族的历史与文化。”他对中国历史文化的“温情与敬意”，值得我们尊敬，余英时用“一生为故国招魂”来诠释其一生的志业宏愿和学术精神，最为合适不过了。

荐读理由

《国史新论》由钱穆先生发表的一些论文和在香港、台湾地区，以及韩国等地的讲演记录整合而成，比较简略、宏观地对中国古代社会之演变及社会状况形态进行了独到的阐释。

该书一气纵贯，自成逻辑，先谈中国社会的演进过程，随后谈及社会演进过程中政治制度的演进，而士的演进又是政治制度演进的重要推动力，接着从士讲到教育和选举制度，最后再回到文化传统的演进上来。作者“旨求通俗，义取综合”，他在再版序中说道:“有以分别眼光治史所得，有以专门眼光治史所得，有以变化眼光治史所得。每一论题，必分古今先后时代之不同，而提示其演变。而各篇著作有其共通之本源，则本之于当前社会之思潮。”

《国史新论》有别于以马克思主义历史观为指导的古代史研究，也摆脱了国际上普遍存在的以西方为准则的史观，而从一个比较新的角度来研究中国历史的规律和形态，对比中西历史，尊重中国文明的个性，肯定了中国传统文化精神的合理性和历史的意义。

作者常以举重若轻的态度，进行深透的思考，力求无疏漏，旨在得根源，对一个时代的叙述虽只是略略数语，其旨要精髓已包含其中，故该书的一大特色便是“大”。如“中国社会演变”一章，钱穆先生从极大处入手，先从西方的封建一词谈起，后转回中国的西周，并开始历数各个朝代，对于每一时期只略叙几笔，便勾勒出了当时社会经济、政治、文化各个方面的特征。

该书立意高远却又不失精准，从中国社会文化演变、传统政治、知识分子、教育制度与思想等多个侧面作了高屋建瓴、深入浅出的精彩剖析，篇篇鞭辟入里，甚有见地，如“西方尚人治，东方尊法治”之精辟的发现；中国所特有的士阶层（知识分子）是“中国历史的一条有力的动脉”；言简意赅地指出清代之“族群政治”……总之，那从历史而来的大智慧，读来让人有豁然开朗的欣喜。

《国史新论》又实乃对当时社会思潮所发的关于国史之“新”论。其“新”在于直面西化思潮对中国传统历史的批判，发掘中国历史之精髓，尤其是对中国传统历史中的士的留恋。《国史新论》大胆地转向了创造历史的“人”，为我们提供了关于士的地位、作用及其独特性的认识。文中浓墨重彩地讴歌了中国历史上那些以天下为己任的士，体现着对战国“游士社会”和汉唐“郎吏社会”的向往，也让我们听到了作者对于中国知识分子理想的士的精神回归的呼唤。

先睹为快

诊病必须查询病源，建屋必先踏看基地。中国以往四千年历史，必为判断近百年中国病态之最要资料，与建设将来新中国唯一不可背弃之最实基础。此层必先求国人之首肯，然后可以进读吾书，而无不着痛痒之责难，与别具用心之猜测。至于语语有本，事事着实，以史籍浩瀚，囊括匪易，尚祈读者恕其疏失，匡其未逮。循此而往，中国历史必有重见光明之一日，而国运重新，亦将于此乎赖。

但中国西周以下的封建，大体上并不与西洋一般。因此在中国封建政治下，酝酿出秦汉统一，酝酿出汉武、王莽以下，一连串的制约经济与均产运动。中国虽无教会，而中国历史却能制造出像西洋中古时代耶稣教士所想象的天下一家的大同政治。若使不能尽情抹杀历史事实，试问可否说孔子、墨子以下的那批战国游士们的抱负，全是像近人所咒骂吐弃的所谓封建意识呢?

中国知识分子，并非自古迄今，一成不变。但有一共同特点，厥为其始终以人文精神为指导之核心。因此一面不陷入宗教，一面也并不向自然科学深入。其知识对象集中在现实人生政治、社会、教育、文艺诸方面。其长处在精光凝聚，短处则若无横溢四射之趣。

讲文化定要讲历史，历史是文化积累最具体的事实。历史讲人事，人事该以人为主，事为副。非有人生，何来人事？中国人一向看清楚这一点。西方人看法便和我们不同，似乎把事为主，人为副，倒过来了。因此，西方历史多是纪事本末体，中国虽有此体，但非主要。中国史以列传体为主，二十四史称为正史，最难读。一翻开，只见一个一个人，不易看见一件一件事。

延展阅读

《国史大纲》

本书是钱穆先生的一部享有盛誉、影响甚大的中国通史著作，内容包括自上古三代直到20世纪中叶的中国历史的演变发展，尤其是经济与社会、政治制度、学术思想的状况及其之间的相互影响。对民族文化“温情与敬意”的精神始终贯穿全书，受到了学术界的普遍关注。

《柏杨版资治通鉴》

本书是著名作家柏杨先生耗时十年之作，是《资治通鉴》的白话文版，曾改名为《现代语文版资治通鉴》。对于中国传统文化的继承，作者有自己的看法:“没人读《资治通鉴》我并不奇怪，我很理解现在的年轻人，不是不想看，而是看不懂。你想，一千年前的文言文，要看懂得翻多少字典啊？且语言是常新的东西，一直在随社会发展而改变，日本光是对《西游记》的翻译如今已是第五代了，莎士比亚、大仲马等作品在英、法等国家也都是屡次重译的。所以我出版的《资治通鉴》版本就是想起个带头作用。‘兵部侍郎’是什么？我把它说成‘国防部长’不就懂了？其实只要有一小部分人来做这件事就够了。”作者精深的中文造诣，使这个译本成了最通俗易懂、最受好评的译本，读者读起全文来非常流畅，像看小说一样。

影响世界的名人轶事

《毛泽东传》

〔美〕罗斯·特里尔　著

美国学者罗斯·特里尔所著的《毛泽东传》是西方人所写的数百种毛泽东传中最被推崇、最畅销的作品之一。与中国国内作家所著的毛泽东传记书籍相比，特里尔更加注重对传主的私人起居生活、言行举止、待人接物等“小事”的细微描述，为读者提供的不仅是一个东方大国的领袖形象，更是一个生动真切的人，对毛泽东形象的真实刻画持续不断地、令人着魔地贯穿于全书的始终。

关于作者

罗斯·特里尔（在港台地区其汉语名一般被译为“谭若思”），1938年出生于澳大利亚，毕业于墨尔本大学，后赴美学习，获哈佛大学哲学博士学位，并被破例留哈佛任教六年，循例从助教升为副教授，同时在哈佛大学费正清中心任研究员。在读书期间，特里尔恰好赶上尼克松总统访华后掀起的“中国热”，他作为澳大利亚总理的随员，在北京拜见过周恩来，访问过郭沫若，回美国后仅用三四个月时间就写出了他的第一本著作《八亿人》。该书一经出版就成为美国的畅销书。后来，哈佛大学政府系和东亚系教授匿名遴选投票，特里尔落选，而他又不想申请二三流大学的教职工作，遂开始专门从事政治传记写作。特里尔现任美国哈佛大学费正清中心的研究员，东亚研究中心研究员，《大西洋月刊》编委，美国政治学协会会员。

特里尔已发表各种政治传记著作十余部，在这些作品中最为人熟悉的就是《毛泽东传》。在西方人所写的数百种毛泽东传中，这本《毛泽东传》是最受推崇、最畅销的作品之一，享誉全球。

目前，特里尔正在撰写他的个人传记作品——《我与中国》。在该书“前言”中，特里尔回忆了1971年，在中国驻英大使的引见下，他受到周恩来总理接见时的情形:“周恩来总理微笑着问我：‘你在哪学的汉语?’‘美国。’我回答道，同时对这个世界著名的总理竟然能够听懂我不标准的澳大利亚口音的汉语感到有点震惊，更没有想到他会对我的研究感兴趣。”特里尔还在这本个人传记中写道:“澳大利亚、中国和美国是影响我人生的三个国家。来自澳大利亚的一个小孩成了哈佛大学的教授，又通过个人和职业的方式接触到全球化时期的中国。一个乡村男孩最后来到中国的城市，观察那里人们的生活。一个在对中国充满恐惧的社会中成长起来的孩子，在朝鲜战争后，渴望叙写他与中国人民的交往。”

显然，记录中国，介绍中国，研究中国，已经成为特里尔人生的重要组成部分。

荐读理由

毛泽东是20世纪全世界最为重要的政治家、革命家和思想家之一，同时也是一位举世公认的天才诗人。由于他对现代中国的思想、制度和社会产生的深刻影响，也由于他在20世纪国际政治格局的形成中作出的重要贡献，几十年来，对毛泽东本人及其思想体系的研究已经成为一个极具意义的学术论题。有人这样说:“毛泽东的历史，本身就是一部浓缩的中国现代史；读懂了毛泽东，也就读懂了中国的过去、现在和未来，读懂了中国人和中国的事。”

罗斯·特里尔的《毛泽东传》自1980年出版后，被翻译成近十种语言版本。为此，作者参考近年来得到的最新资料，在斯坦福大学出版社又出版了该书的增订版。相比第一版，该版本增加了很多最新的资料，尤其是对中国改革开放以来所取得成就的最新研究成果。由于上述原因，作者对书中关于毛泽东在新中国成立后的活动的叙述也进行了大范围的修改。而大量精美、珍贵图片的运用，更是使这位东方伟人以真切、感人的形象展现在读者的面前。中国人民大学出版社于2006年1月出版的《毛泽东传》中文最新全译本，同样受到了中国读者的重视和欢迎。

这本书将学者的研究与新闻记者的绚丽多彩而又优美自如的笔法很好地结合起来，不仅体现出作者对于历史事件高度的敏感性，而且也渗透着作者运用政治学视角的理论穿透力，对于人物的情景分析更使历史出神入化，引导读者体味“故事”背后的时代困惑和制度机制，把毛泽东丰富的情感与挑战性的理论创造连为一体，从而全方位地展现了中国革命的壮观图景。特里尔在创作期间访问过不少同毛泽东打过交道的外国领导人，比如美国总统尼克松、澳大利亚总理惠特拉姆、新加坡总理李光耀等，记录下他们对毛泽东的印象，这是国内作者很难做到的。

特里尔是一位较严肃的学者，他作传时引证的史料基本上是客观的，也是经过精心筛选的，因而更接近真实的历史，但毕竟他对史料的掌握有限，而这部传记的文学性又很强，因此书中的疏漏和错误难以避免，还需要读者细心甄别，不能把它当作历史教科书来读。

先睹为快

在延安这座小城，毛泽东的举止行踪足能家喻户晓。很多人都认识他，老乡们常常看到“主席”走在灰尘飞扬的小巷里。这种环境中，个人崇拜不会走向极端以使其超出凡人的身份。这种崇拜还没有发展成为一种宗教，以致人们对之哭天抢地，即使他们对自己崇拜的神灵一无所知。

在延安时期，毛泽东的权威是职务上的，但他仍然是一位可以接触到的人。即使驱车外出，他也不避人耳目。他的“轿车”是一辆雪佛莱（Chevrolet），车上写着：“救护车：纽约华裔洗衣工人救国联合会捐赠。”他常常是坐在前排，看上去像是司机的助手。毛泽东不停地写文章，不断地发表演讲。在这种小地方，他的指示可以直接告诉执行者而不需要中间环节。政治局每周有例会。

在延安以前的岁月中，毛泽东有丰富的思想观点，但没有多少权力。进入20世纪50年代，他拥有了权力，但这个地球上最大国家的庞大的官僚机构使人们只能听到这位导师的声音。而延安之所以令人激奋，是因为他在那里既教导着人们又统御着人们的行动。延安的岁月是毛泽东作为中共领袖的黄金时代。

作为一名政治领袖，毛泽东文武双全。

他曾持枪跋涉于中国大地一年之久，这在中国的统治者中没有先例。他坐之于书房建构了自己的思想，几个大国的近代统治者中——戴高乐算是一个——都未能做到这一点。

毛泽东的行为并没有沾染中国军阀所具有的封建习气，比如坐轿子，朝孔，华丽住宅，在床上拥着小老婆接见来访者——山东一位军阀就是这样。

同时与28个布尔什维克、蒋介石、民主同盟（介于共产党和国民党之间的左翼第三势力）的领导者相比，毛泽东则显得更受中国传统的影响。他喜用毛笔写字，潜心于中国历史经典作品。

“我在他的住处没有见到过西装或正式的长袍。”伊斯雷尔·爱泼斯坦写道。这位美国记者在1944年曾游历了中国西北。如斯言，毛泽东既不穿西装也不着长袍，他（和政府其他官员）穿的衣服与农民一样，宽大的裤子，对襟上衣。

标准的棉布服似乎反映了一种新型的身份关系：没有阶级之

分，也没有代际之别。延安精神肯定不是洋的，但是在中国历史上又没有先例。

某种新的东西在黄土群山中萌发。

延安是属于毛泽东的岁月。已经存在的稳定的政权可以说是毛泽东的政体。萌发状态的“毛泽东主义”其各方面的特征都有所显露。

相比之下，在江西时期度过的凄迷的岁月里，毛泽东很少能干自己想干的事。他的社会主义思想既没有得到充分发展，也没有受到地位高于他的中共领导人的赏识。

毛泽东证明他不是一个军阀。对军阀来说，枪杆子就是事业，权力就是目的。一种社会视野引导着毛泽东要塑造出新的社会制度。这种制度使他赢得那些长途跋涉来到黄土高原的人的赞颂，甚至迷恋。

延展阅读

《历史巨人毛泽东》

长期以来，世界史学界都热衷于出版研究毛泽东生平的传记性著作，这部由国外研究当代中国问题的英国知名学者迪克·威尔逊撰写的《历史巨人毛泽东》，就是这一领域重要的代表作。威尔逊用西方人的眼光客观地描述了毛泽东的一生，完整、准确、生动地再现了毛泽东这位历史人物的本来面貌，并对其功过是非作出令人信服的评说，这也正是本书所尽力追求的目标。作者尊重历史，尊重事实，采取以毛泽东的政治生涯为主线，兼顾其他领域并穿插个人生活的写法，再现了毛泽东极富特色的个人风貌，作出了较为客观的描述和评价，使本书具有很高的历史价值和可读性。

《找寻真实的蒋介石》

杨天石 著

这是一本雅俗共赏的史书。历史学者可以从中找到许多鲜为人知的有关蒋介石的史料，一般读者也可以在一种轻松的阅读氛围中了解在中国大陆活跃了20多年的蒋介石。蒋介石作为民国时期的一位地位显赫的领袖人物，其个人的一举一动、一言一行，都映现出中国大变革时代的历史脉搏。因此，这本书在还原历史本来面目方面也有着十分重要的意义。

关于作者

杨天石是我国著名的民国史学家，1936年出生，江苏人。他19岁考入北京大学中文系，从北京大学毕业后，被分配到北京一所农业机械学校任教。在这里，他教过语文，也看过传达室。杨天石不甘心一直留在这样的学校里，他想从事的是科研工作。他每个星期六下午都要进城去图书馆看书，第二天晚上再坐郊区车回校，一不小心误了车，就要步行几十里回校。两年后，学校下马了，他被北京师范大学附属中学调走。在当好教师的同时，他一直没有放弃学术研究。

1974年，中学语文老师杨天石参加了近代史所的民国史研究工作，应邀协作编《南社志》和参加《中华民国史》第一编的写作。几经周折，他终于调入近代史所的民国史组。

从20世纪80年代开始，杨天石开始深入研究蒋介石。他阅读了保存在大陆和台湾地区的蒋介石日记的“类抄本”和“仿抄本”，多次赴台湾地区查阅蒋介石的“大溪档案”，多次赴美、英、日等国阅读与蒋介石相关的历史档案，完成了一系列有关蒋介石和民国史的论文。

如今，在海内外近代史学界，杨天石享有很高的声誉。他是中国社会科学院荣誉学部委员、研究生院教授、近代史研究所研究员，兼任清华大学教授、浙江大学客座教授、中国现代文化学会常务副会长等，曾任日本京都大学客座教授，美国哥伦比亚大学、斯坦福大学访问学者，哈佛大学费正清研究中心访问学者。就研究领域而言，他贯穿了晚清史、近现代史和当代史的研究，对中国古代史也有涉猎。

杨天石数十年如一日，锲而不舍地寻求原始资料，不顾年高体弱，坚持自己的学术研究原则，他在学术研究方面为后来者树立了鲜活的典范。

荐读理由

中国近现代历史上的风云人物蒋介石生于1887年，逝世于1975年4月5日，享年88岁。他一生经历了近代、现代中国的许多大事。蒋介石早年追随孙中山参加辛亥革命，表现积极勇敢而有魄力，深受孙中山赏识；孙中山逝世后，他先后领导北伐、清党、剿共、抗日、内战，并在很长时期内担任中国党、政、军三方的最高领导人，位居“元首”高位；他领导下的国民党既和中国共产党有过两次合作，又有过两次分裂；1949年后他退到台湾直至去世。在有些人的口中、笔下，他被赞为民族英雄、一代伟人；但是，在另一部分人的口中、笔下，他又被骂为民族败类、千古罪人。简单的捧和骂，都无法还原蒋介石的本来面目，只有拨开历史的层层迷雾才能找到真实的蒋介石。

杨天石是我国著名的民国史专家，长时间内专注于蒋介石和中国国民党史的研究。《找寻真实的蒋介石》就是他长期研究蒋介石日记的成果精选。所收各文，或为新作，或据日记手稿修订、增补。

全书可以分为四个部分，第一部分探讨辛亥革命至五四运动时期年少轻狂的蒋介石。杨天石呈现的蒋介石既是上海十里洋场的浮浪子弟，也是性格暴躁易怒的革命志士。第二部分主要探讨蒋介石追随孙中山以俄为师的心路历程。杨天石将问题的焦点集中在蒋介石 1923 年访苏、1926 年中山舰事件和 1927 年领导北伐等三件大事上面。第三部分所占篇幅最长，详细探讨 1927 年北伐胜利至 1945 年抗日战争结束的蒋介石，最重要的论点是蒋介石在考虑和战问题时，面对日本强敌虽有时畏战、避战或不知所措，但绝对不是令人发指的失败主义和投降主义。第四部分探讨蒋介石与宋美龄的婚姻问题，厘清了流传在民间的许许多多有关两人感情的各种传闻。

日记，是记录个人经历和内心世界的文体，在各种历史文献中有其特殊价值。杨天石运用解密蒋介石日记的方式，试图把真实的蒋介石从各种政治迷雾和个人私密之中找寻出来。在他的作品中，我们看到的蒋介石不再是僵化没有生命的恶魔，而是一个有血有肉、有爱有恨的蒋介石。他有不少人性弱点，却总力图超越自己；他也有严重的传统文化限制，却总力图做一个胜任的近代民族国家领导人。从这本雅俗共赏的史书中，历史学者可以找到许多鲜为人知的有关蒋介石的史料，一般读者也可以在一种轻松的阅读氛围中了解在中国大陆活跃了 20 多年的蒋介石。

先睹为快

1945 年 8 月 10 日。

下午 8 时多，蒋介石做完默祷，忽然听到设于附近求精中学的美军总部传来一阵欢呼声，紧接着，是噼里啪啦的爆竹声。蒋介石问身边的蒋孝镇，怎么回事，为何如此嘈杂？蒋孝镇回答：听说敌人投降了。蒋介石心头一阵惊喜：日本投降了？！他让蒋孝镇再去打听。不久，各方传来正式报告，日本政府宣布，除保持天皇尊严外，其余均按照中、美、英《波茨坦公告》所列条件投降。消息证实，日本确实投降了。苦熬八年、日盼夜想的这一天终于来到了。

当时，蒋介石正在宴请墨西哥驻华大使。抗战胜利，蒋介石有许多事急待决定、处理。偏偏这位大使不识相，不断提出各种问题，纠缠不休。外交部次长吴国桢两次提醒，这位大使才很不情愿地离去。蒋介石立即召开军事干部会议，按照早就拟定的令稿向前方各战区发电，并令吴铁城、陈布雷提出宣传与各党部应办之事，已经深夜12点了。

8月11日清晨，蒋介石约见美国大使赫尔利（Hurley，Patrick-Jay，蒋介石日记作哈雷），对杜鲁门总统提出的咨询意见作出答复。蒋称：自己一贯主张，日本国体由日本人民自选。至于要求天皇出面签订降书以及将日本置于联军统帅之下各条，完全同意总统的意见。9时，再次约见赫尔利和魏德迈，就沦陷区军事紧急处置等问题表示看法。11时，到国民党中央临时常会，提出今后大政方针与各种处置。

蒋介石最焦虑的是接受日军投降问题。早在8月10日深夜12时，朱德就以延安总部总司令的名义发布第一号命令，要求敌军“于一定时间内向我作战部队缴出全部武装”，如“拒绝投降缴械，即应予以坚决消灭”。第二天，又连发第二至第七号令，命令中共所掌握的抗日部队“积极举行进攻，迫使敌伪无条件投降”。当时，在华日军有百万之众，不仅占有中国许多城市和交通线，而且拥有大量战略武器和物资。谁最早、最多接受日军投降，谁就将取得最多、最大的胜利果实。因此，11日这一天，蒋介石给各方发了许多电报，其中一份最紧急的就是给第十八集团军总司令朱德和副总司令彭德怀的。该电声称：“政府对于敌军之缴械、敌俘之收容、伪军之处理及收复地区秩序之恢复、政权之行使等事项，均已统筹决定，分令实施”，要求该集团军“应就原地驻防待命”，不得“擅自行动”。这份电报实际上剥夺了共产党人接受日军投降的权利。8月14日，蒋介石作出了又一个重大决定，邀请毛泽东到重庆来“共商大计”。电云：

倭寇投降，世界永久和平局面可期实现。举凡国际、国内各种重要问题亟待解决，特请先生克日惠临陪都，共同商讨，事关国家大计，幸勿吝驾。临电不胜迫切悬盼之至。

抗战八年中，蒋介石和共产党维持着一种复杂而微妙的关系。他的日记中时而称“共党”，时而称“共匪”，飘忽不定。现在，他要邀请毛泽东到重庆来，葫芦里卖的是什么药？

延展阅读

《蒋介石传》

美国历史学家兼政治传记作家布莱恩·克罗泽以访问各国政要之多、文章之权威而闻名于世。写这本《蒋介石传》的过程中，他多次赴台访问蒋介石本人，也多次采访了国民党权贵如蒋经国、陈立夫、王世杰等人。同时，他手中也有大量关于蒋介石的历史资料。他认为蒋介石的一生是一个悲剧，蒋介石自己也是一个悲剧人物。在克罗泽看来，蒋介石幼年时缺少教育、意识形态落后、作为一名军事家精于战术而非战略，这三大缺陷注定他这一生是一个悲剧。跳出对立的观点和结论，从第三方的角度重新审视一下西方学者眼中的蒋介石，我们对这位历史人物的认识可能会更加深入和全面。

《李鸿章传》

梁启超　著

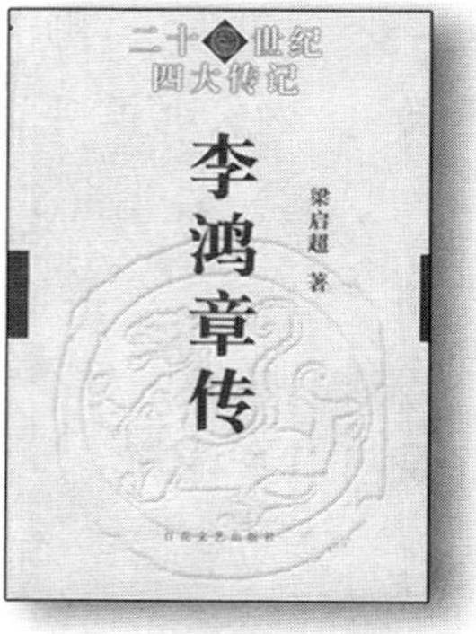

李鸿章是我国近代史上一个极为重要的人物，也是最具争议的人物之一。他在就任清朝直隶总督兼北洋大臣期间，处于左右朝局的显赫地位。当时发生在中国大地的重大历史事件，绝大部分与李鸿章有关系。梁启超先生的《李鸿章传》一书，力图还读者一个真实的李鸿章、一段真实的历史。

关于作者

中国近代史上著名的政治活动家梁启超（1873—1929）出生于广东新会茶坑村。青少年时期的梁启超接受的完全是传统教育。12岁即考中秀才，17岁在广东乡试中考取第8名举人，主考官李端棻和副主考都认为他“国士无双”，李端棻把堂妹李蕙仙许配给梁启超。

1890年，在同学陈千秋的引荐下，18岁的梁启超拜访了33岁的康有为，两人一见如故，梁启超感觉康有为以“大海潮音，作狮子吼”，给了他当头棒喝，决定拜康有为为师。

甲午中日战争中国惨败，康有为联合三千举人上书请求变法，作为康有为最得力的弟子，梁启超积极参与了这桩震动中国的大事。公车上书第二年，黄遵宪在上海创办《时务报》，梁启超赴上海任主笔，撰写了大量呼吁变法的文章。1898年，梁启超回京参加“百日维新”。变法失败后，政局紧张，朝廷大肆捉拿维新党。梁启超剪掉辫子，穿上西服，东逃日本，一去14年。等他再次回国的时候，清王朝已经葬身在革命的滔天巨浪之中了。在日本和欧美流亡期间，他主要靠卖文维持生计，生活相当清苦。

刚到日本的梁启超，曾与革命派领袖孙中山走得很近，渐渐倾向于革命，与康有为的政见日渐不同。辛亥革命爆发，清政府被推翻之后，梁启超回国，并介入政权内部的实际操作，两度出任阁员，先后任司法总长、财政总长，一战期间还曾参与外交。起初，他对袁世凯抱有共和及立宪的希望，因此做了袁世凯政府的司法总长，等到洪宪帝制复辟，他又联合自己在湖南时务学堂时的得意门生蔡锷，发动讨袁的护国运动，迫使袁世凯下台。袁世凯宣布称帝后，梁启超写了著名文章《异哉所谓国体问题者》。

张勋复辟时，康有为公开主张清帝复辟，梁启超立即发表《辟复辟论》，矛头直指康有为。康梁在政治上公开决裂。1927年康有为去世后，梁启超为康有为戴孝守灵，大哭三日。

1918年年底，梁启超赴欧洲游历，了解到西方社会的许多问题和弊端，回国之后即宣扬西方文明已经破产，主张光大传统文化，用东方的“固有文明”来“拯救世界”。梁启超的最后十年，多在书斋与大学讲坛度过，把精力放在培养“新民”上。

1929年，梁启超在协和医院病逝。梁启超曾说：“知我罪我，让天下后世评说，我梁启超就是这样一个人而已。”他的墓碑是长子梁思成、长媳林徽因共同设计的。墓碑上，没有任何表明墓主生平事迹的文字。

荐读理由

四十年来，中国大事，几无一不与李鸿章有关系。故为李鸿章作传，不可不以作近世史之笔力行之。著者于时局稍有所见，不敢隐讳，意不在古人，在来者也。

——梁启超

《清史稿》评价李鸿章“独立国事数十年，内政外交，常以一人当其冲……近世所未有也”。但是在读者能看到的史书中，大多数谈的是他对内如何镇压太平天国运动，对外如何签订不平等条约，而对他的其他活动或避而不谈，或语焉不详，因此，一提到李鸿章，人们自然要说他是刽子手和卖国贼。显然，这样评价历史人物是不客观的。

其实，李鸿章在中国经济的现代化和外交的现代化进程上是作出过巨大贡献的。在经济现代化方面，他倡导洋务运动，先后创办了江南制造局、天津机器局、北洋舰队、轮船招商局、电报局、开平矿务局，并派遣中国第一批学生留美。这些举措对中国的现代化进程起到了举足轻重的作用。在外交现代化方面，李鸿章可以说是中国近代外交的先行者，与世界列国的平等外交从李鸿章才真正开始。

梁启超先生著就的《李鸿章传》一书，力图还读者一个真实的李鸿章、一段真实的历史。“天下惟庸人无咎无誉。举天下人而恶之，斯可谓非常之奸雄矣乎。举天下人而誉之，斯可谓非常之豪杰矣乎。虽然，天下人云者，常人居其千百，而非常人不得其一，以常人而论非常人，乌见其可？故誉满天下，未必不为乡愿；谤满天下，未必不为伟人。”全书开篇第一段话就定下了整本书的基调，作者秉着“天下惟庸人无咎无誉”的独特历史视角和批判精神，“全仿西人传记之体，载述李鸿章一生行事，而加以论断”，又与同时代的欧美政治进行比较，既有英雄相惜，也有批评叹惋——“吾敬李鸿章之才，吾惜李鸿章之识，吾悲李鸿章之遇”。梁启超肯定了意识创新，论述严谨，旁征博引，评判公允，可谓是人物传记中的经典之作，读来耳目一新，启人心智。其中文字涉及甲午战争、《马关条约》《辛丑条约》等，实在不由让人感叹“以一人而敌一国”的无望与悲恸。

《李鸿章传》有别于中国传统的人物传记“类皆记事，不下论赞”的模式。梁启超通过学习借鉴西方近代传记的经验形成的体例特点主要是：夹叙夹议，叙议结合，传中有评，评中有传，评传相间，有助于丰富和扩展传记作品的基本要素以及相应的表现力。梁启超写史有着自己的原则，不罔事实，不主观臆断，这也是那个时代文人的气质底蕴。

先睹为快

世界之人，殆知有李鸿章，不复知有北京朝廷。虽然，北京朝廷之于彼，必非深亲信者。不宁惟是，且常以猜疑憎嫉之眼待之，不过因外部之压迫，排难解纷，非彼莫能，故不得已而用之耳。况各省督抚，满廷群僚，其不释然于彼者，所在皆是。盖虽其全盛时代，而其在内之势力，固已甚微薄，而非如对外之有无限权力无限光荣也。

中日之役是彼一生命运之转潮也。彼果自初蓄意以主战乎？不能深知之。但观其当事机将决裂之际，忽与俄使喀希尼商，请其干涉弭兵，则其始之派兵于朝鲜，或欲用威胁手段，不战而屈日本，亦未可知。大抵彼自视过高，视中国过大，而料敌情颇有不审者，彼盖未知东亚局面之大势，算有遗策，不能为讳也。一言蔽之，则中日之役，实彼平生之孤注一掷也。而此一掷不中，遂至积年之劳绩声名，扫地几尽。

寻常人遭此失意，其不以忧愤死者几希。虽然，彼以七十三岁之高龄，内则受重谴于朝廷，外则任支持于残局，挺出以任议和之事，不幸为凶客所狙，犹能从容，不辱其命，更舆榇赴俄国，贺俄皇加冕，游历欧美，于前事若无一毫介意者，彼之不可及者，在于是。

彼之末路，萧条甚矣。彼之前半生，甚亲英国，其后半生，最亲俄国，故英人目彼为鬻身于俄廷。以吾论之，彼之亲俄也，以其可畏乎？以其可信乎？吾不得而知之，要之，彼认俄国为东方最有势力之国，宁赂关外之地，托庇于其势力之下，以苟安于一时。此其大原因也。彼之中俄密约、满洲条约等事，或视之与秦桧之事金，同为卖国贼臣。此其论未免过酷。盖彼之此举，乃利害得失之问题，非正邪善恶之问题也。

彼自退出总理衙门后，或任治河而远出于山东，或任商务而僻驻于两广，直至义和团事起，乃复任直隶总督，与庆王同任议和全权。事方定而溘然长逝，此实可称悲惨之末路，而不可谓耻辱之末路也。何也？彼其雄心，至死未消磨尽也。

使彼而卒于中日战事以前，则彼为十九世纪之一伟人，作世界史者必大书特书而无容疑也。彼其容貌堂堂，其辞令巧善，机锋锐敏，纵擒自由，使人一见而知为伟人。虽然，彼之血管中，曾有一点英雄之血液否乎？此吾所不敢断言也。彼非如格兰斯顿有道义的高情，彼非如俾斯麦有倔强的男性，彼非如康必达有爱国的热火，彼非如西乡隆盛有推心置腹的至诚。至其经世之识量，亦未有能令我感服而不能已者。要而论之，彼非能为鼓吹他人崇拜英雄心之偶像也。

虽然，彼之大横著，有使人惊叹者。彼支那人也！彼大支那人也!!! 彼无论如何之事，不惊其魂，不恼其心，彼能忍人所不能忍，无论若何失望之事，视之如浮云过空，虽其内心或不能无懊恼乎，无悔恨乎，然其痕迹，从何处求之见之？不观乎铁血宰相俾斯麦乎？一旦失意退隐，其胸中瞋恚之火，直喷出如焰。而李鸿章则于其身上之事，若曾无足以挂其虑者然，其容忍力之伟大，吾人所尊敬膜拜而不能措者也。

延展阅读

《梁启超传记五种》

本书包括梁启超先生在20世纪初撰写的《管子传》《袁崇焕传》

《王荆公传》《南海康先生传》《殉难六烈士传》五本人物传记，如今读来历久弥新。梁启超作《管子传》以管子的政事活动为中心，认为管子在先秦时就已经初步主张在中国实行立宪政治。在《袁崇焕传》中评袁崇焕为“以一身之言动、进退、生死，关系国家之安危、民族之隆替者”，从而将古人的爱国精神、民族主义置于近代民族危亡的环境下进行解读。他在《王荆公传》一书中，大力肯定了王安石以富国强兵为目的的新法改革，“往往以今世欧美政治比较之”。在他眼里，“今世欧洲诸国，其所设施，往往与荆公不谋同符”。梁启超对王安石及其新法的评价一改近千年来的否定而为肯定，代表了20世纪前半叶的主流观点。《南海康先生传》是最早研究康有为生平和思想的著作。《殉难六烈士传》则记述了戊戌变法中殉难的烈士，梁启超作为当局者，其著作当然具有很高的学术价值和历史价值。

《曾国藩传》

萧一山是中国最具影响的清史专家之一，其所著《曾国藩传》是第一部全面评述曾国藩的著作。曾国藩是中国历史上最具争议的大人物之一。本书详细介绍了曾国藩的生平经历和主要事迹，重点记述曾国藩镇压太平天国运动、捻军起义的过程。全文观点鲜明精当，见解深刻独到，历史地、科学地、实事求是地总结评价了曾国藩的历史功过和历史作用，是中国近代史研究和历史人物传记创作上一部不可多得的力作。

《民国人物列传》

吴相湘　著

《民国人物列传》是著名历史学家吴相湘先生所撰的民国时期著名人物传略汇辑。本书叙述生动，资料翔实，开民国史研究中人物研究的先河，是中国史学界研究民国史及民国人物的必备参考书。

关于作者

吴相湘（1912—2007），湖南常德人，毕业于北京大学历史系。抗日战争爆发后，他投笔从戎，负责搜集战争资料编纂战史，为此多次随军到前线参战，到敌后了解情况。在这段军旅生涯中，他经历了长沙会战，而且在衡阳守卫战中跑到了战争的第一线，撰有《第三次长沙会战》等文稿。他阅读过日本军部的外交档案，掌握了中日战争大量鲜为人知的史料。他在20世纪70年代编著出版的《第二次中日战争史》，是最早记录中国军民长期抗战的历史著作，也是学术界公认的迄今为止最权威和优秀的抗日战争史著作。

抗日战争胜利后，吴相湘历任北平故宫博物院编纂员、兰州大学副教授等。1949年1月，他赴台教学，许多学者都出自他门下。台湾大学历史系教授李永炽曾修过吴相湘的中国近代史课程。他回忆，吴相湘身材高壮，教学认真，家里堆满了书，但这些书却很少对学生公开，因为那些资料许多是“从大陆带来的禁书”。1962年11月，因编纂民国史料触犯时忌，吴相湘被中国国民党开除党籍。1975年他赴美定居。1996年曾回大陆参加孙中山130周年诞辰国际学术会议，并游历北京、武汉、广州、上海等地。

吴相湘的治学态度十分严谨，对清史、抗战史等近代历史见解颇深。他特别擅长直接搜集引用中外第一手资料，参考稽征，提出自己的创见。除了早年翻阅故宫档案的绝佳机遇外，为了搜集资料，他还去到许多地方，甚至有两次是从美国到欧洲然后再到亚洲的环球旅行。他的足迹遍及亚、欧、美洲，他阅历丰厚，交游广阔，美国国会图书馆、新加坡国立图书馆、梵蒂冈教廷图书馆、英国公共档案局等都留下了吴先生辛勤研读的身影。

2007年9月21日，吴相湘先生在美国伊力诺州自由市逝世，享年95岁。

荐读理由

在中国近代化进程中，民国无疑是一个重要阶段。几千年帝制轰然坍塌，“共和”新制尚无准备，政治纷争、军阀混战不断。大动荡年代，既有惊天动地的英雄豪杰，也有横行霸道的枭雄奸佞，也正是在这新旧的交替、中西文化的碰撞中，产生了不胜枚举的学术大师和文化先驱。那些对民国历史产生重要影响的民国人物，是民国历史的参与者、推动者，因此，为民国人物作传，对于深入认识民国历史，无疑具有重要意义。

《民国人物列传》是著名历史学家吴相湘先生所撰的民国时期著名人物传略汇辑。这部《民国人物列传》同样具有重要的史料价值，是吴相湘先生在他的《民国百人传》的基础上，加以新史料、新事实，修订补充而成的。

本书共上下两册，介绍了民国时期政治、法律、外交、文化、艺术、科技等各方面的著名人物，名单如下：梁敬錞、晏阳初、陈受颐、吴芳吉、章炳麟、钱玄同、易君左、胡汉民、伍廷芳、廖仲恺、孔祥熙、梁士诒、王宠惠、蒋方震、陈介、詹天佑、伍连德、凌鸿勋、齐白石、熊希龄、颜惠庆、吴佩孚、张作霖、张发奎、曹汝霖、章宗祥、陆宗舆、陈公博。

他们在吴相湘的笔下，都是有血有肉的形象，性格鲜明、人人皆有特定年代的气质。如伍连德，在中国近代医学发展史上就有着里程碑式的地位。1908 年，东三省的哈尔滨等地发生“黑死疫”，伍连德受命前往疫区，雷厉风行地采取了一系列专业措施，制止了瘟疫的传播，使中国的防疫工作走在了国际前列。再比如作为“四大家族”成员之一的孔祥熙，在大陆是声名狼藉，但吴相湘却给予了他无比多的赞扬和谅解。孔祥熙年幼之际曾奋勇保护义和团运动中遭劫的传教士，李鸿章因此召见慰勉他，教会学校感恩资送他负笈美国，这成为一段传奇佳话。抗战八年期间，孔祥熙的财政改革，对苦撑战局起到了极大作用。还有一生致力于外交事业的颜惠庆、在抗战期间赶筑大量铁路的凌鸿勋、一腔热情大办教育的晏阳初……这些被时间尘沙埋没的记忆和人物，都被吴相湘一一挖掘出来，让后人读来无比动容。

先睹为快

1929 年，晏阳初和“平教总会”全体同仁自故都迁往河北省定县，居住乡村。深入民间，与农人为邻。虚心诚意向农民学习，以农民作师友，完全改变千百年来“万般皆下品，惟有读书高”的积弊恶习。

“平教总会”先自定县翟城村开始，应用现代社会调查方法，明了乡村居民生活各种情况，了解农民实际迫切的需要是什么？再进行研究试验各种可行的方法——这些方法特别注重适用农民良好传统和经济负担能力。例如随识字教育之后推行的生计教育，就是以土产土法为主，研究其得失，再就西洋科学原理和方法加以改良。生产工具、生产方法、生产品种，逐渐融合中西，推广于农村。且采用“表证农家”方式，选择接受识字教育的中青年农家先试用这些新方法新品种。单位产量大大增加，邻近各村农民闻讯前来参观，欣羡之余，要求“平教总会”加以指导，这样也促成农民自动精神，后来合作社等方式的引进，都是青年农民自动逐渐组成。

但农村环境肮脏，毫无医药保健设备，甚至传统草药店及中医也极缺乏。农民本身及家人身体多生疾病，传染病流行，从未加以预防。“平教总会”眼见这一现象：多病体弱的农民如何能长久耐劳做工？妇婴卫生不讲究，更影响后代。因此，又根据“经济”“实用”原则，试验卫生保健教育。训练平民学校结业青年农民担任各村保健员，负责治疗砂眼皮肤病以及每年布种牛痘及猩红热预防针。如有病情较重农民，即送区卫生所。所中医生视病情治疗，或再转送县卫生院。

晏阳初倡行平民教育，发源于法国战场。“定县实验”进行期间，正当国内外患内战最甚。“平教总会”不问政治，埋头工作。面对空前国难，华北已是国防最前线，因推行公民教育、培养定县居民民族意识以及自卫所需要的军事训练。从此，文艺教育、生计教育、公民教育连环进行，不分轻重先后，效果显明。中央政府因此决定采用这种方法，在全国设立县政实验县，定县自然是其中之一。素主“村治”的梁漱溟也认定以乡村单位大小试验研究，不仅多耗人力财力，且缺乏相互比较可能。也采用“平教总会”多年来“以县作实验单位”的主张，在山东邹平主持实验县，并采用定县实验成功的“乡村保健卫生制度”及“导生制”。华北几所著名大学教授也分别参加定县邹平研究实验工作，大学毕业生也应考为研究生（如现在台湾的叶楚生女士等）分别在定县邹平实地学习。这是中国现代学术界一大转变:“知识分子下乡”当时就有事实表现。

延展阅读

《宋教仁传》

宋教仁是同盟会的重要领导人之一、国民党三元首之一、中国伟大的民主革命先行者、中华民国的缔造者，是中华民国初期第一位倡导内阁制的政治家，在中国近代史上具有十分重要的地位。1913 年他被暗杀于上海，享年 32 岁。《宋教仁传》是吴相湘先生有关中华民国史研究的第一本著作，可以说是海内外有关宋教仁研究的奠基之作。本书以翔实的史料，对宋教仁的历史活动作了充分的考察，澄清了以往的误传和错误，提出了许多开创性的结论，某些判断已经为后来的史料所验证，这也证实了吴先生观察的细密和运用史料的能力。

《民国那些人》

本书是《中国青年报·冰点周刊》最佳专栏“钩沉”的结集，专栏主笔徐百柯从故纸堆里或人们的记忆中，以独立的判断和诗一般低徊的笔触，“钩”起 79 个人物，唤醒一段正在消逝的历史，让已经模糊的身影清晰可感。这其中既有故去的名校校长、铁肩辣手的报人，也有在世界面前代表中国的外交家，甚至有传教士……围绕着他们的一幕幕鲜为人知的传奇轶事，通过本书在历史零散与完整的记忆中生动再现。他们中有的人至今仍被频繁地提起，有的人虽然当时名博四方，之后却变得默默无闻，然而，他们的思想、学识、情操、气节、志趣等，今天仍然深深影响着我们。他们曾经的理想，他们的面容和言行，他们的风度、气质、胸襟、学识和情趣，在徐百柯的文字中被一一激活。将他们每一个人的一生都写成大部头的传记，用千字文来状摹他们诚非易事。徐百柯的高明之处就在于：三言两语，便使人物的性情、品格、相貌、风度等立即跃然纸上。

《紫禁城的黄昏》

〔英〕庄士敦 著

英国人庄士敦在中国生活了 30 多年，是近代来华的外国人中最富有传奇色彩的一个。其传奇经历中最神秘的部分，莫过于其担任溥仪英文教师的那五年。在《紫禁城的黄昏》这本书里，庄士敦把自己在华的经历放在近代中国的大背景中，记述了困居紫禁城中“清室”的黄昏时期——从中华民国成立到溥仪出宫期间——的历史。庄士敦从一个谙熟中国文化，又身为皇帝老师的外国人的特殊视角，对他耳闻目睹和亲身经历的大小事件进行了真实的记录，字里行间浸透着他的审视和思考。

关于作者

庄士敦（1874—1938），出生于苏格兰首府爱丁堡。1894 年，他从爱丁堡大学毕业，后进入牛津大学学习，主修现代历史、英国文学和法理学并获学士学位。1898 年，他被英政府派往香港工作。从此，庄士敦以学者兼官员的身份在华工作了 34 年。

庄士敦本是信仰基督教的，到了中国后他对中国佛教产生浓厚兴趣，为此阅读了许多佛家经典，并到五台山、九华山、普陀山等地考察佛教圣地，与众高僧、法师探讨研究佛教理论的玄奥和释典的妙谛，从此不再到教堂做礼拜。1901 年，庄士敦以“林绍阳”的笔名在伦敦出版了《一个中国人关于基督教传教活动向基督教世界的呼吁》一书，指责基督教会传教士试图改变中国社会的做法等，引起英国宗教界的猛烈抨击，称他为“古怪的佛教徒”。

庄士敦特别喜欢四处旅游，曾穿越中国云南和越南，又到缅甸考察；

还曾沿长江而上去了四川、西藏。他撰写了大量有关中国问题的论著，如《佛教徒在中国》《威海卫狮龙共存》《儒教与近代中国》等。

1919 年 2 月，45 岁的庄士敦来到北京，成为大清皇帝溥仪的英文老师，也由此成为中国几千年帝王史上第一位也是最后一位具有“帝师”头衔的外国人。他被溥仪称为“苏格兰老夫子”。

作为“帝师”，庄士敦无微不至地关心溥仪，向他介绍西方文明，为古老的皇宫带来了新的气息，使溥仪大开眼界，因此，他对溥仪的一生影响颇大。同时，他也是清室的保护人，溥仪被逐出宫时，他曾通过英国使馆向民国政府施加压力。庄士敦努力传播西方文化，而他自己却被中国文化同化了。他穿着长袍马褂，头戴二品花翎顶戴，像前清遗老一样迈方步，见人时拱手作揖。他还参与了溥仪复辟帝制的活动，并与当时中国的革命派针锋相对。溥仪去天津后，庄士敦到威海卫当专员。回到英国后他接受了爵士爵位，任伦敦大学的汉学教授兼外交顾问，还曾当过当代中国文学大师钱锺书的老师。

庄士敦终生未婚，回国后他用其著作的版税，在苏格兰买了一个小岛居住，还开办了一个陈列馆，陈列溥仪赏赐给他的朝服、顶戴及饰物等。每逢年节，他还穿戴清朝服装，邀请亲友到岛上相聚。这一习惯一直到他去世都未改变。

荐读理由

庄士敦在中国生活了 30 多年，游历了中国的 20 多个省份，是近代来华的外国人中最富有传奇色彩的一个。其传奇经历中最神秘的部分，莫过于其担任溥仪英文教师的那五年。很多年后，溥仪在回忆录《我的前半生》里承认，庄士敦已经成为他灵魂中重要的一部分。

其时，中国媒体对庄士敦本人和溥仪有诸多的责难，为了回应对他和皇上的批评，庄士敦描绘了在紫禁城那个奇异、封闭的世界里独特而令人憧憬的生活图景。他谙熟中国历史与文化，写出了那个时代丰富的历史细节。他与溥仪以及那个时代许多大人物有密切的私人关系，这使他能够详尽描述当时中国政治舞台上的众生相，披露了诸多鲜为人知的逸闻与宫廷生活内幕，是我们了解晚清历史无法绕过的第一手资料。

在庄士敦的笔下，末代皇帝溥仪没有了往昔的神秘，他只是一个十几岁的普通少年，对于各种新鲜事物有着强烈的好奇心，对时事有着浓厚的兴趣，并能够作出自己的判断。不过，溥仪的性格中也有着致命的弱点——浮躁、安于现状且不思进取。

本书的叙述略带伤感，反映了当时中国不断沉沦的命运。庄士敦在书中表达了对中国和中国人民的诚挚情感。他在英文版扉页上写道："谨以此书呈献给溥仪皇帝陛下，以志纪念 15 年之前建立于紫禁城的友好友谊，并谨以此书对陛下本人以及生活在长城内外的他的人民，致以衷心的祝福。历经这个黄昏和漫漫长夜之后，正在迎来一个崭新而更加美好的黎明。"

1934 年，《紫禁城的黄昏》在伦敦出版，随即轰动欧洲，之后不久，中文版与日文版也相继问世，给庄士敦带来了巨大的声誉。1987 年，轰动一时的电影《末代皇帝》即以本书为底本。

作为晚清和民国的亲历者，庄士敦的叙述是较为客观真实的，内容是生动鲜活的，但是，作为帝制的拥护者、英国政府的官员，他对某些问题的看法还是有失偏颇的，甚至是无视中国人民的利益和感情的，比如在"满蒙帝国"的许多问题上等，都体现了他的狭隘之处，这是读者在阅读中需要注意的。

先睹为快

1900 年，老佛爷过得很委屈，大多数日子在逃难。在漫长而颠簸的旅程中，她肯定会不由自主地回忆起 1860 年。那一年，外国军队把她丈夫咸丰皇帝赶出北京，她也随同逃往热河。此时彼时，如出一辙。那一年，洋鬼子火烧圆明园，40 年后的今天，他们是不是也要把紫禁城和颐和园化为灰烬？洋鬼子肯定会像 1860 年那样大肆破坏，美丽的颐和园将不可避免地变成废墟，她再也不可能在那里颐养天年了。洋人们会将所有珍贵的物件劫掠一空，带不走的则砸坏烧尽。然后这些野蛮人将返回他们那怪石嶙峋的荒岛上去，中国又将恢复平静，一如往昔的美好时光。

慈禧太后在臆想中熬过了颠沛流离的苦日子。她相信，一切都会好起来的，如果不把她请回北京，洋鬼子根本不可能恢复社会秩序。一旦她重返京城，就会在废墟上重建宫殿。金银财宝也将从全国各地滚滚而来，四万万恭顺的臣民随时准备着为她供奉，钱财根本不用担心。洋人的铁蹄所践踏的一切都要重建，她所失去的东西全都要重新得到，她要听戏、要吟诗、要作画、要练习书法，她还要在崇拜者和太监们的簇拥中登船。在晶莹剔透如碧玉的昆明湖上游弋。在为百姓们遭受了义和团之祸后，她需要好好放松一下。

……

当老佛爷殚精竭虑地思考这些问题的时候，她正在远离北京的土地上“巡历”。那是一片贫瘠的土地，连洋鬼子都不愿尾追而去。唉，有些事是该革新一下了，有些事则应该终止。1900 年的风暴使她有所觉悟，但直到去世，她也没有真正认识到清王朝的不可救药。孙中山已经在领导革命党四处活动，大清王朝岌岌可危。慈禧太后顾不得这么多，她在逃难，她只想尽快恢复往日的威严。

延展阅读

《德龄公主回忆录》

德龄，满洲人，先后随父亲裕庚出使日本和法国。1903 年春，17 岁的德龄随父回到北京，不久和妹妹容龄一起被慈禧太后召进宫中充作“御前女官”。在宫里，她窥见了一个没落王朝在历史的烟云中慢慢走向衰亡的最后挣扎，亲历了中国封建君主制被社会变革思潮冲击的剧烈震荡。1905 年 3 月，她因父病出宫赴沪。同年 12 月，其父在上海病逝，德龄以“百日孝”为由没再回宫。1907 年，德龄和美国驻沪领事馆副领事（后改做报馆记者）撒迪厄斯·怀特结婚，后随夫去了美国。

1911 年，德龄的第一部英文著作《紫禁城两年》（即《德龄公主回忆录》）出版，在国内外引起强烈反响。辜鸿铭欣然为之撰写英文书评，并大为赞赏。在本书中，作者以亲身经历为叙事依据，记述了随侍慈禧期间的亲身见闻，披露了许多常人无法得知的宫廷内幕。其中以大量的篇幅，描写了当时中国的最高女统治者慈禧太后的饮食起居、服饰装扮、言行举止和习性品格。书中的许多章节，足以和曾经发生过的重大事件相互印证，因而其以无可辩驳的充分可信性，显示出了其应有的历史价值。

《名人传》

〔法〕罗曼·罗兰　著

《名人传》是法国作家罗曼·罗兰所著《贝多芬传》《米开朗琪罗传》和《托尔斯泰传》的合称，它们均创作于20世纪初期，无论在当时还是在后世都产生了广泛的影响。

关于作者

1944年12月30日，伟大的法国思想家、文学家、音乐评论家和社会活动家罗曼·罗兰去世，享年78岁。

1866年，罗曼·罗兰在法国中部的一个小城镇出生。33岁时，他从法国巴黎高等师范学校毕业之后参加会考，取得了中学教师终身职位的资格，后来又成为考古学校的研究生。之后，他在巴黎高等师范学校和巴黎大学讲授艺术史。同时他还提出以“革命戏剧”取代陈旧的戏剧艺术，并从历史上的英雄事件中取材，写出了七个剧本。

20世纪伊始，罗曼·罗兰决定替历史上的英雄树碑立传，使普通人能够领略到英雄巨大的精神力量，为此他连续完成了三部传记：《贝多芬传》《米开朗琪罗传》和《托尔斯泰传》（合称《名人传》）。同时期，他还发表了杰出的长篇小说《约翰·克利斯朵夫》，这也是他的代表作，小说以贝多芬的人生经历为原型，被高尔基称为“长篇叙事诗”，也被誉为20世纪最伟大的小说。1913年，罗曼·罗兰凭借它获得了法兰西学院文学奖金，他也因此被看做是法国当代最重要的作家。

第一次世界大战爆发后，罗曼·罗兰定居在日内瓦，他利用瑞士的中立国环境，写出了一篇篇反战文章，他的立场受到了德国作家托马斯·曼等人的指责。但他没有屈服。1915 年，由于“他的文学作品中的高尚理想和他在描绘各种不同类型人物时所具有的同情和对真理的热爱”，罗曼·罗兰被授予诺贝尔文学奖。但在法国政府的反对下，直到第二年瑞典文学院才正式通知他获奖。他把获得的奖金都赠送给了国际红十字会和法国难民组织。

1917 年，俄国十月革命爆发，罗曼·罗兰与法朗士、巴比塞等著名作家一起反对欧洲帝国主义国家的干涉行动。两次世界大战之间，罗曼·罗兰再次冲上了创作高峰：1919 年发表了中篇小说《哥拉·布勒尼翁》，1920 年发表了两部以反战为主题的小说《格莱昂波》和《皮埃尔和吕丝》，1922 年至 1933 年又完成了另一部重要作品《欣悦的灵魂》，同时还有关于音乐理论和音乐史的重要著作七卷本《贝多芬的伟大创作时期》发表，此外还发表过诗歌、文学评论、日记、回忆录等各种体裁的作品。

1940 年，德军攻陷巴黎，居住在此的罗曼·罗兰生活在法西斯的严密控制下。1944 年 8 月，纳粹败退，巴黎解放，罗曼·罗兰重获自由，但不久就离开了人世。

荐读理由

《名人传》是法国作家罗曼·罗兰所著《贝多芬传》《米开朗琪罗传》和《托尔斯泰传》的合称，它们均创作于 20 世纪初期，无论在当时还是在后世都产生了广泛的影响。本书的三位传主均为历史上极富创造力的天才人物，他们的人生丰富多彩，他们的作品精深宏博，他们对人类历史的影响极为深刻。

罗曼·罗兰在这三部作品中没有局限于琐碎地考证传主的生平，

也并非记述他们的创作历程，而是紧紧围绕着这三位不同领域的艺术家的共同之处——“在伤心隐忍中找栖身”的贝多芬、“愈受苦愈使我喜欢”的米开朗琪罗、“我哭泣，我痛苦，我只是欲求真理”的托尔斯泰，他们都在与人生和命运作战，《名人传》重点描写了他们在忧患重重的人生道路上遭受挫折与苦难而不改初衷的心路历程，突出了他们伟大的人格、博爱的精神和宽广的胸怀。

在提到艺术风格时，罗曼·罗兰表示，他的优点唯有“诚恳”二字。他相信艺术能够描绘真实的情感，传达令人向往高贵的道德感。在《名人传》中，他时时呼吁自由和人类精神的尊严，支持被压迫者。被称为“欧洲的良心”的他不仅是一个有广泛国际影响的作家，同时也是一位著名的社会活动家，他把一生都奉献给了为争取人类自由、民主与光明而进行的斗争。

在《米开朗琪罗传》的结尾，罗曼·罗兰写出了今天看来仍是金玉良言的句子:“伟大的心魂有如崇山峻岭，我不说普通的人类都能在高峰上生存。但一年一度他们应上去顶礼。在那里，他们可以变换一下肺中的呼吸与脉管中的血流。在那里，他们将感到更迫近永恒。以后，他们再回到人生的广原，心中布满了日常战斗的勇气。”我国著名翻译家傅雷先生说他从《名人传》中得到的启示是:“唯有真实的苦难，才能驱除罗曼蒂克的幻想的苦难；唯有克服苦难的壮烈的悲剧，才能帮助我们担受残酷的命运；唯有抱着‘我不入地狱谁入地狱’的精神，才能拯救一个萎靡而自私的民族……”

《名人传》充满着一股无法抑制的激情，这是每一个读者在阅读时都会首先感受到的。罗曼·罗兰文笔豪爽，他质朴而又生动地刻画出为追求正义、光明而在时代风浪中奋力前行的知识分子形象，以极富感召力的语言写出了他们与命运抗争的伟大勇气和承担全人类苦难的博爱情怀，谱写出了一首首感人肺腑的“英雄交响曲”。

先睹为快

耳朵完全聋了。丢开耳聋不谈，他的健康也一天不如一天。从一八一六年十月起，他患着重伤风。一八一七年夏天，医生说他是肺病。一八一七至一八年间的冬季，他老是为这场所谓的肺病担心着。一八二〇至二一年间他患着剧烈的关节炎。一八二一年患黄热病。一八二三年又患结膜炎。从一八一五年秋天起，他和人们只有笔上的往还。最早的谈话手册是一八一六年的。值得注意的是，同年起他的音乐作风改变了，表示这转折点的是作品第一〇一号的奏鸣曲。贝多芬的谈话册，共有一一〇〇〇页的手写稿，今日全部保存于柏林国家图书馆。一九二三年诺尔开始印行他一八一九年三月至一八二〇年三月的谈话册，可惜以后未曾续印。关于一八二二年《菲岱里奥》预奏会的经过，有申德勒的一段惨痛的记述可按。

“贝多芬要求亲自指挥最后一次的预奏……从第一幕的二部唱起，显而易见他全没听见台上的歌唱。他把乐曲的进行延缓很多；当乐队跟着他的指挥棒进行时，台上的歌手自顾自地匆匆向前。结果是全局都紊乱了。经常的，乐队指挥乌姆劳夫不说明什么理由，提议休息一会儿，和歌唱者交换了几句话之后，大家重新开始。同样的紊乱又发生了，不得不再休息一次。在贝多芬指挥之下，无疑是干不下去的了；但怎样使他懂得呢？没有一个人有心肠对他说：‘走罢，可怜虫，你不能指挥了。’贝多芬不安起来，骚动之余，东张西望，想从不同的脸上猜出症结所在：可是大家都默不作声。他突然用命令的口吻呼唤我。我走近时，他把谈话手册授给我，示意我写。我便写着：‘恳求您勿再继续，等回去再告诉您理由。’于是他一跃下台；对我嚷道：‘快走！’他一口气跑回家里去；进去，一动不动地倒在便榻上，双手捧着他的脸；他这样一直到晚饭时分。用餐时他一言不发，保持着最深刻的痛苦的表情。晚饭以后，当我想告别时，他留着我，表示不愿独自在家。等到我们分手的辰光，他要我陪着去看医生，以耳科出名的……在我和贝多芬的全部友谊中，没有一天可和这十一月里致命的一天相比。他心坎里受了伤，至死不曾忘记这可怕的一幕的印象。”申德勒从一八一四年起就和贝多芬来往，但到一八一九以后方始成为他的密友。贝多芬不肯轻易与之结交，最初对他表示高傲轻蔑的态度。

两年以后，一八二四年五月七日，他指挥着（或更准确地，像节目单上所注明的“参与指挥事宜”）《合唱交响曲》时，他全没听见全场一致的喝彩声；他丝毫不曾觉察，直到一个女歌唱演员牵着他的手，让他面对着群众时，他才突然看见全场起立，挥舞着帽子，向他鼓掌……一个英国游历家罗素，一八二五年时看见过他弹琴，说当他要表现柔和的时候，琴键不曾发声，在这静寂中看着他情绪激动的神气，脸部和手指都抽搐起来，真是令人感动。

（摘自《贝多芬传》）

延展阅读

《伏尔泰传》

莫洛阿著。伏尔泰（1694—1778）是18世纪法国资产阶级启蒙运动的旗手，被誉为“法兰西思想之王”“法兰西最优秀的诗人”。他不仅在哲学上有卓越成就，而且以捍卫公民自由，特别是信仰自由和司法公正而闻名。他的论说以讽刺见长，常常抨击基督教会的教条和当时的法国教育制度。伏尔泰以他毕生的斗争经历证明，他是一个健全而伟大的人，是他所处时代的肖像。正如维克多·雨果曾评价的：“伏尔泰的名字所代表的不是一个人，而是整整一个时代。”他提倡天赋人权，认为人生来就是自由和平等的，一切人都具有追求生存、追求幸福的权利，这种权利是天赋予的，不能被剥夺，这就是天赋人权思想。莫洛阿的《伏尔泰传》，正是记述了法国启蒙思想家、作家和哲学家伏尔泰维护正义和真理的一生。

《说吧，记忆》

〔美〕弗拉基米尔·纳博科夫 著

纳博科夫是20世纪公认的杰出小说家、诗人、批评家和翻译家，也是20世纪最重要的移民作家之一，许多人从他的小说中了解到其长期流亡异国的经历。《说吧，记忆》是其唯一的自传。

关于作者

弗拉基米尔·纳博科夫（1899—1977），俄裔美国小说家、诗人、文学批评家、翻译家，1973年因其终身成就被美国授予国家文学金奖。他的一生传奇色彩颇浓：1899年出身于俄国圣彼得堡的一个贵族家庭，1917年的革命使他家失去了一切财产，父亲带着他流亡欧洲20年；1940年因为妻子薇拉的犹太人身份，为躲避纳粹迫害而移民美国；在美国因《洛丽塔》的发表而名利双收，随后带着写书赚来的财富回到了欧洲，和妻子住在瑞士一家五星级旅馆直到去世。

作为一个移民作家，纳博科夫将欧洲贵族趣味与传统修养带进美国文化，同时他又持有深刻而世故的批判与讽刺眼光，这使得他的作品具有特殊的文化韵味。他的成名作《洛丽塔》成功地将大众文化与经典题材嫁接到一起，以荒唐的喜剧形式反映精神流亡者在物质丰裕、人欲横流的美国生活中的遭遇。纳博科夫用俄语写了大量的文学作品，译成英文的小说就有20多个短篇和9部长篇。他用英语写了6部长篇小说，除成名作《洛丽塔》外，还有《普宁》《微暗的火》《阿达》

《文学讲稿》和自传《说吧，记忆》等。

纳博科夫是一个十分有个性的作家，他曾侨居柏林15年，却声称不曾读过卡夫卡的作品，德语水平只限于在超市买香肠。对一个能够用俄、英、法三种语言自由写作的语言天才来说，这实在令人难以置信。他十分眷恋自己的故土，称自己是一个“俄罗斯作家”。他在《说吧，记忆》里说，为了保证自己从俄国抢救出来的最后财富（俄语）不流失，在剑桥，他如教徒抄经一般每天抄写俄语词典；在柏林，他拒绝学习德语——那种“难听的语言”。成名后，旅居瑞士的纳博科夫陆续将前半生的俄语作品译成英语，将后半生的英语作品译成俄语。直到他辞世后，俄罗斯才首次出版了他的作品，那些指责他“毫无俄罗斯骨血”的批评家们开始用“浸透着俄罗斯骨血的一生”为他定名。

从1940年到1959年，纳博科夫先后在斯坦福大学、韦尔斯利学院、康奈尔大学、哈佛大学讲授俄罗斯和欧洲文学以及文学创作。他对学生的苛刻是出名的，上课的时候，“座位都已经排了号，不再更换。不准说话，不准吸烟，不准编织，不准读报，也不要睡觉，看在上帝的分上，请记笔记”；考试的时候，“一副清醒的头脑，一份试卷，加上墨水和思考，简写熟悉的姓名，例如包法利夫人。不要用修辞掩饰无知。除非有医生的证明，否则任何人也不得上厕所”。而且，据说他的课程并不是“讲”的，而是“念”的，用他俄语腔的英语，一字一句念他的备课笔记。

纳博科夫是一位严谨至极的作者，在表述自己的观点与意见时，运思选材、遣词造句都尽可能使其能稳妥地支撑其观点。京剧艺术大师梅兰芳之子、著名翻译家梅绍武生前谈及翻译纳博科夫的作品时说：“纳博科夫好用生僻的古典字，一般字典上找不到，翻译他的书得备一本《韦伯斯特国际大词典》。他的文笔十分晦涩，就像一位西方评论家说的那样，头一遍让你云里雾里，第二遍理出些头绪，第三遍才能茅塞顿开，发现其中阳光灿烂无比。”

那么，在纳博科夫锐利的眼光下，怎么样才能算是一个合格的读书人呢？纳博科夫的答案是：要有不掺杂个人感情的想象力和艺术审美趣味。

纳博科夫除了是一位伟大的小说家之外，还是一名出色的昆虫学家（所以他在《变形记》中分析甲壳虫得心应手）。在昆虫学界，他是世界上最有名的鳞翅昆虫学家之一，他对蝴蝶的迷恋和研究绝不次于他对他的文学事业。他在 20 世纪 40 年代曾负责哈佛大学比较动物学鳞翅目昆虫研究项目，其间所写的论文赢得了同行的尊敬。从 20 世纪 80 年代末起，科学家们开始重新考察他的昆虫研究论著，不断重估它们的价值。

荐读理由

纳博科夫是 20 世纪最重要的移民作家之一，许多人是从他的小说中了解到其长期流亡异国的经历的。他的自传《说吧，记忆》是一本回忆集，由纳博科夫以前发表在《大西洋月刊》《纽约客》《党人评论》和《哈珀杂志》等著名刊物上的互有联系的 15 篇文章构成。

这些文章在时间上跨越 37 个年头，文中叙述的地点也经常改变，从圣彼得堡到法国海滨城市圣纳泽尔，又从巴黎到美国，分别写到他的父母、兄长、姐妹等家族人物，也涉及不少与他们相关的重大历史事件。对于自己的家庭，纳博科夫在书中没有作太多的描述，但在情感方面，他在妻子薇拉身上不惜笔墨，并且还用很大的篇幅描写了他年轻时的一段恋情。

纳博科夫所生活的时代，正是被人津津乐道的俄国文学史上的“白银时代”，阿赫玛托娃、茨维塔耶娃、普宁、曼德里施塔姆、布罗茨基等文学名家，在纳博科夫的笔下熠熠生辉：优雅精细的贵族家庭教育，爱好艺术而藏书万卷的父母，从中可以窥见俄罗斯深邃悠远的文化传承。他在回忆中注入了对童年以及童话般的俄罗斯的深切怀念。

风景如画的维拉庄园、飘雪的圣彼得堡、清澈纯净的夏日苍穹、隐蔽着美丽蝴蝶和各种奇妙生物的乡野山林……这些童年时期的自由成长之地，连同记忆中的初恋和纯真的俄罗斯少女，都被纳博科夫深深铭记，它们像普鲁斯特的玛德琳娜点心和蝴蝶美丽的鳞翅一样，只要轻轻一瞥，就能将沉淀在记忆深处的往昔唤起。纳博科夫说:“生动地追忆往昔生活的残留片段似乎是我毕生怀着最大的热情来从事的一件事。”这部自传初版叫作《确证》——“是我确实存在过的确证”，所以那些失去的亲人、楼宇、庄园、地位、珠宝、藏书和爱情，在纳博科夫的文字中获得了另一种生命。

作为20世纪公认的杰出小说家和文体家，纳博科夫的语言有着明澈清晰的独特韵味。他没有遵循西方忏悔式传记的书写传统，而是在书中发挥自己独特的想象力，把他的经历与回忆中产生的一些想象巧妙地结合在一起。他对往昔的回忆并非是兴之所随，而是有着精确的细节探索和细致如工笔油画般的摹写。与其说这是原生态的记忆片段，不如说它是经过作家打磨的精致的时光之链。也有人认为，这本自传是解读他小说的绝好密码，因为回忆本身即是幻想和现实之间的某种隐蔽的桥梁。

先睹为快

摇篮在一道深渊上晃动，而常识告诉我们，我们的存在只是一道短暂的光缝，介于两片黑暗的永恒之间。尽管两者是相似的双胞胎，人看出生以前的深渊，通常比看他（以每小时大约四千五百下心跳）前往的那个更镇静一些。然而，我知道有一位年轻的时间恐惧症患者，在第一次观看他出生前几个星期拍摄的家庭电影时，经历过某种类似恐惧的心情。他看到一个几乎毫无变化的世界——同样的房子，同样的人——于是他认识到他根本就没有存在于此，也没有人会为他的缺席而悲伤。他望见他母亲在一扇楼窗里挥手，那陌生的动作令他不安，仿佛是某种神秘的告别。但尤其使他害怕的是看见一辆崭新的婴儿车停在门洞那里，带有一具棺材自满的、侵犯的气氛；甚至那也是空的，好像，在相反的事件过程里，正是他已经粉身碎骨。

这样的幻想年轻人并不陌生。或者，换一种说法，最初与最后的事物经常倾向于拥有一种青春期的特征——除非，有可能，它们为一种可敬而严格的宗教所指引。自然期望一个发育完全的人接受两个黑色的虚空，前面的与后面的，像他接受两者之间的奇异梦境一样若无其事。想象，永生者与不成熟者的至高乐趣，应当受到限制。为了享用生命，我们不应当过多地享用它。

我反抗事物的这种状况。我感到了这一冲动，要把我的反抗释放出来，警戒自然。一次又一次，我的头脑作出了巨大的努力，来辨认我的生命两端非个人的黑暗中最微弱的个人的闪光。黑暗仅仅是那道时间之墙造成的，它把我和我青肿的拳头与一个没有时间的自由世界分隔开来，这是我乐于同浑身涂抹得俗丽之极的野蛮人共有的一个信条。我曾在思想中返回——我返回时思想毫无希望地越来越窄——到遥远的地带，在那里摸索某个秘密的出口，最终仅仅发现时间的监狱是环形的并且没有出路。除了自杀，我什么都试过。我曾脱去我的身份，以便把自己当作一个司空见惯的幽灵，并潜入我出生之前即已存在的国度。我曾在心中忍受过维多利亚时代女小说家和退休中尉的自暴自弃的陪伴，他们记得前生曾经是罗马大道上的奴隶信使或是拉萨柳树下的先知。我曾经翻乱了我最陈旧的梦境，寻找钥匙和线团——同时我要说我彻底抛弃了弗洛伊德的那个粗俗、杂乱、根本上属于中世纪的世界，还有它对性符号的古怪之极的寻觅（仿佛在莎士比亚作品里寻找培根式的离合诗）和它嫉妒的小胚胎，它们在那天然的藏身之所，窥视着它们父母的爱情生活。

延展阅读

《纳博科夫传：俄罗斯时期（上下册）》

出于对纳博科夫的无限热爱，新西兰学者布莱恩·博伊德教授以卓越的才情写出了与纳博科夫的成就相匹配的传记。本书从纳博科夫的家族历史与完美童年写起，直到纳博科夫一家踏上美利坚国土前一刻结束，在时间段上与纳博科夫的《说吧，记忆》刚好重合。在这部享誉世界的纳博科夫评传中，博伊德以一个学者的深邃、一个理想读者的洞察力、一个讲故事好手的天资，勾勒纳博科夫生平的跌宕，专注于刻写其"生命纹理"。纳博科夫毕生创作中所有精心埋藏的典雅谜题、向读者发出的狡黠挑战，都被他一一破解，博伊德教授从此被誉为最优秀的"纳博科夫爱好者"、最权威的纳博科夫传记作者。

《洛丽塔》

这是纳博科夫最为人们熟知的、充满争议的作品。小说的绝大部分篇幅是死囚亨伯特的自白，叙述了一个中年男子亨伯特与一个未成年少女洛丽塔的不伦之恋。《洛丽塔》最令人叹服的成就之一就是，作为一个移民作家的纳博科夫比绝大多数土生土长的美国作家更逼真地再现了美国的社会和文化背景。和纳博科夫笔下的许多人物一样，亨伯特是一个极端个人主义的艺术家。他想象力丰富，但近于偏执。他追求的所谓的"美感"既有艺术华丽的诗意，也充满了感情堕落者阴恶的罪恶感。作为他的欲望对象，洛丽塔只不过是亨伯特意识的产物，是他异想天开地企图从外部的现实和时间中抢夺出来的一个幻想。

《拿破仑传》

〔德〕埃米尔·路德维希　著

拿破仑是中国读者最为熟悉的西方历史伟人之一，他在欧洲政坛叱咤风云数十载，其军事才能和人格魅力注定使他成为欧洲史上乃至世界近代史上无法抹去的不朽传奇！德国著名传记大师埃米尔·路德维希以其生花之笔，为我们展示了一个栩栩如生的拿破仑。

关于作者

德国作家埃米尔·路德维希（1881—1948）以脍炙人口的名人传记享誉国际文坛。他在大学时代攻读法律专业，25 岁后，开始创作诗歌和剧本。第一次世界大战期间，他还曾担任德国一家报社的驻外记者。1920 年，路德维希发表《歌德传》并一举成名，开创了传记文学写作的新流派，其作品特点是注重描写传主的心路历程，注重对传主的性格分析。

路德维希是一位充满正义感的作家，青年时期由于不满德国国内政治气候而迁居瑞士，20 世纪 40 年代又迁往美国并定居。继《歌德传》后，路德维希又先后发表了众多名人传记，比较著名的有《拿破仑传》《俾斯麦传》《林肯传》《罗斯福传》《三人肖像：希特勒、墨索里尼、斯大林》《贝多芬传》等。

荐读理由

发生于18世纪末期轰轰烈烈的法国大革命，将一个来自科西嘉岛的普通军人拿破仑·波拿巴推到了时代的最前沿。就是这个貌不出众的矮个军人，充满自信和激情，凭借勤奋与不懈追求，在欧洲的历史舞台上大显身手：战场上所向披靡、发动政变青云直上、创建法兰西第一帝国并加冕称帝、颁布资产阶级国家最早的民法典《拿破仑法典》、东征西讨却走上不归路，到最后成为圣赫勒拿岛的囚徒……

拿破仑是中国读者最为熟悉的西方历史伟人之一，代表了欧洲的一个时代。毛泽东将拿破仑与华盛顿并提为“西方资产阶级英雄”，这样一位英雄人物的传奇一生，一直引起人们的关注和崇敬。

对于拿破仑这样一个历史人物，怎样评价他的功过是非呢？法国著名史学家索布尔是这样评论的：“拿破仑的历史，正和法国大革命的历史一样，将是永远不能完成，也是永远不能全部写成的。一代又一代，它将无间断地引起人们的思考，激发人们的热情。”

德国著名传记大师埃米尔·路德维希以时间为线索，以史实为基础，以戏剧化为原则，注重细节描写，向读者讲述了拿破仑许多有趣而吸引人的故事：他的战争艺术、他的果敢坚毅、他的博学多识、他的传统守旧、他的风流多情……展示了他由炮兵少尉至称帝法兰西，直至最后在囚禁地圣赫勒拿岛去世的传奇经历和心路历程。

在路德维希看来，拿破仑指挥的历次战役和当时欧洲各国的历史状况在书中并不是重点。深入这个伟人的内心世界，展露他的决心与隐忍、他的功业与他的痛苦、他的种种幻想和盘算等发自他内心深处的情绪，并揭示这一系列的情愫，才是写作这本书的目的。他关注的是拿破仑跟诸兄弟或妻子的每次龃龉，他每时每刻的情绪，或消沉，或欢跃，他的勃然大怒与脸色发白，他对友人或敌人的善举或诡计，他对将领或女人们的每句话（根据可靠的谈话记录），这些对路德维希来说远比马伦哥战役的战斗序列，远比《吕内维尔和约》的条款或大陆体系的细则重要。他所关注的，不只是法国作家写的拿破仑秘史，而是在公私两方面能作为人间一种类型的拿破仑的总体形象。

纵观此书，除了内心独白外，作者所据的资料都是有案可查的史实。拿破仑传奇的人生经历，或许只有崇尚客观真实的人才能理解。

先睹为快

布里埃纳军校的花园内，一个矮小、腼腆、寡言、喜欢独来独往的男孩坐在那儿看书。学校把花园划成小块分给学生，男孩把属于自己的一块连同旁边属于同学的两块，一起用篱笆围了起来。除了那两位同学，他不准任何人闯入这块领地。谁若胆敢擅入，他会气势汹汹地冲上去。就在不久前，几位被焰火烧伤的同学碰巧逃到这里，也被他挥舞锄头赶了出来。

对此，任何处罚都不起作用，老师们只得听之任之。“这个男孩是花岗岩做的，里面埋藏着一座火山。”一位老师这样评价他。是的，这个小王国尽管有三分之二是强占来的，但他不允许任何人侵犯。他对个人自由的感觉就是如此强烈。不久，他在给父亲的信中说:“我宁愿在工厂工人中排名第一，也不愿成为科学院院士中最末的一个。”这句话他是不是在普鲁塔克的书中就已看到过呢？普鲁塔克描写的许多伟人，尤其是罗马英雄的生平，令男孩热血沸腾，神往不已！

没有人看见男孩露出过笑容。在同学们眼里，这个意大利人犹如半个野人，至少是个奇特的外国人。他几乎不会法语，这是他的敌人的语言，他似乎不愿屈尊去学。多么古怪的小矮个，多么古怪的名字！他的外套太长，身边总是没有零花钱，什么都买不起，却宣称出身贵族！那些来自达官显贵家庭的同学嘲笑他：科西嘉的贵族算什么呀！还有，要是你们真的英勇善战，为什么会被我们战无不胜的军队打败？

“我们是以一敌十。”男孩怒不可遏地喊道，“你们等着！等我长大后，一定会好好教训你们这些法国佬！”

延展阅读

《拿破仑传》

英国人弗兰克·麦克林恩是专业作家，早年著有《H. M. 斯坦利》和《里察德·伯恩》等多部传记，以及以詹姆斯党运动为题材的若干著作。其中《查尔斯·爱德华·斯图亚特》一书获 1989 年“最佳苏格兰作家”奖最终提名，《英国詹姆斯党军队》一书获 1985 年度切尔滕纳姆文学奖。近作有《菲茨罗伊·默克莱恩》《罗伯特·路易·斯蒂文森》等。

弗兰克·麦克林恩的《拿破仑传》是一部“纪史”性著作，它对拿破仑作为一位历史人物和拥有一种人格的两面性，给予尽情揭露。与路德维希的《拿破仑传》不同的是，麦克林恩以大量篇幅，浓墨重彩地描述了拿破仑一生中经历过的各次重大战役及其辉煌的军事成就。书中还包含着万花筒般的私隐轶闻，以此寻求这位非凡人物从生成到泯灭的心理轨迹，探索拿破仑及其帝国悲惨命运的蛛丝马迹，在全面和充分肯定拿破仑的伟大历史地位、他的卓越天才和功绩的同时，也将他“方方面面拆开来看”，以一种冷峻的眼光，撇开加在拿破仑头上的种种光环，还他以一个非虚拟的、实实在在的伟人形象。书中充满深刻的点评和辛辣的剖析，读来妙趣横生，发人深省。

《领袖们》

〔美〕尼克松 著

曾任美国总统的尼克松先后访问过80多个国家，不仅和这些国家的领袖们打过交道，而且目睹过他们进行领导的情况。第二次世界大战以后各国的重要领袖人物中，除了斯大林以外他都认识。在这种近距离的接触中他更加能够写出领袖们本来的面目。

关于作者

理查德·米尔豪斯·尼克松（1913—1994），美国第37任总统。

1913年1月9日，尼克松出生于美国加利福尼亚州洛杉矶市。他毕业于惠蒂尔学院和迪克大学，后进杜克大学专修法学，获法学学士学位。1937年至1942年他在加利福尼亚州惠特尔当律师。1942年至1946年他在海军服役，升为海军少校。1938年6月加入共和党。

1946年，尼克松当选为美国众议院共和党议员，开始步入政界。1950年当选为美国联邦参议员。1952年，他作为艾森豪威尔的竞选伙伴，当选为美国副总统，任副总统四年。1956年他再度当选为美国副总统。1968年，尼克松当选为美国第37任总统。1973年1月连任。执政后，尼克松对内的目标是抑制通货膨胀，重振美国经济；对外提出尼克松主义，与中华人民共和国直接接触。

1972年2月，尼克松访华，打开了中美两国关系的大门，成为访问中国的第一位美国总统，对中国为期七天的访问被称为“改变世界的一周”。在尼克松访华期间中美两国政府发表了著名的《上海公报》。尼克松为改善和发展中美两国关系作出了重要贡献。尼克松在其任期内，逐步将美国军队撤出越南。1973 年 1 月 27 日，美国签署《关于在越南结束战争、恢复和平的协定》。3 月 29 日，美军完全从越南撤出。至此，这场美国历史上持续时间最长，也使美国陷入危机的战争结束。

1974 年 8 月 8 日因“水门事件”尼克松被迫辞去总统职务，成为美国历史上第一个为了躲避国会对其滥用职权进行制裁和定罪而辞职的总统。在此后 20 年的时间里，尼克松不断反思自己，积极参与国际事务，为美国的在任总统出谋划策，在国内外讲演数百次，写出了包括《尼克松回忆录》《六次危机》和《领袖们》在内的八部畅销作品。这期间，每年的 6 月 17 日——水门事件的纪念日，对尼克松来说都是一个痛苦的关卡，因为许多媒体会举行各种各样的活动来反思那段对尼克松来说极不光彩的日子。不断有新的录音资料公布出来，记者会在不同的场合发出攻击性的提问责难尼克松。尼克松以极大的耐心和真诚的悔恨来求得公众的原谅，并用实际行动来等待时间的裁决。他的行为终于让美国人感动了，他重新赢得了人们的信任。

1993 年 4 月，尼克松最后一次访问中国。1994 年 4 月 18 日傍晚，尼克松因病去世。在他的墓碑上雕刻着这样一句话:“历史所能赋予的最高荣誉是和平缔造者。”

荐读理由

在《领袖们》的开篇，尼克松就对领袖的含义进行了阐述:“在伟大领袖人物的脚步声中，我们听到历史隆隆的惊雷。几个世纪以来——从古希腊人，经过莎士比亚，直到今天——难得有几个主题能像伟大领袖人物的性格那样持续不断地、强烈地吸引着剧作家和历史学家。怎样区别他们呢？怎样解释领导者与被领导者之间存在的那种特有的、难以确切表达的相互关系呢？并不只是这些领袖们的戏剧性事件，而是他们的重要性——他们的影响才引起人们对这些领袖们的作用有那么大的兴趣。当戏剧的最后一幕结束时，观众从剧院鱼贯而出，回到家中又开始他们的正常生活。然而，当一位领袖人物的政治生涯的帷幕落下时，观众的这种正常生活就发生了变化，历史的进程也许就有了深刻的变更。”

由于饱受宦海生涯的沉浮，他有机会从自身经历的角度去分析他们成败的原因，对领导的本质和技巧有其经验式的独到见解。

尼克松选择的领袖，有的拥有卓越的才能，有的对历史的进程具有巨大的影响，有的有一种人们所具有的内在的兴趣，有的在动荡不定的历史时期成为推动世界前进力量的范例。除了道格拉斯·麦克阿瑟外，美国的其他领导人没有包括在本书中。

尼克松在这本著作中着重描写的是和他意识形态相近的伟大领袖，比如丘吉尔、戴高乐、阿登纳。但是他也详细地描写了赫鲁晓夫、周恩来等共产党的领导人。尼克松谈到，在本书中论述到的每个人都是有目标、远见和事业心的领导者，有些人的名字必定长期地留在人们的记忆里，有些人却不大为外国人所记得。但是，在几十年间全球风云变幻的政治事件中，每位领袖都有某些重要的方面可以告诉我们。

先睹为快

我 1972 年访问中国期间，周恩来无与伦比的品格是我得到的最深刻印象之一。通过多次长时间的正式会谈和非正式交谈，我终于了解了他，并对他产生了极大的敬意。“恩来”译成英文是“恩惠降临”之意。这个名字很能概括他的风度和气质。他待人很谦虚，但沉着坚定。他优雅的举止，直率而从容的姿态，都显示出巨大的魅力和泰然自若的风度。在个人交往和政治关系中，他都忠实地遵循着中国人古老的信条：决不“伤人情面”。

周恩来的外貌给人的印象是：仪态亲切，非常直率，镇定自若而又十分热情。双方正式会谈时，他显得机智而谨慎。

他穿着一套做工精细的灰色中山服，上衣口袋上方别着一枚“为人民服务”的小徽章，端坐在谈判桌对面，身子稍向前倾，双臂放在桌子上，有时，他双手交叉置于胸前，右臂显得有些瘦弱——这是长征途中一次受伤留下的永久性的纪念。他已是73岁的人了，但他那向后梳的头发仅仅略呈灰白，而且有一点弯曲；黝黑的肤色则差不多与地中海人相似，和其他的中国人不大一样。

在正式的会议上，他轮廓清晰的面部的表情始终比较严峻；在听我讲话时，头总是侧向一边，同时两眼紧盯着我。亨利·基辛格曾经把周恩来比作眼镜蛇：静静地蜷伏着，保持着出击的姿势，以便伺机猛扑过去。曾经用来描述查尔斯·帕纳尔这位19世纪的爱尔兰伟大爱国者的警句，完全可以用到周恩来身上：他是重冰覆盖下的一座火山。

周恩来懂英语、法语、德语、俄语和日语。所以在他听完翻译前，就已经知道我所说的意思了，这是一点也不奇怪的。

他偶尔还纠正翻译的译文，使之能够更精确地表达他的思想及各种差别细微的词义。他讲话时不用提纲，并且很少带他的助手参加讨论。他讲话很有逻辑，完全使人信服。为了加强话语的分量，他有时还降低声音，或点头以示强调。

周恩来身材瘦削，似乎显得有些虚弱。然而，他精力之充沛却超过他许多年轻的助手。由于肩负了大量的工作，他工作很长时间，总是起早睡晚，在他担任总理兼外长时尤其如此。

他经常利用清晨的零星时间会见外国来访者，谈话继续到日出，谈话结束时，精神却仍然星烁如初。

随着非正式的宴会和观光活动的增加，我们的互相了解加深了；周恩来的姿态也更加开朗，表情更加丰富了。他经常靠在椅背上，用富于表现力的手势来增强谈话效果。当要扩大谈话的范围，或是从中得出一般性结论时，他经常用手在面前一挥；在搁浅的争议有了结果时，他又会把两手放在一起，十指相对。在正式会谈中，他对一些俏皮话暗自发笑；在闲聊时，他又变得十分轻松自如了，有时对善意的玩笑还发出爽朗的笑声。他开怀大笑时，两眼闪射出快乐的光芒，脸上皱纹显露，显示出这是发自于内心的真正的喜悦。

延展阅读

《超越和平》

这部作品是尼克松在苏联解体、世界冷战格局刚刚结束的大历史背景下重新评估世界走势，对于美国的世界战略及内外政策的剖析。在当时是一部颇具前沿性的国际政治论著。“超越和平”是作为解决冷战后“和平困境”提出的，至今仍有战略意义。

《伟人与大国》

德国前总理赫尔穆特·施密特是德国和世界政坛备受尊重的前辈政治家。施密特 1975 年应周恩来之邀来到中国，是第一位访问中国的德国总理，也是唯一与毛泽东见过面的德国总理。他从政期间，积极促成德国与中国的建交。在西方世界，施密特被认为是在经济政策上卓有建树的“伟人”，在政治、军事上“杰出的战略思想家”。《伟人与大国》是施密特从政期间，特别是就任德国总理八年中，与苏联、美国、中国三大国领导人会晤的回忆录，精辟解析了大国伟人们鲜为人知的言论，是 20 世纪 70 年代以来一部难得的国际风云录。书中见解深刻，富有远见，被西方媒体评价为施密特留给世界的最后遗嘱。

《渴望生活：梵高传》

〔美〕欧文·斯通　著

出生于荷兰的著名画家温森特·梵高被认为是19世纪人类最杰出的艺术家之一。他一生清贫，作为画家，在世时却只卖出了一幅画，穷苦到要靠弟弟的救济来生活。生活的贫苦使他一生忍受着精神的痛苦和内心的焦躁不安。读了美国当代著名传记文学作家欧文·斯通的传记小说《渴望生活：梵高传》，我们会对这位后期印象派大师的人生历程——他的爱、他的痛苦和他的创作激情有更加深刻的理解。

关于作者

欧文·斯通（1903—1989），美国当代著名传记文学作家，出生于美国旧金山。他的童年并不幸福，家庭处境十分艰难，读完中学后他做过报童、推销员、牧童等。1923年，他获得南加州大学的经济学硕士学位，之后曾在印第安纳大学任教。

欧文·斯通是从写剧本开始他的写作生涯的，后来又转向人物传记小说的创作。从20世纪30年代到70年代将近四十年间，欧文·斯通写了十多部传记文学小说，享有很高的声誉。他的成名作《渴望生活：梵高传》发表于1934年，奠定了他在美国文坛上的地位，此后，他还写了美国作家杰克·伦敦的传记小说《马背上的水手》、林肯夫妇的传记小说《爱情是永恒的》、意大利文艺复兴时期的艺术大师米开朗琪罗的传记小说《痛苦和狂欢》、奥地利心理学家弗洛伊德的传记小说《思维的激情》、英国伟大生物学家达尔文的传记小说《起源》等等。

欧文·斯通的写作态度是认真严肃的。他每写一部传记小说，总是先要阅读大量有关的文献资料，并且到传记对象的出生地和曾经生活工作过的地方作一番调查研究，然后进行构思创作。正因为如此，他的作品深受读者的喜爱，曾多次获得文学奖，在欧美各国有着广泛的社会影响。

欧文·斯通的婚姻家庭非常美满，妻子琼·斯通也是他许多作品的编辑。1968 年，他和夫人创立了“欧文·吉恩·斯通传记、历史小说奖”。1989 年，欧文·斯通因病去世。

荐读理由

出生于荷兰的著名画家温森特·梵高被认为是 19 世纪人类最杰出的艺术家之一。他一生清贫，作为画家，在世时却只卖出了一幅画，穷苦到请不起绘画模特，要靠弟弟的救济来生活。生活的贫苦使他一生忍受着精神的痛苦和内心的焦躁不安。而与此同时，他的画作却显得越发明亮起来。鲜艳火辣的色彩、狂放流动的笔触，凝固在了他的画布上，燃烧起了他精神世界中对于生活的最好诠释。他的每一幅画作无不饱含着他对于自由的诠释，对于生命的热爱。

1927 年的春天，一位颇懂绘画艺术的作家十分偶然地走进了卢森堡画廊。在这里，一个小型画展上的由色彩、阳光和运动组成的骚动不安的世界让他无比震惊！他痴迷地徘徊于一幅又一幅油画面前，被这位名叫温森特·梵高的荷兰画家的画作深深打动。这位作家就是欧文·斯通。

出于不可遏制的激情与冲动，欧文·斯通开始了《梵高传》的写作。他追随着梵高生前的踪迹，来到法国、荷兰、比利时等地，得到梵高当时还在人间的亲友们，以及当地许多梵高的崇拜者的协助，从他们的回忆和所提供的资料中发掘出许多传记材料。不过，他的主要材料还是来自梵高写给他弟弟的三卷书信集。在他回到纽约后，对梵高的一生作出了这样的结论："梵高的一生，是人所经历过的最为悲惨然而成就辉煌的一生。"

本书按地点伦敦、博里纳日、埃顿、海牙、纽恩南、巴黎、阿尔、圣雷米、奥威尔分成一个序幕和八卷，斯通把梵高一生对生活的渴望，包括对爱情的追求、对亲情的希冀，以及对世人肯定的渴求，都写得入木三分。然而他的稿件却在三年间被美国十几家大出版社拒绝："您怎么可以要求我们让正处于萧条时期的美国公众，接受这个关于一位默默无闻的荷兰画家的故事呢?"欧文·斯通的手稿后来终于在删减了十分之一后，被英国一家老出版社的小分社接受。而这部作品，震撼了无数读者，至今已被译成80多种文字，行销数百万册。甚至在斯通的其他传记小说的封面上，往往在作者名字下面，都特地加上了"《梵高传》的作者"的字样。

欧文·斯通认为，最能打动读者的不是名人的成就和辉煌，而是他们追求和探索的过程。读过这一部生动亲切的传记小说，我们会对这位后期印象派大师的人生历程——他的爱、他的痛苦和他的创作激情有更加深刻的理解。

感谢欧文·斯通告诉我们梵高的故事。

先睹为快

温森特在丹尼斯家里找到几张干净的白纸和一支粗铅笔。他把他的两幅速写放在桌上，开始整理它们。他用笔笨拙生硬，因而不能把他心里想的线条画到纸上。虽然他用橡皮的时候比用铅笔的时候多得多，但还是不厌其烦地反复描绘着他的人物。他这样专心致志地画着，竟没有注意到暮色已经悄悄来到他的房间。丹尼斯太太的敲门声把他吓了一跳。

“温森特先生，”她叫道，“晚饭已经在桌上摆好啦！”

“晚饭！”温森特惊讶地喊起来，“啊，怎么已经这么晚了呀！”

在餐桌上，他兴致勃勃地同丹尼斯一家人聊着天，眼睛隐约闪着光。丹尼斯一家人互相交换着意味深长的眼色。吃完这顿简便的晚餐，温森特起身告辞，并立即回到他的房间。他点亮小灯，把那两张素描钉到墙上，站在尽可能远的地方反复观察。

“画得不好，”他脸上带着古怪的微笑自言自语地说，“很不好。不过明天也许能画得稍微好一点儿。”

他上了床，煤油灯就放在身边的地上。他两眼直瞪瞪地望着他的两幅素描，一无所思。接着，他看见自己钉在墙上的其他画片。自从七个月前他把它们由“沙龙”的墙上取下的那天以来，这是他第一次正眼看它们。他突然醒悟到自己是在怀念那艺术的世界了。曾几何时，他是多么熟悉伦勃朗、米莱、朱尔·迪普雷、德拉克罗瓦和马里斯！他想起自己曾一度拥有的所有那些可爱的画片以及他寄给提奥的石版画和铜版画，他也想起在伦敦和阿姆斯特丹的美术馆里曾经看到过的每一幅美丽的油画。他这样想着想着，忘掉了心头的悲愁，渐渐安然沉入梦乡。煤油灯哔剥作响，燃起发蓝的火光，熄灭了。

延展阅读

《起源》

欧文·斯通的《起源》是一部以达尔文个人历史为背景的文学作品。他用了五年时间搜集材料、调查研究、精心写作，才把这部巨著完成。为了仔细勘查达尔文当年去过的各个活动场所，以增强他的感性认识，他还数次访问达尔文的达温故居并在那里住过几个星期。这样，欧文·斯通掌握了非常丰富的达尔文个人历史以及周围左右的材料，再加上他的文学修养，把达尔文的形象活生生地展现出来了。多年以来，虽然有达尔文传记出版，但在以文学体裁来写达尔文一生的作品中，这本是描述得最全面、最引人入胜的一部。英国著名历史学家 A. L. 罗斯评论这部书说:“这是欧文·斯通的特殊成就……现在我们至少可以从头到尾、正确地看到达尔文这个人和他的事业了。”

《杰克·伦敦传》

美国文学巨擘杰克·伦敦是一位传奇人物。他是一个私生子，出身贫穷，当过水手、卖过苦力，当过乞丐、流浪汉甚至当过“蚝贼”。他靠自学走上了文学创作的道路。他的小说以自己的生活为背景，强调真实，粗犷有力，在 20 世纪初的美国文坛可谓是独树一帜。欧文·斯通和杰克·伦敦出生在同一个地方，也有过很多共同的生活经验。他不仅阅读了杰克·伦敦的全部著作，访问了在杰克·伦敦生活中扮演过重要角色的每一个人，还有机会参阅了杰克·伦敦全部手写的笔记、通信以及各种证件和商业文书。因此，他能原原本本地叙述杰克·伦敦的方方面面，从文学到生活。这是迄今为止最全面的一部杰克·伦敦传。翻开这本传记，一个有血肉、性格鲜明的杰克·伦敦就站在了我们眼前。

《梵高生活》

《梵高生活》是现代画家、散文家、翻译家、美术教育家和音乐教育家丰子恺编著的梵高传记。在《梵高生活》中，丰子恺描述了梵高激情洋溢、带些神经质的鲜明个性，对宗教、绘画的狂热和曲折的命运，让读者得以感受到梵高没入在艺术中的生命。

家长孩子的沟通桥梁

《小王子》

〔法〕圣·埃克苏佩里　著

《小王子》是译本最多的法国文学名著，是法国传奇作家圣·埃克苏佩里写给大人看的一部童话小说。在这部童话小说里，作家通过一颗小星球上的一个小王子旅行宇宙的经历，表达了对人类“童年”消逝的无限感叹。

关于作者

法国有位作家，他给全世界的成年人写了一部童话《小王子》，又以童话的方式离开了人们的视线，他就是安东尼·德·圣·埃克苏佩里（1900—1944）。他一生喜欢冒险和自由，是利用飞机将邮件传递到高山和沙漠的先锋。1944 年，他在一次飞行任务中失踪，成为法国文学史上最神秘的一则传奇。

除了飞行，用写作探索灵魂深处的寂寞是他的另一终生所爱。他的《夜航》《人的大地》初次出版时，那些雄奇壮丽的情景，使读者感到耳目一新，惊心动魄。他是一个从航空探索人生与文明的作家，他不满足于将描写孤悬于满天乱云之中，遂与高山、海洋和风暴做生死角逐。他的《小王子》就是他在与自然风暴一次次的搏击中孕育而成的。

1935 年，圣·埃克苏佩里在前往莫斯科途中的火车上，在宵灯下看到一个睡梦中的孩子，他可爱的脸蛋使他想到每个孩子都应该是童年莫扎特——传奇中的王子！同年 12 月，他和一名机械师试图创造巴黎—西贡直飞记录，却在离开地面200公里的沙漠上空迷失方向，当他正俯身在机翼下寻找幽灵般的目标时却撞上了一个斜坡，于是他们在死亡线上挣扎了三天，幸遇一个阿拉伯牧民救了他们，而正是这两件事直接促成了《小王子》的诞生。

在《小王子》中作者还写了一段优美而忧伤的爱情，就是小王子离开了自己星球上的那朵美丽而骄傲的玫瑰花，让它独自抵挡风雨，独自成长。虽然，在自己的旅途上，小王子也曾向人诉说过他对那朵玫瑰的怀念，但他并没有回到那朵孤独的玫瑰身边。

虽然这部童话不长，但可以真正称得上是经典之作。它告诉我们，对于所爱的东西，必须付出耐性，而时间就是用来训练我们的耐性的。生活中有些最美好的东西，往往是肉眼所看不到的，而要用我们的心去体会。这些哲理在故事中比比皆是。假如你的童年时代读过这样的故事，等你长大后再读一遍，仔细回味，也许感触会更深。

到目前为止，《小王子》这篇20世纪流传最广的童话，从1943年发表以来，已被译成100多种文字，销售量高达3000余万册，还被拍成电影，搬上舞台，录成唱片，做成CD盘。也因为有如此大的影响力，在圣·埃克苏佩里逝世50周年之际，法国政府把他的肖像印在了50法郎的票面上。

荐读理由

《小王子》是译本最多的法国文学名著。作者在献词里写道:“献给莱昂·韦尔特，请孩子们原谅，我把这本书献给了一个大人。我这样做有三个重要的理由，其一是：这个大人是我在人世间最要好的朋友；其二是：这个大人什么都能明白，就连那些给孩子们写的书都能看懂；其三是：这个大人居住在法国，在那里他饥寒交迫，急需得到安慰。如果所有这些理由仍嫌不足的话，那么我愿把这本书献给长成了大人的从前那个孩子。所有的大人原先都是孩子（但他们中只有少数人记得这一点）。所以，我把我的献词改为：献给小男孩时的莱昂·韦尔特。”

在这部童话小说里，圣·埃克苏佩里通过一颗小星球上的一个小王子旅行宇宙的经历，表达了对人类“童年”消逝的无限感叹。小王子在旅途中到过六个星球，看到了世间百态，形形色色的人在物欲横流的社会里迷失着本性，权力、虚荣、贪婪、懦弱滋生在人们的心里，“人们一点儿想象力都没有。他们只是重复别人对他们说的话……”，“只有用心才能看见。本质的东西用眼是看不见的”，“人们对自己的地方从来不会满意”，“你这里的人在同一个花园中种植着五千朵玫瑰。可是，他们却不能从中找到自己所要寻找的东西……”，“然而，他们所寻找的东西却是可以从一朵玫瑰花或一点儿水中找到的……”

在小王子奇特的话语和思维中，人们所有衡量事物的尺度都走样了：火山，我们觉得是很大的，可是在小王子的星球上，捅火山就像捅炉子，其中一座活火山还能用来做早点。如果在小王子的 B612 号小行星上暂住，就会搞乱我们所有的时间观念，小王子只要把椅子挪动挪动，每天就能看到 43 次晚霞。但是我们却每天被世俗的事弄得晕头转向，难道这仅仅是因为任何事物都是相对的吗？

在同样的世界里，死亡意味着什么呢？我们害怕死亡，害怕自己已有的财产丢失，害怕没有人会再记得起我们。但是对于小王子来说，死亡仅仅意味着抛弃遗骸、抛弃外表，向着一颗星星，向着爱情，向着自己的使命升去。所以，在“我”遇到小王子后，通过对他秘密身世的一步步探寻，知道了这个世界上隐藏的种种丑恶，也悟到了美好地追求真挚友谊、博大情怀的理想境界，也是每一个世俗的凡人需要达到的境界。

先睹为快

小王子就拍起巴掌来了。爱虚荣的人抬起帽子，谦逊地致意。“这比访问那个国王好玩多了，”小王子心想。他又拍起巴掌来了。爱虚荣的人就又抬起帽子致意。这样玩了五分钟，小王子觉得太单调，他都玩累了:“要想叫这顶帽子掉下来，该怎么做呢?”可是爱虚荣的人没听见他的话。爱虚荣的人只听得见颂扬的话。“你真的很崇拜我吗?”他问小王子。“崇拜是什么意思?”“崇拜的意思就是，承认我是这个星球上最英俊、最摩登、最富有、最有学问的人。”“可是这个星球上只有你一个人呀!”“帮帮忙。你只管崇拜我就是了!”“我崇拜你?”小王子说着，微微耸了耸肩膀，“可是你要这个干什么呢?”说着，小王子就走开了。

“这些大人真的很怪哟，”一路上，他这么对自己说。“再见了……”他说。“再见，”狐狸说。“我告诉你那个秘密，它很简单：只有用心才能看见。本质的东西用眼是看不见的。”“本质的东西用眼是看不见的，”小王子重复了一遍，他要记住这句话。“正是你为你的玫瑰花费的时光，才使你的玫瑰变得如此重要。”“正是我为我的玫瑰花费的时光，才使我的玫瑰变得如此重要，”小王子说，他要记住这句话。“人们已经忘记了这个道理，”狐狸说，“但你不该忘记它。对你驯养过的东西，你永远负有责任。你必须对你的玫瑰负责……”“我必须对我的玫瑰负责……”小王子重复一遍，他要记住这句话。

“你好，”小王子说。“你好，”扳道工说。“你在这儿做什么?”小王子问。“我在分送旅客，一千人一拨，”扳道工说。“我发送运载旅客的列车，一会儿往右，一会儿往左。”说着，一列灯火通明的快车，像打雷似的轰鸣着驶过，震得扳道房直打颤。“他们好匆忙，”小王子说。“他们去找什么呢?”“开火车的人自己也不知道，”

扳道工说。说话间，又一列灯火通明的快车，朝相反的方向轰鸣而去。“他们已经回来了？”小王子问。“不是刚才的那列，”扳道工说。“这是对开列车。”“他们对原来的地方不满意吗？”“人们对自己的地方从来不会满意，”扳道工说。第三列灯火通明的快车轰鸣着驶过。“他们是去追赶第一批旅客吗？”小王子问。“他们没追赶谁，”扳道工说。“他们在里面睡觉，或者打哈欠。只有孩子把鼻子贴在窗上看外面。”“只有孩子知道自己在找什么，”小王子说。“他们在一个布娃娃身上花了好些时间，她对他们来说就成了很重要的东西。要是有人夺走他们的布娃娃，他们会哭的……”“他们真幸运。”扳道工说。

延展阅读

《夜航》

本书是圣·埃克苏佩里的一部航天式小说，讲的是三架邮政飞机同时从巴拉圭向布宜诺斯艾利斯飞来，负责整个航线的里维埃在机场紧张地指挥。由法比安驾驶的飞机途中遇到特大暴风雨，被旋风刮到大西洋上空，最后燃油耗尽。读者在阅读时会感到自己随同飞行员在天马背上，穿越雪虐风饕的高峰、汹涌澎湃的涡流、瞬息万变的天空，绝望地在银河中寻找地球。纪德为这部书写了一篇出色的序言，称作者在一个犬儒主义盛行的时代，提出“人的幸福不在于自由，而在于对一个责任的承担”，生命的价值则是在创造性行动中转换成其他形式的存在。

《安徒生童话》

〔丹麦〕安徒生　著

《安徒生童话》有着普遍而永久的艺术魅力，是全人类共同的精神财富。书中的《海的女儿》《卖火柴的小女孩》《皇帝的新衣》等名篇更是中国人心目中童话的代名词。正是安徒生把童话提高到一个划时代的高度，赋予童话以全新的面貌，使童话也在文学中占有一席之地。

关于作者

1805年4月2日，在丹麦的一个穷苦鞋匠家里，一个男婴诞生了。照理说，和许许多多鞋匠的儿子一样，今后他也会在穷困、琐碎的环境里度过一生，可是这个孩子却拥有一颗充满幻想的心灵和一份文学理想，并一生为之奋斗，终于，他成为世界著名的童话作家。他留给了我们大量耳熟能详的童话故事，比如《卖火柴的小女孩》《皇帝的新衣》《丑小鸭》《小美人鱼》……他就是童话家安徒生（1805—1875），19世纪第一个赢得世界声誉的丹麦作家。

出身贫寒的安徒生最初的梦想是成为一名演员，虽然十分努力，费尽周折，但还是没有成功，于是他转到写作的道路上来，最终在童话的王国里找到属于自己的天地。在安徒生以前，大多数作家所写的童话基本上都是对民间故事的复述，如德国的格林兄弟就是这样。安徒生没有延续这条道路，他创作的童话不拘泥于根据民间传说整理和改编的形式，而是在原有题材基础上进行艺术再创造，融入作家个人的生活情感与生命体验，把民间故事、神仙故事、神话寓言、诗歌甚至短篇小说都融合到童话中来，拓宽了童话的取材范围，也加深了童话的内涵，立意新颖，表现手法奇特，富有独到的创造性和求新意识。

安徒生的童话获得了意想不到的成功，给他带来了名声、尊敬、荣誉……丹麦国王对他礼遇有加，欧洲王室也以结交他为荣，人们为他举行火炬游行，热烈欢呼。然而头衔与勋章并没完全改变他卑微的地位，在别人的眼里他仍然是鞋匠的儿子，甚至他的爱情也因他的出身而屡次夭折。他经历的挫折打击远远多于享受幸福的时光，但他对美好事物的信念使他始终怀着无限的善意和柔情注视着人世间。为了教育、勉励未来的一代，他决心以毕生的精力为孩子们写作。自19世纪30年代初出版第一本童话故事集《讲给孩子们听的故事》起，此后数年，每年圣诞节安徒生都出版一本这样的童话集，直到1872年因患癌症才逐渐搁笔。近40年间，安徒生写了200部左右童话，这使他登上了世界文坛的顶峰。此外，他还写了6部长篇小说、6部游记、5部诗集、25部剧本和3部自传。

1912年，安徒生童话首次被介绍到中国，从此安徒生成了中国家喻户晓的外国作家，我国的小学语文课本都选有他的作品。他的《海的女儿》《卖火柴的小女孩》《皇帝的新衣》等名篇更是中国人心目中童话的代名词。据不完全统计，安徒生童话始终占据中国童话类图书销售量的10%左右，目前有近200种选本，其中不但有全集、分卷，还有故事单行本、典藏版、普及版、注音版、连环画等。2010年5月，全球第一个以安徒生名字命名的童话公园，在上海市杨浦区新江湾城建成开园。公园原汁原味地再现了安徒生雕塑广场、安徒生城堡、欧登塞小镇、美人鱼港湾等景观。前去参观的少年儿童们可以亲身体验磨坊、马车、邮局等安徒生童话中描写到的具有中世纪风情的事物。

安徒生童话有着普遍而永久的艺术魅力，是全人类共同的精神财富。目前，几乎所有的国家都有安徒生童话故事的译本，安徒生的童话故事是全世界孩子的首选读物。鉴于安徒生在世界儿童文学领域所作出的杰出贡献，1954 年国际儿童读书联盟第三次大会上设立了以安徒生的名字命名的世界儿童文学大奖——国际安徒生奖。这个奖项至今仍是世界儿童文学界最高的奖项。1967 年，国际儿童图书评议会又确定以安徒生的诞生日 4 月 2 日作为每年的国际儿童图书日。安徒生在人类精神史上所作出的杰出贡献早已得到全世界人民的认同，他因颂扬童心和人类善美的情感而成为全世界人民亲切而恒久的记忆。

荐读理由

《安徒生童话》的艺术魅力震撼了世界文坛，揭开了世界文学史上童话创作的新篇章。《安徒生童话》犹如一朵鲜花，绽放在每个人的心里。安徒生在他的作品中表现出一种天真与朴素的特有气质。书中的天堂是那么美，是每个人都向往的地方。

《安徒生童话》立足于现实生活，充满对人类美好的愿望。例如在《丑小鸭》中，那只可怜的小家伙一生下来，因为生得很丑，人们和动物们都不喜欢它。寒冷的冬天，它在森林里受尽了折磨。后来它靠自己的努力，终于飞了起来，它成了一只美丽的天鹅。丑小鸭变天鹅靠的正是自己的努力。它告诉我们无论做什么事，不要怕自己笨，只要用心去做，就一定能成功。

安徒生创作童话近 40 年，写有 200 部左右的童话，创立了童话王国。然而，给安徒生带来终身荣誉的童话，却没有给他的人生带来真正的幸福，即使是童话本身的命运也和它的主人一样不平静——几乎每一篇童话都受到不同程度的质疑，即便是《卖火柴的小女孩》《海的女儿》《丑小鸭》《皇帝的新衣》这样经典中的经典，也在劫难逃。这也许是安徒生童话特有的一种荣耀。树大招风，安徒生童话当仁不让地成为童话批评最好的靶心。

譬如《卖火柴的小女孩》，安徒生以小女孩冻死街头结束全篇，就被当时的人指控为借童话来恶毒中伤、诽谤教会慈善事业，闹得沸沸扬扬。很多读者认为，小女孩在漫天大雪中死去的结局写出了那个时代的贫富不均，体现了安徒生对社会不公平现象的控诉和对贫苦民众的同情，有强烈的批判现实主义的悲剧色彩和温暖的人道主义力量。安徒生是否也是这个用意，我们不得而知。但更多的研究者认为，这个过分凄惨的结尾将使儿童读者的幼小心灵遭受毒害，所以，有位美国作家自作主张地改写了结尾，让小女孩的外祖母移民到大洋彼岸的“人间天堂”，再回国探亲，把外孙女接到美国去享受有烤鹅、有壁炉的天堂生活。

先睹为快

“现在花儿一定在那儿跳起舞来了！”她说，“哦，上帝，我是多么想瞧瞧它们啊！”可是她不敢起床，因为她怕惊醒了她的爸爸和妈妈。

“我只希望它们到这儿来！”她说。可是花儿并不走进来。音乐还是继续在演奏着，非常悦耳。她再也忍不住了，因为这一切太美了。她爬出小床，静静地走到门那儿去，朝着外边那个房间偷偷地望。啊，她所瞧见的那幅景象是多么有趣啊！

那个房间里没有点灯，但是仍然很亮，因为月光射进窗子，正照在地板的中央。房间里亮得差不多像白天一样。所有的风信子和番红花排成两行在地板上站着。窗槛上现在一朵花儿也没有了，只有一些空空的花盆。各种花儿在地板上团团地舞起来，它们是那么娇美。它们形成一条整齐的、长长的舞链；它们把绿色的长叶子连结起来，扭动着腰肢；钢琴旁边坐着一朵高大的黄百合花。无疑地，小意达在夏天看到过它一次，因为她记得很清楚，那个学生曾经说过：“这朵花儿多么像莉妮小姐啊！”那时大家都笑他。不过现在小意达的确觉得这朵高大的黄花像那位小姐。她弹钢琴的样子跟她一模一样——把她那鹅蛋形的黄脸庞一忽儿偏向这边，一忽儿又偏向那边，同时还不时点点头，合着这美妙音乐打拍子！

任何花都没有注意到小意达。她看到一朵很大的蓝色早春花跳到桌子的中央来。玩具就放在那上面。它一直走到那个玩偶的床旁边去，把窗帘向两边拉开。那些生病的花儿正躺在床上，但是它们马上站起来，向一些别的花儿点着头，表示它们也想参加跳舞。那个年老的扫烟囱的玩偶站了起来，它的下嘴唇有一个缺口，它对这些美丽的花儿打了一个恭。这些花儿一点也不像害病的样子。它们跳下床来，跟其他的花儿混在一起，非常快乐。

（摘自《小意达的花儿》）

延展阅读

《格林童话》

该书是由德国的两位博学多识的学者格林兄弟整理民间童话、神话、传记而写成的童话故事集，是与《安徒生童话》齐名的优秀童话巨著。《格林童话》里的作品可以说篇篇都是精品，脍炙人口而又百读不厌。除了《青蛙王子》《灰姑娘》《白雪公主》《小红帽》，还有《汉塞尔和格蕾特尔》《勇敢的小裁缝》《纺锤、梭子和缝衣针》《兔子和刺猬》《小矮人的礼物》……几乎每一个会讲故事的孩子，都会讲出一个源于《格林童话》的故事。

《毛毛》

〔德〕米切尔·恩德　著

米切尔·恩德是当代德国最优秀的幻想文学作家和儿童文学作家，他的优秀作品《毛毛》是德国少年儿童最喜爱的文学作品，也是德国的家长给孩子讲述最多的故事书。

关于作者

在德国慕尼黑森林公园里，有一座名叫布鲁腾堡的古堡，历史上曾是巴伐利亚国王路德维希的行宫，目前全欧洲唯一的国际青少年图书馆就设在这里，馆里收藏有用120种语言写成的60万册青少年图书。这里环境幽雅，古木参天，让读者流连忘返，进入这里仿佛来到了童话王国的宫殿。它之所以声名赫赫，还有一个非常重要的原因——这里建有大名鼎鼎的儿童文学大师米切尔·恩德的博物馆。从白发苍苍的老者到笑靥如花的孩子，一年四季到这里参观的人络绎不绝，为的就是寻找自己的梦境。

米切尔·恩德（1929—1995），当代德国最优秀的幻想文学作家和儿童文学作家，1929年出生于德国南部巴伐利亚州，曾当过话剧演员，后从事剧本创作。从20世纪40年代起恩德开始从事儿童文学创作，1960年因发表《小纽扣杰姆和火车司机卢卡斯》而一举成名。1962年他又出版《小不点儿杰姆和多余数字13》，获德国少年儿童文学奖金。1974年发表轰动全球的中篇幻想小说《毛毛》，1979年出版的《永远讲不完的故事》行销几百万册，但艺术成就远不及《毛毛》。《毛毛》和《永远讲不完的故事》都被拍成电影，除了在电影院放映之外，各电视台也经常播放。这两部童话小说，是德国少年儿童最喜爱的文学作品，也是德国家长给孩子讲述最多的故事书。

相比从前的童话，恩德的童话小说在形式和内容上，完成了新的突破，因此被称为“现代童话”。从前的童话大都篇幅短小，内容简单，人物也很少，而恩德的童话小说规模宏大，内容复杂，情节跌宕起伏，人物众多。他所触及的问题，大都被当代人忽视。因此他的小说具有强烈的时代感和社会批判意义，具有深刻的哲学内涵。他在作品中塑造了毛毛、巴斯蒂安等深受孩子们喜爱的艺术形象，但他本人压根就不承认自己的作品是儿童文学，他甚至根本反对“为了孩子而存在一种特别的文学的说法”。

事实上，虽然恩德作品的主要阅读对象是青少年，但它们同样也吸引了许多成年读者，日本评论家小官彰就曾经说过:“《毛毛》之所以获得举世瞩目的成功，一个特征就是和儿童读者站在一起的还有众多的成人读者……《毛毛》在日本已经成为论述现代的‘时间’的最基本的底本。”德国报纸上的一篇评论文章也提到，他的作品既适宜于10岁的儿童，也同样适宜于100岁的老人。恩德的作品在德国几乎家喻户晓，受到各阶层、各年龄段的人的喜爱。据统计，他的作品共获得包括德国青少年书籍图书奖、欧洲青年书籍图书大奖、意大利文化奖基瓦尼斯文学奖、荷兰银笔文学奖等在内的本国和国际上40余种奖项。

恩德去世后，为纪念和表彰他为人类文学事业作出的贡献，慕尼黑国际青少年图书馆专门在馆内为他设立了一个博物馆。这是德国第一个为少年儿童作家所设立的博物馆。博物馆内所陈列的东西除了恩德遗留下来的家具和用具以及丰富的工作藏书之外，还有恩德的通信、手稿、绘画、照片等。这些东西可以使人们更好地了解恩德的文学创作活动。

荐读理由

《毛毛》的故事在中国读者中已经流传了 20 多年。该书在中国第一次出版时的书名是《时间之谜》，后来有的版本取名《莫莫》。

《毛毛》的故事发生在一个城市里，那里的人因受时间窃贼——灰先生们的诱惑而把时间存入储蓄以领取利息，结果人们除了发疯地工作外再无别的想法，人变得越来越冷漠。而实际上那些灰先生是一群窃取他人的时间以换取自己生存的窃贼。他们用一套套谎言骗取人们拼命节省时间，省去与朋友、亲人、恋人相处沟通的时间，省去人与人之间表达温情的一切步骤，使人们在追求效率、节省时间的观念下生活得冷冰冰而百无聊赖。

有一天，城里来了一个叫毛毛的小姑娘。毛毛是一个不知道从哪里来的女孩子，住在城市郊外的圆形剧场废墟下面的小屋中，长着一头蓬乱的头发，穿着一件又肥又大的男式夹克，光着脚，艰难度日。然而这个女孩有着火热的心肠，乐于帮别人排忧解难。她善于倾听，她以特殊的倾听方式使得人们乐意找她倾诉，人们在有事没事的时候，总会说:“找毛毛去。”毛毛也因此有了很多朋友。男女老少都喜欢和她交朋友。她有着敏锐的洞察力，注意到城市里无处不在的灰先生正在偷窃人们的时间。为了揭露灰先生的真面目，毛毛冒着生命危险前往时间王国，见到了时间管理者侯拉师傅。毛毛明白了时间的真谛，和侯拉师傅一道，经过惊心动魄的斗争，打垮了灰先生，终于把时间夺了回来，还给了城里的居民，也把美好的生活还给了居民。

此书自发表以来一直反响强烈，引起国际儿童文学界的极大兴趣，被迅速译介，全世界有许多儿童阅读这部哲理意味和儿童情趣高度统一的名作。人们乐于接受此书“童真、幼稚”包含着“纯洁、善良”的道德理想和“人道主义必将胜利”的审美思想。德国一位文学评论家说：恩德“这类‘童话式小说’并不完全针对儿童，而是针对每个具有童心的人所写……恩德书中真实与幻想的世界、童话式的人物，以及充满臆想的描述足以构成所谓的‘现代的神话’”。

《毛毛》是一个流畅易读的童话故事，更是现代人诠释时间的最佳读物，是一本对现代物质社会进行尖锐批判的奇书。书中表达了对人类的无限挚爱，对人性回归的强烈渴望，是一本能同时感动大人和孩子的幻想文学的经典之作。读完这个故事，会令人幡然醒悟，重新审视自己的生活。

在现代社会，人们高喊着“时间就是效率，时间就是金钱”，把大把的时间投入到无休止的工作中，忽略了人与人之间的温情。作者只是借用童话的形式，讲述了一则真实的寓言，只要把毛毛、时间老人、灰先生看做每个人内心中的人物就行了。作者想告诉读者的是，时间并不会像书中描述的那样消失，他指的时间被偷窃的意思是时间被很多人用在毫无意义的事情上去了。他警示人们，赚钱是为了活着，但如果活着是为了赚钱就没有意义了，应该拿出更多的时间去陪伴家人，和朋友交流沟通等。作者是在对处于日益物化的世界中的我们进行善意的提醒，无论如何，人和人的情感交流才是最重要的，物质上的满足只能是过眼即空。

先睹为快

灰先生们一动不动地站着，像平时一样，每人头上戴一顶硬邦邦的圆礼帽，手里拿着公文包，嘴上叼着一支细长的雪茄。这种烟产生的雾和别的雾不一样，不消不散。那里没有一丝微风，在那玻璃般透明的空气中，那种变得像蜘蛛网一般轻柔的烟幕飘动着，从街上升起，在白色楼房的前面慢慢地上升，组成一条长长的烟柱，忽而又变成讨厌的蓝绿色雾团，缓缓地上升，一团比一团高，在无数楼的周围形成了一堵不断升高的屏障。

……

毛毛不知所措地凝视着侯拉师傅。她轻轻地问:“这是一种什么样的病呢?”

“得了这种病,起初还看不出什么。但有一天,他会忽然犯懒,什么都不想干,对一切都失去兴趣,心中变成一片荒漠。这种厌世情绪不但不消失,而且长期存在,慢慢地与日俱增。日复一日、周复一周,越来越严重。他会感到自己的情绪变得越来越忧郁,内心也越来越空虚,对自己、对世界都越来越不满意。然后,连这种感觉也渐渐地消失,变得麻木不仁,什么都感觉不到了。他会变得完全心灰意懒,对什么都不在乎,整个世界从此变得陌生了,觉得任何事情都与自己无关。他不再愤怒,也不再有热情,不再感到快乐,也不再感到悲哀,不再会笑,也不再会哭。那时候,他的心将变得冰冷,不再爱人,也不再爱任何事物。如果一个人病到了那种地步,那他的病也就完全不可救药了。那就再也无法挽回了。那时候,他会来去匆匆,脸上老是冷冰冰的,毫无表情,就会变得像灰先生们一模一样。是的,到了那时候,他就会变成灰先生当中的一员。这种病就叫作:百无聊赖。”

延展阅读

《小纽扣杰姆和火车司机卢卡斯》

本书是恩德的成名作。故事讲述的是一个只有四个人的卢默尔国小岛,这个国家小得离谱,它的宽度只有两间房子大小,还有一座山、几条环山路和一条弯弯曲曲的铁路、一个小小的火车站、一栋房子、一家店铺和一座城堡。生活在那里的四个不同身份的人分别是:十一点三刻阿尔方斯国王、火车司机卢卡斯、店主瓦斯太太和一个很有学问的埃梅尔先生。突然有一天,他们收到了一个来历不明的包裹,里面是一个黑皮肤婴儿,从此,卢默尔国的平静生活被打破了。就因为发生了这件事,故事就开始了……

《长袜子皮皮》

〔瑞典〕阿斯特丽德·林格伦 著

《长袜子皮皮》是被誉为“童话外婆”的瑞典著名儿童文学大师阿斯特丽德·林格伦女士创作的享誉世界的童话作品。在2010年上海世博会上，瑞典馆外的儿童游戏区就是根据童话中皮皮的家来建造的。

关于作者

在2010年上海世博会上，瑞典馆的主题是“创意之光”，该国家喻户晓的童话人物“长袜子皮皮”作为展馆导游之一，将带领参观者进行一段充满乐趣的创意之旅，共同探索来自瑞典的“创意之光”。瑞典馆表示，皮皮是代表瑞典创新精神的最佳形象，创新精神的实质就在于要像皮皮那样不畏惧失败，敢于尝试。瑞典馆外的儿童游戏区就是根据童话中皮皮的家来建造的，充满童话色彩的游乐设施吸引了众多的小朋友来此游玩。

皮皮是被誉为“童话外婆”的瑞典著名儿童文学大师阿斯特丽德·林格伦女士（1907—2002）创作的享誉世界的童话作品《长袜子皮皮》里的主人公。在中国，对当代儿童文学影响最大的外国作家，除了丹麦的安徒生，就数瑞典的林格伦了。林格伦1907年出生于瑞典南部城镇维默比，曾是一位单身母亲，在成名之前有一段艰难的岁月。

林格伦在瑞典的声望非常高，1957年她获瑞典“高级文学标准作家”国家奖，1958年获“安徒生金质奖章”，1971年获瑞典文学院

"金质大奖章"。瑞典文学院一位院士在授奖仪式上说:"尊敬的夫人,在目前从事文艺活动的瑞典人中,大概除了英格玛·伯格曼(**世界著名导演——编者注**)之外,没有一个人像您那样蜚声世界。"在这个国家,有以她名字命名的学校,有以她名字命名的文学奖,有政府为她竖立的塑像,还有两所大学设立了林格伦荣誉博士学位。她受到上至国王、公主、王子,下至普通百姓的爱戴。她的讲话可以直接影响社会舆论的发展方向……这一切荣誉,都源于《长袜子皮皮》。

像许多著名的儿童文学作品一样,林格伦创作《长袜子皮皮》的缘由很简单:她要给患病的女儿卡琳讲故事。皮皮的名字是女儿顺口说出来的,这个力大无穷、无拘无束、喜欢冒险的小女孩不仅有一只脚穿黑袜子、一只脚穿棕袜子的奇怪嗜好,而且有一个冗长奇怪的全名:皮皮露达·维多利亚·鲁尔加迪娅·克鲁斯蒙达·埃弗拉伊姆·长袜子。

1944 年,林格伦在女儿 10 岁的时候把自己当年讲给女儿听的皮皮的故事写了出来,作为赠给女儿的生日礼物。1945 年,林格伦将它作了些修改后参加了一家出版公司举办的儿童书籍比赛,获得一等奖。该书取名《长袜子皮皮》出版,并且获得巨大成功,成为瑞典 60 多年来最受欢迎的儿童故事。林格伦共写了三本关于皮皮的书,均多次再版,成为瑞典有史以来儿童书籍中最畅销的作品。目前该系列丛书已被译成 30 多种文字,总发行量超过 1000 万册。

林格伦的童话代表作还有《小飞人卡尔松》《米欧,我的米欧》《狮心兄弟》《绿林女儿》《淘气包埃米尔》等,她一共为孩子们写了 87 部文学作品。她的作品被译为 80 多种文字在全世界广为发行,发行量已经超过 1.3 亿册,不少作品还被改编成电影和电视剧。多年以来,林格伦的主要作品陆续被译成中文,成为无数中国小读者心目中的宝书,也成为无数成年人难忘的阅读记忆。

荐读理由

《长袜子皮皮》于1945年出版。书中的主人公皮皮是个奇怪而有趣的小姑娘。她满头红发，脸上布满了雀斑，长着大大的嘴巴，牙齿整齐洁白，小辫子翘向两边。她脚上穿的长袜子，一只是棕色的，另一只却是黑色的。她的鞋子比她的脚大一倍。她力大无比，能轻而易举地把一匹马、一头牛举过头顶，能降服倔强的公牛和食人的大鲨鱼，对付那些身强力壮的小偷和强盗更是绰绰有余。她有取之不尽的金币，常用它们买糖果和玩具分给孩子们。她十分善良，对人热情，体贴入微。她好开玩笑，喜欢冒险，很淘气，常想出许许多多奇妙的鬼主意，创造了一个又一个的奇迹。

可以说，《长袜子皮皮》中具备所有让儿童着迷的东西——不用上学、远离父母、力大无穷、糖果遍地、零钱无限……皮皮做的都是与她同龄的孩子不敢做的事情：撒谎、抗拒大人的威严。她是社会规则的捣蛋者，她献给初识的小伙伴杜米和阿妮卡的见面礼是一顿暴打。这样一个传统意义上的“坏”女孩形象确实是对传统儿童文学叙事的一个颠覆，小说出版后一度在瑞典引起一场关于教育的争议。

当时第二次世界大战刚刚结束，人们对纳粹和法西斯在青年当中推行的绝对权威和盲从的教育进行了深刻的反思，也对瑞典本国古老的专制主义的教育方法提出了疑问。报刊上广泛争论着自由教育学、体罚、有保障的家庭环境、儿童阅读以及战争与危机对儿童的影响等。很多人提出，对儿童进行严厉的无条件服从的教育会使儿童产生压抑和自卑感。关于长袜子皮皮的辩论进行了很多年。人们渐渐认同，皮皮这一形象是儿童被压抑着的最狂野的幻想的化身，体现了儿童的自主、力量、自由和快乐的梦想。“长袜子皮皮这个人物形象在某种程度上把儿童和儿童文学从传统、迷信权威和道德主义中解放出来……皮皮变成了自由人类的象征。”与“永远长不大”的彼得·潘相比，长袜子皮皮走得更远，她是一个“不需要长大”的、完美的、具有独立人格的人。

现在，越来越多的人相信，一个快乐、幸福、充满自信的童年，是一个人获得健康成熟发展的保证。而像《长袜子皮皮》和与它类似的那些让孩子们获得无尽快乐的精神食粮，是美好童年生活的重要组成部分。

先睹为快

这时一个警察又说，皮皮不要以为她可以为所欲为，她必须得去儿童之家，现在就得去。他走过去抓皮皮的手。但是皮皮很快躲过去，她轻轻地拍了一下这个警察说:“拍!”警察还没来得及眨眼，她早跳到前廊的栏杆上去了。没一会儿工夫，她就跑到前廊上面的阳台上去了。两个警察不愿意按相同的路线爬上去，因此他们跑进房子，冲上二楼。谁知他们刚刚到达阳台上，皮皮早已爬到房顶的半路上了。她在房顶的瓦上爬着，就像一只猴子，转眼就到了屋脊，轻轻一跳，上了烟囱。下边阳台上两个警察站着直搔头，杜米和阿妮卡站在草地上仰起头看着皮皮。

“玩拍人的游戏太有意思了，”皮皮喊道，“你们到这里来真好。很清楚，今天又是我愉快的一天。”

警察想了一会儿以后，搬来一个梯子立在山墙上，他们一前一后地爬上房去抓皮皮。但是当他们在屋脊上朝皮皮爬过去的时候，他们显得很害怕。

“别害怕，”皮皮喊着，“一点儿也不危险。真是太有意思了。”

当警察离皮皮还有两步远的时候，皮皮从烟囱上直接跳下来，又叫又笑沿着屋脊朝另一面的山墙跑去。离房一两米远的地方有一棵树。

“现在我要跳啦!”皮皮喊着跳到了绿色的树冠上，抓住一根树枝荡来荡去，过了一会儿才落到地上。随后她跑到另一面山墙跟前，把梯子搬走了。

皮皮跳下去的时候，警察有些失望，可是他们晃晃悠悠从屋脊上往回爬，想从梯子上爬下来时，不料皮皮搬走了梯子，这下他们更加失望了，也真的生了气，朝下面看他们出洋相的皮皮喊道，她必须把梯子放好，否则就等着瞧吧。

延展阅读

作者还有下列精品:

《小飞人卡尔松》

小飞人卡尔松在一个偶然的机会飞进了小弟的房间，从此进入了小弟的中产阶级家庭生活。极富个性，爱说大话，又自私自利、不诚实，还喜欢翻人东西的卡尔松总是不停地给小弟惹麻烦，尽管这样，小弟还是很喜欢他。这一对小朋友一直过着开心的生活。

《狮心兄弟》

本书描写的是善与恶的矛盾。故事中有一对兄弟，哥哥约拿旦为了安慰自己病重的弟弟卡尔（昵称斯科尔班），向他描述了一个叫作“南极亚拉”的地方，在那里，所有死去的人都重新相聚在一起。后来，为了从大火中救出弟弟，约拿旦在火中丧生，可是卡尔相信哥哥并不是真的离开了自己，而是到了“南极亚拉”。有一天，他真的见到了哥哥，并且和他一起来到了樱桃谷。然而，这里的生活并不像表面那样平静和安乐，不久，兄弟俩就不得不又一次面对战争和死亡的考验……

《夏洛的网》

〔美〕怀特　著

一位著名作家说：“世界上有两种人，一种是读过《夏洛的网》的人，另一种是将要读《夏洛的网》的人。”这部作品初版于1952年，至今已有20多种译本，发行近千万册，广受各国读者喜爱。

关于作者

怀特（1899—1985），出生在美国弗农山区，他的父亲是一位钢琴制造商，事业有成，所以他的家境比较富裕，怀特从小就受到了良好的教育。1921年，他从科奈尔大学毕业，开始专心致志地投入创作。

早期的怀特为杂志撰写专栏散文和文化评论。幽默、圆熟、高雅的文风，审慎地运用文字，在字里行间中寻找讽刺、简洁与优美之间的融合，使得怀特声誉渐隆，奠定了他在文坛的地位。后来他兴之所至，开始创作儿童文学作品，而且令人惊讶的是，他作为儿童文学作家的名声反而更大，他的儿童文学作品被介绍到许多国家，受到各国小读者的欢迎，他也成为国际知名的儿童文学家。

怀特一共只写了三部童话：《精灵鼠小弟》《夏洛的网》和《吹小号的天鹅》，三部无一不是精品，发行量都非常大，而且这三部童话全被改编并拍成了电影，在国际电影市场上票房一片大好。

怀特赢得了相当多的奖项和荣誉，包括普利策奖、美国国家图书馆儿童文学奖和马萨诸塞州童书奖。他同时还是美国七所大学和学院的名誉教授。1971 年，他获得美国“国家文学奖章”。

怀特是一位语言大师，文字中那种特有的行云流水和脉脉温情，与乡村想象融为一体，在幽默风趣的文章中，那些最简单、最直接、最容易为儿童接受的字眼充满了童趣。这与他迷恋简单朴素的农村，热爱接近乡间田野的生活不无关系。怀特的一生，很大一部分光阴是在乡间度过的，恬静的乡野给了他无限的遐想和灵感，使他得以创造出动人的童话角色。

怀特终其一生都以充满人性的视角审视着这个他深爱的世界，从生命的本质中去探求真善美的存在。他小说中的形象、他所坚持的高雅简洁的文风与他的人格魅力至今依然感动着人们，成为英语文学史上的一座巍峨的丰碑。

荐读理由

“遥远的农场里一只蜘蛛与一头小猪相遇，彼此的友情和信任似乎与生俱来。天真懒散的小猪威尔伯的性命将在冬天不保，变成肉肠或火腿。贤达人士蜘蛛夏洛天生站得高望得远，她相信自己有办法帮助威尔伯脱离险境，最后她奇迹般地成功了，以智慧为资本，以远死他乡为最后的代价……”

很少有童话让一只蜘蛛成为主角，因为蜘蛛的形象是多毛而丑陋甚至带点毒性的，而且它们总是默默出现在人迹罕至之处。但是怀特用柔韧无比的蜘蛛丝编织了一张理想的、温暖的、美丽的、爱的大网，将生与死、爱与恨、善良与欺诈……这些人类生活不变的主题在谷仓中演绎得淋漓尽致，感动着世界无数的读者。

阅读此书，你会自然而然地融入故事的情节当中。文字的运用富含了许多幽默巧思，平实的语言中时时蕴藏着丰富的睿智和幽默，普通的文字仿佛在作者笔下流淌开来。故事生动有趣，温馨感人，幽默诙谐地赞美了生命，生命在友情的濡沫下持续轮回着。乡间纯朴的气息，谷仓内聒噪的动物，处处都释放着温馨的“人”性之光。在这个故事中，生命的价值高于一切，爱则能沟通彼此、消除隔阂。当蜘蛛夏洛遇上小猪威尔伯，它们的友谊超越了蜘蛛与猪之间的物种差异。在这里，生命是平等的，没有高低贵贱的区别，没有生死由命的悲观，没有人类逻辑中弱肉强食的现实。爱成为永恒的主题，它穿越了所有现实的障碍，直达对方心灵的深处；它抛开了所有世俗的习惯，让生命的价值在蜘蛛网上蔓延。怀特让夏洛织就一张生命的网，使每一个渴望温情的灵魂相互交织、彼此关联。

这是一部能深深震撼读者心灵的童话，值得每一个孩子和大人细细品味。

先睹为快

“爸爸拿着那把斧子上哪儿去？”摆桌子吃早饭的时候，弗恩问她妈妈。

“上猪圈去，”阿拉布尔太太回答说，“昨天夜里下小猪了。”

“我不明白，他干吗要拿着把斧子去？”只有八岁的弗恩又说。

“这个嘛，”她妈妈说，“有一只小猪是落脚猪。它太小太弱，不会有出息。因此你爸爸拿定主意不要它。”

“不要它？”弗恩一声尖叫，“你是说要杀掉它？只因为它比别的猪小？”

阿拉布尔太太在桌子上放下奶油缸。“别嚷嚷，弗恩！”她说，“你爸爸是对的。那小猪反正活不了。”

弗恩推开挡道的一把椅子，跑出去了。青草湿湿的，泥土有一股春天气息。等到追上爸爸，弗恩的帆布鞋都湿了。

“请不要杀它！”她眼泪汪汪地说，“这不公平。”

阿拉布尔先生停下了脚步。

“弗恩，”他温和地说，“你得学会控制自己。”

“控制自己?”弗恩叫道，“这是生死攸关的事，你还说什么控制自己。”泪珠滚滚流下她的脸蛋，她一把抓住斧子，打算把它从爸爸手里抢下来。

“弗恩，”阿拉布尔先生说，“养小猪的事我比你懂。落脚猪麻烦大着呢。现在让开吧!”

“可是这不公平，”弗恩叫道，“小猪生下来小，它自己也没办法，对不对?要是我生下来的时候很小很小，你也把我给杀了吗?”

阿拉布尔先生微笑了。“当然不会，”他说着，疼爱地低头看着女儿，“不过这是两码事。女孩小是一回事，落脚猪小又是一回事。”

“我看不出有什么两样，”弗恩回答说，仍旧抓住斧头不放，“我听到过那么多不公平的事，这件事是最最不公平的。”

阿拉布尔先生脸上掠过一种古怪的表情。他觉得自己也要哭出来了。

“好吧好吧，”他说，“你先回去，我回家的时候把这落脚猪带回来，让你用奶瓶喂它奶，像喂小宝宝似的。这下子你就会看到，对付一只小猪有多么麻烦了。”

半小时后，阿拉布尔先生回家来了，胳肢窝里真夹着一个纸箱。这时候弗恩正在楼上换她的帆布鞋。厨房的桌子上，早饭已经摆好，房间里透着咖啡、熏肉、湿灰泥的气味，还有从炉子里飘出来的柴火烟味。

“把它放到她的椅子上去，”阿拉布尔太太说。阿拉布尔先生就把纸箱放在弗恩的位子上，然后他走到水池旁边洗了手，用滚筒架上的擦手毛巾擦干。

弗恩慢慢地一步一步下楼。她的眼睛哭红了。当她走近她那把椅子的时候，那纸箱摇摇晃晃地，里面发出抓扒的声音。弗恩看着她爸爸。接着她掀起纸箱盖。从里面抬头看着她的，正是刚生下来的那只小猪，是只小白猪。晨光透过它的耳朵，把它们映成了粉红色。

"它是你的了，"阿拉布尔先生说，"你让它免于一死。愿老天爷原谅我做了这傻事。"

弗恩盯着小猪看，眼睛怎么也离不开它。"噢，"她很轻很轻地说，"噢，瞧它，它棒极了。"

延展阅读

《精灵鼠小弟》

本书是怀特所著的三部童话之一，1999 年好莱坞把它改编并拍成电影，由真人和一只电脑制作的老鼠合演，这只倔强而可爱的鼠小弟征服了全世界。书中讲述了美国纽约一个叫利特尔的普通家庭，他们有了一个和老鼠一样大小，长得也像老鼠的男孩斯图尔特。一家人没有大惊小怪，更没有唉声叹气，相反，鼠小弟斯图尔特的出现，使一家的生活变得更加有趣，之中发生了很多好玩的事。故事充满了浓浓的亲情和深深的爱意。特别是鼠小弟斯图尔特充满了冒险精神，他为了寻找自己所爱的小鸟玛加洛，驾驶着微型小汽车，向北前进，乐观地迎接挑战，百折不挠地追求自己的爱。他说："我将一直朝北走，直到我的生命结束。"

《我亲爱的甜橙树》

〔巴西〕德瓦斯康塞洛斯　著

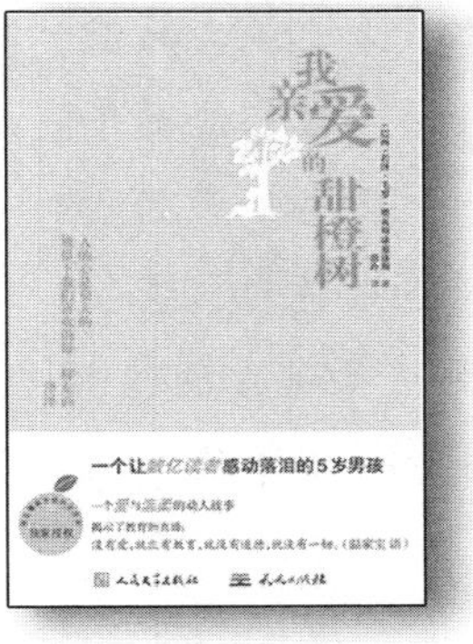

《我亲爱的甜橙树》是巴西作家德瓦斯康塞洛斯的一部带有自传性质的小说，是一部适合成人和儿童一起阅读的小说，看过的人没有几个能不为之伤心落泪的。

关于作者

巴西作家若泽·毛罗·德瓦斯康塞洛斯（1920—1984），出生于巴西里约热内卢。他的人生经历颇具传奇色彩。由于家境贫寒，他自小就寄养在伯伯家。聪慧好动的他很小就自己学会了识字看书，9岁的时候就获得过游泳和足球冠军，10岁的时候开始阅读文学作品，中学毕业后曾学过医，后又学过绘画、法律和哲学。他酷爱旅游和冒险，曾到国内各地和欧洲各国旅行。他干过的行业也是五花八门：渔夫、拳击手、搬运工、教师、模特、侍应生、影视剧及话剧演员等等，后来他作品中的许多人物和情景就来自于他丰富的生活经历。

德瓦斯康塞洛斯22岁时开始写作。他于1962年发表的《我的独木舟罗辛哈》，奠定了自己在文坛的地位。六年后发表了带有自传性质的《我亲爱的甜橙树》，使他达到了事业顶峰：该书只用了12天就写作完成，发表后屡获大奖，并曾被三次拍成电视剧，一次拍成电影，2000年至2009年，图书再版116次，被译成数十种语言在世界各地出版发行，销量达数百万册。他一生著作共21部，包括小说、短篇故事和作品选集，其中一部分作品被改编为电影、电视剧或舞台剧。他还曾参与电影演出并获奖。

德瓦斯康塞洛斯常说:“文学是最复杂的艺术，因为它要赋予作品绘画的色彩和线条、音乐的声音和旋律，以及动感。写作是我找到的用以展现我的生活经历、传递我的喜怒哀乐和一种久被遗忘的感情——温柔的方式。没有温柔的生活毫无意义。”

荐读理由

《我亲爱的甜橙树》是作者的一部带有自传性质的小说，是一部适合成人和儿童一起阅读的小说，看过的人没有几个不为之伤心落泪的。著名儿童文学评论家王泉根认为，“该书是可以与《麦田里的守望者》相媲美的作品”。著名儿童读物推广人阿甲也说:“这是一部可以与《窗边的小豆豆》《夏洛的网》比肩的作品。”

在书中，作者通过一个名叫泽泽的5岁男孩的讲述，向读者展现了一段段令人悲伤、令人无法释怀的生活，可以说这部小说既是每个成年人对逝去童年的深切致意，也是每个成年人体会与孩子相处之道的指南。

5岁的泽泽聪明而早熟，他喜欢看美国西部电影，喜欢唱歌，还无师自通地学会了识字，他的伯伯甚至认为他会成为《圣经》中的“泽泽”那样的伟大人物。然而，由于家庭贫穷，爸爸失业，妈妈和姐姐不得不进入工厂，圣诞节不仅没有礼物，连像样的食物都没有，他成为家里人的“出气筒”，经常挨打挨骂，他的所作所为根本得不到家人的理解和尊重。例如，当泽泽正在兴致勃勃地做自己的第一个纸球的时候，二姐叫泽泽去吃饭，但是因为泽泽没有及时去吃饭，二姐就大发雷霆，将纸球撕得粉碎，要知道，这些纸是泽泽用自己的六个弹球、十二张明星照片“低价”换取的两毛钱购买的，他在制作纸球的过程中其实是投入了相当大的精力，但是却被二姐无情地摧毁了；看到爸爸情绪低落，为了让爸爸高兴，他给爸爸唱了一首歌，却因为歌词的不健康而遭到毒打，孩子天真的想法被无情地封杀……

虽然承受着太多的家庭暴力之苦，但泽泽温柔地对待着其他人：耐心地照顾小弟弟；把老师给的点心与别的穷孩子分享；因为觉得伤害了爸爸，就空着肚子上街擦皮鞋挣钱给爸爸买烟……

这个天性敏感的男孩，为自己营造了一个“幻想世界”以化解生活中的不如意和委屈：蝙蝠是他的好朋友；后院被他分成了三个冒险乐园；他甚至发现了一棵“会说话的小甜橙树”，每当挨罚的时候他就去找小甜橙树聊天……直到有一天，他认识了“这个世界上他最喜欢的人”——老葡。其实，老葡曾是他的“敌人”，因为调皮，老葡狠狠揍过他的屁股，他也发誓要“杀了他”。但因为淘气而伤了脚后，细心的老葡把他送进了诊所，还帮他出了一个“逃学的好理由”。后来，他悄悄地去找老葡，向老葡畅谈自己的理想，跟着老葡一起去郊游……老葡取代了那棵小甜橙树，成为他最好的伙伴，为此还招致小甜橙树的嫉妒。

因为老葡和小甜橙树的陪伴，泽泽忽然发现，原来现实生活中也有温柔与爱，他因此变得“对一切都温柔”，他也不再搞恶作剧了，他的姐姐甚至觉得自己的弟弟已经“变成了另一个孩子”。但就在泽泽对生活充满希望的时候，坏消息接踵而至：先是因为修路小甜橙树被砍掉了，接着老葡突遇车祸。幻想和现实生活中的爱都突然地离开了他，泽泽因伤心过度而发烧昏迷。有一天，小甜橙树突然来到他的窗外，带着自从搬家后就没再见的那只蝙蝠，还有美国西部电影中的明星们的各种宝贝……这其实是一次告别，与“幻想世界”的告别，与童年的告别。

书的结尾，泽泽的爸爸终于找到了新的工作，家境的变化让这个家重现温暖，可是泽泽却说，那都不重要了。许多读者读到此处，都与泽泽有同样的感悟：失去了自己挚爱的东西后，其他的都不重要了。

总之，这是一本相当有震撼力的小说，期望这本书能够感动更多的人。

先睹为快

我爬起来，在床上发出一阵声响。

“你要去哪儿，泽泽?”

“我要把我的网球鞋放到门外头。”

“不要，别把鞋子放外面。最好不要。”

“谁知道呢，说不定会有奇迹发生。你知道的，托托卡，我想要礼物，一样礼物也好。我想要一个新的东西，特别是为我准备的东西……”

他转向另一边，把头埋到枕头下。

我一起床，就叫醒托托卡。

“我们去外头看看，我说会有东西。”

“我不想去。”

“但是我要去。”

我打开卧室的门，网球鞋是空的。托托卡揉着眼睛走过来。

“我不是说过了吗?”

愤恨、讨厌、悲伤——所有情绪混杂在一起，从我心底浮起。“有个穷爸爸真惨!”我克制不住自己。

我的眼光从网球鞋移开，移到一双停在我面前的凉鞋上。爸爸站在那儿看着我们。他的眼睛因为悲伤而显得巨大空洞，好像可以吞下班古电影院的整个银幕似的。他眼神中的悲痛如此强烈，我知道他就算想哭因为哭不出来。他站在那儿瞪着我们看了一分钟，这一分钟仿佛永无止境。然后他沉默地走过我们身边。我们吓坏了，什么话也说不出来。他从衣橱里拿出帽子，又走到街上去了。这时托托卡才碰了碰我的手臂。

“你真坏，泽泽。像圣经里的蛇一样坏。这就是为什么……”

他停了下来，神情很痛苦。

“我没看到他在那儿。”

“小坏蛋。没良心。你知道爸爸已经失业很久了，所以我昨天晚上吃不下饭，直盯着他的脸。有一天你也会当爸爸，你就知道这种话有多伤人了。”

“但是我没有看到他啊，托托卡，我真的没有看到……”我忍不住哭了。

“走开！你不配得到任何东西。滚远一点！”

我站在原地，不知道该怎么办。我很想跑到街上，抱着爸爸的腿痛哭，告诉他我真的很坏，一定是魔鬼的教子。我回到房里在床上坐下，从这个角度可以看到空空的网球鞋还在原来的地方。空空的，就像我狂跳不已的心。

延展阅读

《爸爸、妈妈、我和她》

瑞士作家于尔克·舒比格著。这是一个关于外国普通家庭的故事，也是一本同时适合孩子和成年人读的好书。作者用笔记体的形式记录了一个小男孩和他的家庭生活：爱发问的小男孩、沉默的妈妈、喜欢回答问题的爸爸，还有只能称为“她”的妹妹，以及与这个家庭发生关系的一切——爷爷奶奶、邻居……穿插于其中的大人和孩子之间的对话，迥异于中国式家长和孩子的交流，散发着家庭生活的温馨。可以说，《爸爸、妈妈、我和她》启发了儿童对生活的思考，对孩子树立良好价值观和思维方式有一定帮助；同时也唤醒了大人心中沉睡的小孩，使他们重新认识和发现身边的儿童。本书读起来轻松、可爱，最重要的是，本书具有一般成年人不再拥有的哲思与理想，是一部把内心刻画得淋漓尽致的文学作品。

《窗边的小豆豆》

〔日〕黑柳彻子　著

日本著名女作家黑柳彻子根据自己童年的亲身经历创作了一部儿童文学作品《窗边的小豆豆》。此书出版后，在全球范围内产生了极大的反响。这本书不仅带给全世界几千万读者无数的笑声和感动，而且为现代教育的发展注入了新的活力。1984 年，联合国官员在读完《窗边的小豆豆》后，认为“再也没有比她更了解孩子的了”，因而任命黑柳彻子为亚洲历史上第一位联合国儿童基金会亲善大使、世界上第四位亲善大使。

关于作者

黑柳彻子是日本著名作家、著名电视节目主持人。1981 年，她根据自己童年的亲身经历创作了一部儿童文学作品《窗边的小豆豆》。书中的主人公小豆豆因顽皮淘气被原学校退学后，来到新学校巴学园。在巴学园里，孩子们自由自在地成长，可以做自己想做的事情。在这样一个自由的环境里，在新学校小林校长的爱护和引导下，一般人眼里的“问题孩子”小豆豆逐渐变成了一个大家都能接受的孩子，并奠定了她一生的基础。此书出版后，在全球范围内产生极大的反响。截至 2001 年，日文版累计销量达 938 万册，成为日本历史上销量最大的一本书。该书也被译成 30 多种文字，介绍到世界各地。该书英文版在美国出版时，《纽约时报》史无前例地发表了两个整版的书评文章，为黑柳彻子和她的作品做宣传。这一“殊荣”，不仅在她之前没有人获得过，在此之后也再无第二人获得。

在担任亲善大使期间，黑柳彻子访问了非洲和亚洲的许多国家，通过媒体的力量向外界介绍这些地区的现状，并进行募捐。她还利用《窗边的小豆豆》日文版的版税创立了“社会福利法人小豆豆基金”，建立了小豆豆文化馆，在培养专业的聋人演员、开办手语教室等方面倾注了很多心血。

荐读理由

《窗边的小豆豆》讲述了作者上小学时一段真实的故事，那段经历影响了黑柳彻子的一生。故事发生在第二次世界大战结束前的东京，黑柳彻子也就是书中的主人公小豆豆，她因为淘气被退学了。退学后，妈妈轻描淡写地对小豆豆说:“我们去一个新学校看看吧？听说那里很不错呢！”就这样，小豆豆来到一所名字怪怪的学校——巴学园。

巴学园的一切都和其他学校不同：学校的大门是两棵有根的树，是“从地里面长出来的门呀”；教室是电车教室，学生可以按自己喜欢的顺序自习各个科目；没有固定的座位，可以每天换位置；校长要求大家自带有“山的味道”（蔬菜、肉类等）和“海的味道”（鱼、海鲜等）的午饭；上午如果把课程都学完了，下午大家就集体出去散步学习地理、自然知识；夜晚则在大礼堂里支起帐篷“露营”，听校长讲旅行故事……这些都是新鲜而动人的和谐景象。小豆豆在这个校园里学会了关心别人、热爱生活，为自己的辉煌人生打下了坚实的基础。

这部著作是以小豆豆的内心感受为线索写成的，读者可以跟着这个小孩的视角一起感受成长。这种成长经历，不管是现在的日本孩子还是中国孩子，都已经体会不到了。书中有很多精彩和感人的场景，比如开篇讲述小豆豆如何进入学校，小林校长居然认真听一个一年级的小学生讲了四小时的自我故事；在电车教室里自由自在地上课；在天然泳池无拘无束地游泳。在这里，老师跟小朋友说话总是蹲着身子或是弯下腰的；在这里，老师用一种近乎纵容的眼光，看待孩子们的“破坏行动”。这本书震撼了许多成年人，引起了人们对现代教育本质的反思。

先睹为快

校长让小豆豆坐到椅子上，然后转过身对妈妈说：

“好，现在我来和小豆豆谈谈，您可以请回了。”

小豆豆在一刹那间感到有点紧张，但马上又想到，和这位校长先生谈话一定很好玩。妈妈很干脆地说：

“那么就拜托您了。”

然后关上门走出去了。

校长把椅子拖到小豆豆跟前，和小豆豆面对面坐下来说：

“好，随便给老师说点什么吧！把你心里想说的话，全都讲出来。”

“心里想说的话？”

小豆豆本来想，大概是问到啥就回答啥吧？可听到校长说“讲什么都可以”，便立刻兴致勃勃地讲了起来。虽然讲得有点颠三倒四，但小豆豆还是一个劲儿地讲着。她讲的内容有：

来时乘坐的电车开得很快。

曾向电车检票员叔叔要一张车票，但是没给自己。

原来上学的那个学校的女班主任老师长得很漂亮。

那个学校有一个燕子巢。

家里有一只褐色的名叫洛克的狗，会做出“伸爪”和“对不起”的姿势，吃完饭以后还会做出“吃饱了”的样子。

在幼儿园的时候，爱把剪刀放在嘴里，咔嚓咔嚓地剪着玩，这时老师总是生气地说：“要剪掉舌头的！”可自己还照样玩了好多次。

鼻涕流出来的时候，总爱嗞拉嗞拉地抽鼻涕，因为怕挨妈妈骂，才赶快把鼻涕擤掉。

爸爸在海里游泳游得真棒，还会跳水。

小豆豆滔滔不绝地讲了这么许多。校长一会儿笑，一会儿点头，一会儿又说："还有呢？"因此小豆豆更高兴了，便一个劲儿地讲了下去。不过到后来终于没话好讲了。当小豆豆闭住嘴巴正在心里搜寻话题时，校长开口了：

"讲完了吗？"

小豆豆觉得就这样收场未免太遗憾了。

延展阅读

《阿华的菩提树》

张中懿著。本书被称为中国版的《窗边的小豆豆》。阿华出身于一个乡村教师家庭，他童年和少年的大部分时光都生活在父母供职的乡村学校，由懵懂的孩童成长为品学兼优的少年，阿华接触的人群和事物在以各种方式潜移默化地影响着他。外婆的勤劳、善良、慈爱呵护，父母的因势利导、口授心传，老师的亲切教诲、关心鼓励，玩伴的纯洁友情、单纯童心，以及游戏的丰富多彩、民风的朴实无华、农事的繁复辛劳……阿华从中感受着幸福和欢乐，感悟着现实和人生。

《佐贺的超级阿嬷》

〔日〕岛田洋七　著

《佐贺的超级阿嬷》是一部在日本国内具有很大影响力的小说。该书中的感人故事传达了一种积极乐观的价值观，被日本出版界誉为继《窗边的小豆豆》后又一部“教育下一代绝妙教材”的成长小说。

关于作者

岛田洋七，日本知名作家、喜剧泰斗，1950年出生于日本广岛。他原名德永昭广，因师从相声大师岛田洋之助而改名岛田洋七。2001年，岛田洋七将童年与外婆相依为命的故事写成《佐贺的超级阿嬷》一书，朴实真挚的内容引起了社会的极大反响，经著名女作家黑柳彻子专访推荐后，更造成轰动。此后，作者陆续推出“佐贺阿嬷”系列图书，均大受欢迎，至今已销售500万册，连续三年位居日本各大畅销书排行榜前列，再现当年《窗边的小豆豆》口口相传、争相阅读的盛况。

在写书成名之前，岛田洋七在人生之路上经历了大起大落，曾极富又极穷过。他曾是红极一时的相声演员，极盛时，他一周要主持15个节目，除去休息日实际是5天15场，平均一天3个节目。当时他每天工作到凌晨3点，他接受记者采访时说：“那时候半年赚了3亿（日元），钱多到要用纸箱装，差点被老婆拿去扔了。”当时他每个月把纸箱交给太太，太太以为是观众来信，从没打开，还奇怪地问他为什么钱赚得那么少。然而，在红了近五年之后，岛田洋七人气急转直下：经营饭店倒闭，竞选参议员失败，落得自己在好友工作处晃荡多年，一度想退出演艺界，后来在外婆和好友的激励下才东山再起，再创辉煌。

在面对人生的困境时，岛田洋七认为，自己的外婆的确对自己产生了很大的影响。在演艺生涯进入低谷之时，外婆乐观地告诉他："那就去玩吧！人生就像爬山一样有高有低，会往上爬也会往下走……上山后拍张纪念照片就该往下走了，山顶上是不适合住人的，山顶没有房子，没有蔬果店，没有超市，什么都没有，但是溪边有水有鱼又有花，就像是超市一样。若是从山上走下来了，再往上走就好了。人生像这样高高低低地重复着，其实才是最安定的。"

在谈到《佐贺的超级阿嬷》的创作动机时，岛田洋七说，他时常听到生活在物质丰裕年代的日本人牢骚满腹、怨天尤人，甚至是无病呻吟，每当此时，他就想到了在艰难年月里却生活得很灿烂的外婆，他强烈地想让大家知道外婆的事迹，于是创作了这部《佐贺的超级阿嬷》。他希望人们通过了解他那超级可敬的外婆的人生经历，多多汲取她的精神和智慧，以拥有快乐的人生。

荐读理由

《佐贺的超级阿嬷》是一部在日本国内具有很大影响力的系列小说，大陆版本是《佐贺的超级阿嬷》及其续篇《佐贺阿嬷：笑着活下去》两书的合集。

在这部回忆童年生活的自传体小说中，作者讲述了第二次世界大战结束后，因为无力抚养儿子，母亲将年仅 8 岁的昭广寄养到佐贺乡下的外婆家里。在那间破烂的茅屋里，昭广慢慢成长起来。虽然生活异常艰难，但是乐天知命的外婆总有神奇且层出不穷的生活绝招，在物质匮乏的岁月里丰富了昭广的心灵，家里也始终洋溢着笑声和温暖。这本书告诉我们“幸福不是金钱左右的，而是取决于你的心态”。

《佐贺的超级阿嬷》在日本出版后，联合国儿童基金会亲善大使、《窗边的小豆豆》作者、日本著名女作家黑柳彻子对其作者岛田洋七进行了专访并公开推荐此书。该书销量很快就超过500万册且经久不衰。2005年，深受感动的读者自愿发起“一人一万日元”的募捐活动，募集到一亿日元的拍摄资金，把《佐贺的超级阿嬷》搬上银幕，这成为电影史上最感人的事件之一。

本书的作者岛田洋七是日本的相声演员，并不是专业作家，所以在写作手法上非常简单。整本书用了最简单的语言把作者小时候的经历用各种段子叙述出来，没有过多华丽的形容词，倒是一行行的对话很多。这也体现了阿嬷的哲学——简单、快乐，让人读起来非常轻松。

在书中，作者以平实质朴的语言满含深情地向读者讲述外婆的各种风貌。岛田洋七家中贫穷，但外婆可以大声地说:“我们祖先世世代代都是穷人!”她完全不因为贫穷而自卑，反而觉得有钱人活得很累。9岁的昭广在向外婆要钱而得不到满足时，曾自言自语地说:“虽然我们家现在穷，以后有钱就好了。”外婆却说:“什么话？穷有两种：穷得消沉和穷得开朗。我们家是穷得开朗。”“做有钱人很辛苦，要吃好东西，要去旅行，忙死了。”“穷人习惯穿着脏衣服，淋了雨，坐在地上，摔跤也无所谓。”“啊，贫穷真好!”外婆用内心的灿烂阳光驱散了外孙许许多多的物质困扰。

外孙考试只得1分、2分，心灰意冷，她不会破口大骂，反倒安慰起外孙:“不要紧，这些加起来就有5分了。人生就是总和力!”

虽然贫穷，但外婆并不吝啬。她为人很好，街坊邻居都是她的好朋友，有时有人有困难，她也会大方地帮助他们。有时外婆的思想有些“疯狂”，完全和正常人的思维不沾边，但事实证明，她的这些作为不仅没有产生不良影响，并且成功地教育了岛田洋七。这些快乐生活的哲学非常重要，不管发生什么事情，只要心态好，就没有什么困境。

书中也指出，现在很多人因为“不景气”所以很沮丧，但作者在佐贺的那段时期生活要比现在的人们遇到的情形困难得多，可是他没有活在灰色调中，而是和超级外婆乐观地面对。

该书中的感人故事传达了一种积极乐观的价值观，被日本出版界誉为继《窗边的小豆豆》后又一部“教育下一代绝妙教材”的成长小说。

先睹为快

佐贺地处南方，很多人以为那里天气温暖，其实九州岛的冬天出乎意料地冷。外婆家是老式的房子，更是寒冷彻骨；而且，人似乎一冷，就会消耗皮下脂肪，总觉得肚子空空的。尤其是真正饥饿时，感觉会更冷。

小学三年级某天，正是秋凉已深、寒气逼人的时候。我放学回家，书包还没放下就嚷着：

“阿嬷，好饿啊！”

可是那天，家里肯定是什么吃的都没有，外婆冷不防回了我一句：

“是你神经过敏了。”

听她这么一说，才 9 岁的我也只能乖乖地承认“是这样啊”。不吃饭，做什么好呢？我们家没有收音机，当然也没有电视看。穷极无聊的我嘀咕着：

“我去外面玩吧。”

外婆竟然对我说：

“不行！出去玩肚子会饿，你去睡觉吧。”

我看看钟，才下午四点半啊！怎么说都还太早吧！可是因为实在太冷，我乖乖地钻进被窝，不知不觉睡着了。

大概晚上十一点半，尽管外婆一直说我是神经过敏，但我那次真的是饿醒过来了。我摇醒睡在旁边的外婆说：“我真的肚子饿啦！”

这回她却跟我说：

“你在做梦！”

因为在被窝里，我有一瞬间真的以为是在做梦……但终究因为又冷又饿，我落下泪来。好不容易熬到第二天清晨，我对外婆说想吃早餐，她竟然说：

“早餐昨天不是吃过了吗？赶快去上学，学校有营养午餐喔！”

就这样，我熬过了两餐。

外婆总是很开朗，但在寒冬时节，心情偶尔也会毫无缘由地消沉。那天是比平日更冷的一个寒夜，外婆却喜滋滋的。

“有什么好东西吗？”

“今天有这个热水袋，很暖和呢！”

她兴奋地把热水灌进那椭圆形的银色旧热水袋里。

不知是捡来的还是从哪里要来的，我半信半疑地想，有那个东西就真能变暖和吗？可是用毛毯包着它放在腿下之后，真的感觉好暖和。这温暖的被窝就像天堂一般，让我沉沉睡去。

从那天晚上开始，我成了热水袋的忠实信徒。一到晚上，外婆把热水灌进热水袋后拿给我，我就高兴不已。

热水袋为我们寒冷的家带来了幸福。

延展阅读

《幸福旅行箱》

本书是作者的另一部精品。

故事讲述的是：离开佐贺，离开“超级阿嬷”之后，作为棒球特招生进入广陵高中的昭广因伤未能如愿成为职业棒球手。在阿嬷的支持下，昭广拖着装有“阿嬷秘诀”的旅行箱去闯荡天下，在东京漫无目的地闲逛，应聘汽车修理工、出租车司机、歌手等职位，一一遭拒。无奈来到大阪的他被相声“大腕”的劳斯莱斯、保时捷座驾惊得目瞪口呆。他从跑龙套做起，努力奋斗，直到名扬天下。

《白轮船》

〔吉尔吉斯斯坦〕艾特玛托夫　著

艾特玛托夫是吉尔吉斯斯坦的著名作家，他的作品被译成127种语言，在世界广为流传。他在将近半个世纪的创作中，自觉担负起保护大自然、保护人类生命家园这一崇高、神圣的职责，以无比焦虑的心情思考并揭示当今人类与大自然的相互关系，表现出一种超前的地球忧患意识。他于20世纪70年代创作的中篇小说《白轮船》是一部讲述吉尔吉斯林区中一个小孩子命运的作品。

关于作者

2008年6月10日，与我国相邻的吉尔吉斯斯坦的著名作家艾特玛托夫因病逝世，该国为其举行了隆重的国葬，并对国葬仪式进行了现场直播，2008年也随即被该国定为“艾特玛托夫年”。艾特玛托夫是在观看一部在德国拍摄的电影时病倒的，这部作品改编自他的小说《一日长于百年》。

艾特玛托夫（1928—2008），之所以在吉尔吉斯斯坦人心中的地位如此重要，是因为艾特玛托夫为这个只有300多万人口的小国赢得了世界的尊重——他的作品被译成127种语言，在世界广为流传，据说在德国几乎每个家庭里至少有一本他的小说。

1928年，艾特玛托夫出生在吉尔吉斯斯坦塔拉斯山区的一个小村庄里，那里是吉尔吉斯斯坦传统文化的发源地之一，流传着许多神话、寓言与传说。9岁时，其父亲在肃反运动中蒙冤被害，艾特玛托夫过早地感受到了现实生活的艰难。在他青少年时期，卫国战争爆发，又让他经历了战争的残酷和痛苦。正如艾特玛托夫自己所说的，这段时光促进了他对民族文化、民族性格和人性特点的认知，奠定了他人生观的基础。

1958年8月，艾特玛托夫在当时的苏联《新世界》杂志上发表了中篇小说《查密莉雅》。小说在“解冻”不久的苏联文坛和广大读者中间引起了热烈的反响。小说使艾特玛托夫首次获得广泛的赞誉，《查密莉雅》发表后的第二年，法国作家阿拉贡把它译成法文，称其为“世界上最优美的爱情故事”。从此，艾特玛托夫跻身于苏联当代一流作家的行列。

艾特玛托夫的创作视野开阔，取材广泛，方式和手法多样，很少与其他作品雷同，以其民族特色而受到普遍赞誉。艾特玛托夫的创作有很强的画面感，故事贴近生活，所写的十余部中长篇小说无一例外地被拍成了电影和电视剧，有的还改编成了芭蕾舞。他曾三次获苏联国家文学奖、一次获列宁奖。他的作品在我国20世纪七八十年代的读者中有着极大的影响，曾一度出现出版艾特玛托夫作品的热潮。

作家张承志在谈到艾特玛托夫时说:“我读过一些他的作品，开始于《群山和草原的故事》，止步于《断头台》。给我印象最深的是他作品中那些对天山腹地、高山牧场及其住民的抒情，我因为有多年在东部天山调查的体会，因此对他的西部天山描写目瞪口呆。”

艾特玛托夫曾经说过:“一个人失去民族和历史属性，失去个性的全部特征，他就变成了顺从的奴隶，驯服的机器人。”在中后期的作品中，他思考的更多的是政治和意识形态之外的人类命运问题。他在将近半个世纪的创作中，自觉担负起保护大自然、保护人类生命家园这一崇高、神圣的职责，以无比焦虑的心情思考并揭示当今人类与大自然的相互关系，描绘了一出出人类戕杀自然、毁灭地球的悲剧，向人类敲响了一次次警世钟，告诉人们要对自己负责，对子孙后代负责，表现出一种超前的地球忧患意识。

1986 年，艾特玛托夫发表长篇小说《断头台》。《断头台》是他的巅峰之作，作品讲述了人与狼之间的悲剧性故事，触及了当时社会生活中存在的吸毒、犯罪等丑陋现象，首次提出人类发展与自然环境的相互关系，表达了善与恶在人类发展过程中的尖锐矛盾与残酷斗争，在苏联引起强烈的反响。仅隔一年，隆重问世的中文版引起了更加广泛而热烈的争议。

1988 年后，艾特玛托夫开始了长达20 年的外交官生涯，去世前他是吉尔吉斯斯坦驻卢森堡、比利时和荷兰的大使，积极推动国家的民主进程。期间，他只发表了两部小说：《卡桑德拉印记》（1996）和《崩塌的山岳》(2006)。对苏联后期以及解体初期社会生活与思想观念变化的思考折射出他高度的社会责任感和对创作的渴望。

荐读理由

1970 年，一部以“现实—神话”的构架形式出现的中篇小说——《白轮船》问世了，这是一部讲述吉尔吉斯林区中一个小孩子命运的作品。作品里的小主人公没有名字，从没见过自己的爸爸妈妈，与收入微薄的爷爷相依为命。可是，这些都不能阻挡小主人公斑斓的梦想，虽然他只有三个梦想。第一个梦想是上学，而故事也正是从他为实现上学愿望，爷爷给他买了新书包开始的，冥冥中决定了他踏上悲剧命运的不归路。第二个梦想是等长角鹿妈妈回来，与她永远快乐地生活在一起，而长角鹿妈妈却是一个活在传说中的雌鹿，传说中她挽救了吉尔吉斯民族却遭到人类的捕杀而不得不离开故土。他的第三个梦想是他从未和人说起过的梦想，那就是他遥远的白轮船。白轮船上有他的父亲，父亲是名水手，但从不回来。他梦想着有一天自己能变成一条鱼，沿着小河，一直到湖里，去到白轮船边，再变回自己的模样，去看看自己的父亲，也让父亲看看自己。

然而就是这简单的几个梦想，小家伙也实现得跌跌撞撞、曲曲折折。善良的爷爷在一个流动商贩汽车上为他买了书包，虽然学校离家很远，但是爷爷每天都会骑马接送他上下学，似乎他的第一个梦想就要实现了，然而就在这似乎之间，命运判决了他短暂而悲剧性的一生。

一天，天已经很黑了，为了接孙子回家，一向懦弱的爷爷与林场领导，也就是爷爷的女婿，发生了有史以来最不可能的爆发式冲突，这场冲突使爷爷失去工作，他们的生存将无以为靠。这时，山林里突然出现了三只鹿，有健壮的公鹿、调皮的小鹿和优雅的母鹿，母鹿的雍容、优雅让小孩子激动不已，他甚至相信这就是传说中的长角鹿妈妈。可爷爷为了保住工作，不得已在女婿的强压下违心地向母鹿开了枪。这样矛盾的心理冲突和深深的负罪感，让爷爷内心痛苦万分，于是在众人欢庆杀死母鹿开怀畅饮的夜里酩酊大醉。

而这夜，小孩子由于受了风寒，正病得厉害，他听到院子里人们饮酒吃肉的快乐声音，拖着身子来到屋外。他意外地在棚子墙根底下遇见了他心目中圣洁的长角鹿妈妈血肉模糊的头和腿，“砍下来的鹿头就扔在土地上，地上是一片片黑糊糊的血迹。这鹿头很像被扔在路旁的一块带树枝的木头疙瘩。鹿头旁边还放着四条带蹄的腿，是从膝关节处斫下来的”。想着几个小时前长角鹿妈妈还在河的对岸温柔地注视着他，现在却骨肉离析，凄惨的景象使小孩子的心灵受到巨创，从小支撑自己美好世界的事物刹那间灰飞烟灭，他美好的梦想就在本要触及的地方轰然倒地，他胆战心惊，惊愕木然，哆哆嗦嗦，一阵阵的恶心。

或许一个遥远的传说、一个虚幻故事的破灭，只是成长过程中必须经历的阵痛，但是对于整个民族来说，却意义深远。善的弱小与恶的强大反差强烈，对大自然、对传统的崇敬与人们对自然的破坏和毫无顾忌的冷酷对照分明，这就是作者给我们描述的事实，也是作者挥洒自如的故事叙述背后，藏匿的对自然山区美的召唤，对贪婪人性的阻击，对全球化势头扩张的抵御，对人的尊严的表达——纵然生物的衰老无法抗拒，但作为万物之灵的人类应该通过感悟美而鄙视丑。

因为作者这种不愠而怒的叙述风格，能信手拈来小孩子的世界，从而深刻揭示了人与自然、善与恶的重大社会问题，1977 年，《白轮船》与同名电影均获苏联国家文学奖，大概这也算是人类给自己的一个赎罪机会吧。

先睹为快

这孩子飞快地跑着，蹦过一丛丛的树棵子，遇到大石头，要是蹦不过去，就绕过去。不论高高的草丛面前，不论石头旁边，他都片刻不肯停留，虽然他知道，它们都是很不简单的，它们会见怪，甚至会伸出腿来绊你一跤。“卖东西的汽车来了。我等一会儿就来。”他一边跑，一边朝“睡骆驼”（这是他给一块驼背的、下身埋在土里的储色花岗岩取的名字）喊道。平时他不在他的“骆驼”的背上拍几下，是不会轻易过去的。他总是拿出主人的姿态拍拍它，就像爷爷拍他那短尾巴骏马那样，随随便便，大模大样，边走边拍，还要说一声:“你在这里等一会儿，我去办点事情就来。”他有一块“马鞍”石，这是一块半白半黑的花斑石，当中有一道凹腰，可以像骑马一样骑在上面。还有一块“狼”石——很像一只粗脖子、大脑门、毛色褐中带白的狼。他常常朝它匍匐前进，朝它瞄准。但是，他最喜欢的石头还是“坦克”，这是一块紧靠河水、巍然屹立在被河水冲得壁陡的岸上的巨石。看架势，这“坦克”就要从岸上冲下去，向前行进，河水就要沸腾起来，溅起白色的浪花。因为在电影里坦克就是这样行进的：从岸上冲到水里，前进……这孩子很少看电影，因此，看过的东西他记得很牢。爷爷有时带他到山后附近的国有农场种畜场去看电影。因此岸边就出现了时刻要冲过河去的“坦克”。还有其他一些石头，如“坏家伙”，或者“好人”，甚至

“机灵鬼”或者“笨蛋”。

可是你游走了。你知道吗，你永远也变不成鱼。你也游不到伊塞克湖，看不到白轮船，不能对白轮船说：“你好，白轮船，我来了！”

现在我只能说一点：你摒弃了你那孩子的心不能容忍的东西。这就是我的安慰。你短暂的一生，就像闪电，亮了一下，就熄灭了。但闪电是能照亮天空的。而天空是永恒的。这也是我的安慰。

使我感到安慰的还有，人是有童心的，就像种子有胚芽一样。没有胚芽，种子是不能生长的。不管世界上有什么在等待着我们，只要有人出生和死亡，真理就永远存在……

孩子，在同你告别的时候，我要把你的话再说一遍：“你好，白轮船，我来了！”

延展阅读

《崩塌的山岳》

这是艾特玛托夫的最后一部长篇小说。作品以名记者萨曼钦和一只老迈的雪豹的悲剧性道路为主要内容，表达了自己对生态平衡的重视和对经济全球化、文化庸俗化的否定。自从19世纪批判现实主义文学家以金钱对人性“恶”的诱惑为题材，写出诸多传世之作后，艾特玛托夫在对俄罗斯文学人道主义精神的继承和发展上，以《崩塌的山岳》为标志，将这种已扩张、提升到人类的“贪婪”对自然界侵凌、掠夺的“恶”进行强烈谴责。虽然这部作品是艾特玛托夫在耄耋之年所作，但是作者依然能够通过小说中的人物形象，关注自然承受的双重欺凌，鲜明地凸显了他高度的社会责任感。

《爱的教育》

〔意〕埃德蒙多·德·亚米契斯　著

《爱的教育》是一部令全世界亿万读者为之感动的伟大作品。今天《爱的教育》在各国均有译本，被誉为世界青少年最优秀的读物之一。

关于作者

1846年，一位伟大的作家诞生于意大利古利亚地区的一个小村庄，他就是《爱的教育》的作者埃德蒙多·德·亚米契斯（1846—1908）。

作为意大利民族复兴运动时期的爱国志士，亚米契斯参加了解放意大利的战斗。退役后，他做过军事刊物的记者，发表了许多特写、报道、短篇小说，后汇集为《军营生活》出版。他周游世界各国，撰写了许多游记，以明快、新颖的笔触，记叙各国的风土人情，所有作品都贯穿了向意大利人民进行爱国主义教育的宗旨。

1886年，亚米契斯的日记体小说《爱的教育》正式出版，使他的创作生涯达到顶峰。《爱的教育》是一本描写青少年生活的特写集，主人公安利柯以自己的视角，写下了发生在自己身边的一百则各式各样感人的小故事，每章每节都把爱表现得淋漓尽致。这些小故事，反映了意大利中下层人民穷困的生活和淳厚、朴直、友爱的品德，提倡爱国、善良、勇敢、宽厚、无私、博爱等精神，无论是写对国家、社会、民族的爱，还是表现对父母、师长、朋友间的爱，都处处扣人心弦，感人肺腑。最早把这本书译介到我国的著名作家夏丏尊先生在该书译本的序言中写道:“这本书给我以卢梭《爱弥儿》、裴斯泰洛齐《醉人之妻》以上的感动。我在四年前始得此书的日译本,记得曾流了泪三日夜读毕。”

荐读理由

《爱的教育》展现的是一个意大利小学生在一个学年十个月中所记的日记,原名《心》,即“爱心”,善良、平等、友爱、互助、热爱祖国、积极进取是本书的精髓。全书共100篇短文,主要由三部分构成:主人公安利柯的日记,他的父母在他的日记本上写的劝诫启发性的文章,老师在课堂上宣读的小故事。

《爱的教育》采用日记的形式,以孩子的口吻、孩子的笔触来写孩子的生活和思想,读来更显真实,富有亲切感,因此也更容易被小读者们所接受。虽然这是一本主要写给小学生读的书籍,但对于为人父母、为人师长、为人子女者也是一本很有意义的教育经典。

《爱的教育》向读者灌输的是真诚宽厚的人际之爱。安利柯是一位小学四年级的小男孩,他出生在一个充满爱与信任的家庭,他天性善良,是个乐观上进的好少年。他的健康成长与书中所描写的真诚宽厚的人与人之间的爱是息息相关的。

这本书还用相当的篇幅描写了作者对祖国崇高伟大的爱。《伦巴底的小哨兵》是老师在课堂上宣读的小故事,故事讲述了一位流浪的小男孩给一支骑兵小队当哨兵,为了看清楚敌军的情况,勇敢地爬上树梢,最后为祖国献出了自己的生命。故事宣扬了普通人对祖国的热爱之情。《爱国》是一篇父亲写给安利柯的文章。父亲在儿子听了一个爱国故事后,用这个故事的内容教育、启发儿子。文章通篇都在激发民族自豪感和爱国热情,用慷慨的言辞、热情的话语表达了一位爱国者的高尚情操。

《爱的教育》展现的是一个爱的世界，是一个善的世界，是一个美的世界。爱就像空气，每天都在我们身边，但又因为它无影无形，往往容易被我们忽略，但我们的生活不能缺少它，它的意义已经融入我们的生命。爱，应该是教育力量的源泉，是教育成功的基础。夏丏尊先生在翻译《爱的教育》时说过这样一段话："教育没有情感，没有爱，如同池塘没有水一样。没有水就不称其池塘，没有爱就没有教育。"读《爱的教育》，我们走入了小学生安利柯的生活，目睹了他怎样学习、生活，怎样去爱。书中没有生硬的说教，没有空洞的说理，只是在一个个故事中让读者体会什么是爱，如何去爱。

先睹为快

18 日，星期二

今天，我感觉新老师也非常可爱。

我们早上来到教室时，他早已经坐在教室里了，他教过的学生经过教室时，都探进头来和他打招呼："老师早安！""贝巴尼老师早安！"有的学生还走进教室和他握握手，看来大家都很喜欢他，并希望能继续接受他的教导。

老师也回应问候："早安！"

不过，他和学生握手时不是看对方的脸，而是十分严肃地望着窗外的屋顶，好像和学生打招呼是一件很辛苦的事。

他站在讲台上将我们仔细巡视了一遍，接着让我们默写。他则走下讲台，在课桌的间隙中来来回回检查。他在一个学生脸上发现了小红点，马上让他停下默写，托着他的脸仔细看，还摸了摸额头，看他是否在发烧。这时，后面的一个学生趁机跳上椅子玩耍，谁知老师回过头正好看见，他赶紧坐下，低着头准备受罚。但老师只是摸着他的头说："下次不要这样了！"

默写完了，老师一言不发，看了我们好一会儿后，用洪亮的声音亲切地说："孩子们，好好听我说！从现在开始，让我们一起好好度过一年时间吧！我希望大家能用功学习、遵守纪律。我的母亲去年还健在，但今年就已撒手而去，剩下我一个人孤独地生活。除了你们，我没有亲人，没有其他热爱的人！我把你们当成自己的孩子，爱你们，关心你们，同时也希望你们喜欢我，真诚地对待我。我不想责怪任何人，我相信，你们一定能和睦相处，像个大家庭，让我感到欣慰和骄傲！我不需要口头承诺，因为我知道，你们已经在心里郑重地说：'是的，我愿意！'谢谢大家。"

这时，校工过来通知：放学了。我们安静地离开了，刚才那个跳上椅子的孩子则走到老师身边稍微有些紧张地说："老师，请原谅我！"老师吻了一下他的额头说："好孩子，赶紧回家吧！"

延展阅读

《孩子，把你的手给我》

〔美〕吉诺特著。这本书的主要内容是告诉我们父母可以帮助孩子成为一个品质高洁的人，一个有着怜悯心、敢于承担责任和义务的人，一个有勇气、充满活力、正直的人。对孩子的教育，光有爱是不够的，洞察力也不足以胜任，好的父母需要获得并使用一些技巧。大多数父母没有意识到语言的破坏力量。他们发现自己说出来的话正是以前自己的父母对他们说过的，发现他们正用一种自己也不喜欢的语气跟孩子说话，他们原本没打算这样的。在沟通中发生这种不幸，常常不是因为缺乏爱心，而是缺乏对孩子的理解；不是因为缺乏智慧，而是缺乏知识。《孩子，把你的手给我》彻底改变了父母与孩子的沟通方式，在这个领域，这是一本革命性的著作。

提升修养的文学读物

《变形记》

〔奥地利〕卡夫卡　著

《变形记》是奥地利著名作家卡夫卡的代表作，是他文学创作艺术上的最高成就，被认为是20世纪最伟大的小说作品之一。

关于作者

在20世纪动荡不安的欧美社会，有一种时代精神的艺术表述就是现代主义文学。这种具有强烈的文化批判倾向、突出表现异化主题、强调表现内心生活和心理真实、具有主观性和内倾性特征、善于运用象征隐喻的神话模式、提倡“以丑为美”、热衷于革新与实验艺术技巧的文学形式，曾在20世纪的文坛上引领潮流，同时也涌现出一大批优秀作家。其中有一位用德语写作的业余作家，他与专职写作的法国作家马赛尔·普鲁斯特、爱尔兰作家詹姆斯·乔伊斯并称为现代主义文学的先驱。这位作家就是弗兰茨·卡夫卡（1883—1924）。

卡夫卡生前默默无闻，早期作品只有一部散文小说集《观察》，共收集18篇作品。后期作品除了成名作《变形记》和代表作《判决》外，其他短篇小说与书信等在当时都没有获得文坛青睐。但是随着时间的流逝，他作品的价值逐渐为人们所发掘，甚至在世界范围内掀起一股“卡夫卡”热潮，而且经久不衰。

在他的作品主题中，以揭示现实世界的荒诞与非理性、现代人的异化现象及人在现实生活中的困境和困惑感为主，例如《判决》《变形记》等。同时，他还在作品中描写了现代国家机器的残酷和统治阶级的专横腐朽，如《诉讼》《城堡》。其中《城堡》中描述的“城堡”就隐喻着中世纪时代的衙门，它高高在上，有着让老百姓可望而不可即的威严；官员们忙忙碌碌，却只与卷宗打交道，与老百姓的痛痒毫不相干，而卡夫卡认为，正是这样的官僚专制主义的统治对被统治者构成了致命的威胁。

但是，真正奠定卡夫卡在现代主义文学上的大师地位还在于他对现代语言艺术的革新。首先，卡夫卡在作品中将悖谬变成了一种新型的美学概念，通过悖谬来构成悲喜剧或黑色幽默的审美情趣。如《饥饿艺术家》的主人公以饥饿为唯一的表演手段，饿的时间越长意味着他的艺术水平越高，但是在他的艺术水平达到最高境界之日，就是他的生命消失之时，这就是灵与肉的悖谬。

此外，他的作品中还大量地运用到图像、象征、比喻等手法，从而使作品充满梦幻、怪诞的特点，进而让作品主题充满神秘性、多义性、自传性和朴素性。因此，有人说卡夫卡的作品有一根未剪断的“脐带”，它的母体就是作者，他笔下的主人公具有与作者既像又不像的特性，再加上他“圣经方式”的叙述笔法，从而使他的作品形成了特有的冷峻、简洁、朴素的风格，也成为卡夫卡的标志性特征。

荐读理由

《变形记》是卡夫卡的短篇小说代表作，是他文学创作艺术上的最高成就，被认为是20世纪最伟大的小说作品之一。

主人公格里高尔不堪忍受肉体和精神的重负，失去了自己的本质，异化为非人——一只大甲虫。当他发现自己变成甲虫，但还有人的情感与心灵后，三次努力试图与亲人以及外界交流，但统统失败，等待他的只有死亡。作品表现了人与人之间的孤独感与陌生感，即人与人之间竞争激化、感情淡化、关系恶化。

在作品中，作者将这种严肃的现实置于荒诞的情节中，在艺术上表现出如下一些特点：

一、现实与虚幻的结合。人一觉醒来就变成了甲虫，这是一种虚幻。甲虫却有着人的思维，具有人的思想情感，这更令人不可想象。就主人公格里高尔这个甲虫式的人物而言，总的说来是超自然、超现实的人物，但就他所生活的环境而言，就他周围的社会关系而言，则又都是现实的，是一定社会生活的真实再现。作者用写实的手法叙述反现实的事件，让非现实的人物生活在现实的环境之中；现实的因素与虚幻的因素密切地联系在一起，构成了这部作品新奇、怪诞的风格。

二、用虚妄来写真实，于“正常”见反常。格里高尔不幸变为一只甲虫而死，情节看似荒诞，却真实地反映了现代普通人的悲惨命运。格里高尔死于自己亲人之手，并不是因为他们的人性有多么恶。这些人都是普普通通的人、善良的人，他们对格里高尔的态度各有不同，但随着格里高尔的病态发展和他们社会生活条件的改变，他们逐渐变得意见一致起来。这说明，不论什么人，在那样的情况下都会这样的。问题的严峻性就在这里。作者把这种冷酷的利害关系写得如此平平淡淡，合情合理，正是为了揭露人们都已习惯了的“正常”关系的反常性，以引起人们的思考。

三、只叙不议，含而不露。《变形记》讲述的是一个悲剧。可是作者在叙述格里高尔的不幸时，采用的却是四平八稳的笔调，不带感情，不动声色，也不作任何评价，这种冷静客观、含而不露的表现手法，深刻地震撼读者的心灵，使这部小说收到了极佳的效果。这本书也因此被评为“一本打开之后即会受到教育的好书”“20 世纪世界十部影响深远的小说之一”和“影响历史进程的 100 本书之一”。

先睹为快

直到薄暮时分格里高尔才从沉睡中苏醒过来，这与其说是沉睡还不如说是昏厥。其实再过一会儿他自己也会醒的，因为他觉得睡得很长久，已经睡够了，可是他仍觉得仿佛有一阵疾走的脚步声和轻轻关上通向前厅房门的声音惊醒了他。街上的电灯，在天花板和家具的上半部投下一重淡淡的光晕，可是在低处他躺着的地方，却是一片漆黑。他缓慢而笨拙地试了试他的触觉，只是到了这时，他才初次学会运用这个器官，接着便向门口爬去，想知道那儿发生了什么事。他觉得有一条长长的、绷得紧紧的、不舒服的伤疤，他的两排腿事实上只能瘸着走了。而且有一条细小的腿在早晨的事件里受了重伤，现在是毫无用处地曳在身后——仅仅坏了一条腿，这倒真是个奇迹。

他来到门边，这才发现把他吸引过来的事实是什么：食物的香味。因为那儿放了一个盆子，盛满了甜牛奶，上面还浮着切碎的白面包。他险些儿要高兴得笑出声来，因为他现在比早晨更加饿了，他立刻把头浸到牛奶里去，几乎把眼睛也浸没了。可是很快又失望地缩了回来；他发现不仅吃东西很困难，因为柔软的左侧受了伤——他要全身抽搐地配合着才能把食物吃到口中——而且也不喜欢牛奶了，虽然牛奶一直是他喜爱的饮料，他妹妹准是因此才给他准备的；事实上，他几乎是怀着厌恶的心情把头从盆子边上扭开，爬回到房间中央去的。

他从门缝里看到起坐室的煤气灯已经点亮了，在平日，到这时候，他父亲总要大声地把晚报读给母亲听，有时也读给妹妹听，可是现在却没有丝毫声息。也许是父亲新近抛弃大声读报的习惯了吧，他妹妹在说话和写信中经常提到这件事。可是到处都那么寂静，虽然家里显然不是没有人。“我们这一家子过得多么平静啊。”

格里高尔自言自语道，他一动不动地瞪视着黑暗，心里感到很自豪，因为他能够让他的父母和妹妹在这样一套挺好的房间里过着满不错的日子。可是如果这一切的平静、舒适与满足都要恐怖地告一结束，那可怎么办呢？为了使自己不致陷入这样的思想，格里高尔活动起来了，他在房间里不断地爬来爬去。

在这个漫长的夜晚，有一次一边的门打开了一道缝，但马上又关上了，后来另一边的门上也发生了这样的事；显然是有人打算进来但是又犹豫不决。格里高尔现在紧紧地伏在起坐室的门边，打算劝那个踌躇的人进来，至少也想知道那人是谁；可是门再也没有开过，他白白地等待着。清晨那会儿，门锁着，他们全都想进来；可是如今他打开了一扇门，另一扇门显然白天也是开着的，却又谁都不进来了，而且连钥匙都插到外面去了。

延展阅读

作者还有下列精品：

《饥饿艺术家》

歌唱艺人为了生存，为了使自己的艺术达到“最高境界”，竟把绝路作为出路，以绝食表演作为谋生手段，宣称可以 40 天不进食而引吭高歌，进而发展到为绝食而绝食的“艺术”境界，仿佛饥饿真的就与人的肉体分开了一样。40 天过去了，他仍坚持要绝食表演下去，后被经理强迫进食。艺术家深为他的饥饿艺术未达佳境而遗憾，更为人们对他的艺术追求不理解不支持倍感孤独，他把原本作为生计手段的挨饿，当成生存目的和真正“艺术”而孜孜以求，最后被送进马戏团，关在笼中与兽类一起供人参观，无异于真正的动物。

《洞穴》

本书是卡夫卡晚期创作中最具代表性的力作。主人公是一只不知名的人格化的鼹鼠类动物。作品采用第一人称自叙法，描写了“我”担心外来袭击，修筑了坚固的地洞，贮存了大量食物。地洞虽畅通无阻，无懈可击，防御退逃自如，但“我”还是时时处于惊恐之中，惶惶不可终日。“我”又常年不断地改建地洞，辗转不停地把粮食从地洞的这个地方搬到那个地方，做好防御工作以防外界强敌前来袭击。“即使从墙上掉下来的一粒沙子，不搞清它的去向我也不能放心。”“我”向一种未知的危险、向周围无穷的一切发动了一场殊死的战斗：“我离开了世界，下到我的地洞里”，“如果我能平息我心中的冲突，我就相信自己已经很幸福了”。然而“我”永远在挖掘新的地道，在这个没有尽头的迷宫里，面对“一种我始终应该担心的东西，一件我始终应该有所防备的事情：有个人来了”。小说真实地反映了第一次世界大战前后，普通小人物缺失安全感，生活与生命得不到保障的恐惧心态。

《简爱》

〔英〕夏洛蒂·勃朗特　著

20世纪八九十年代，英国作家夏洛蒂·勃朗特的《简爱》在小女人中甚是流行。本书简单说就是一个贫穷女子成长为独立女性的故事，让你懂得爱与尊严的故事。

关于作者

向前推20年或者更早一些时候，有一部小说在小女人中甚是流行，甚至那些文学青年，也喜欢问他们愿意进一步发展关系的女人："读过夏洛蒂·勃朗特的《简爱》吗？"不错，说的就是英国作家夏洛蒂·勃朗特与她的《简爱》。

1816年，夏洛蒂·勃朗特出身于英国约克郡索恩托镇的牧师家庭，家里共六个孩子，她排行第三，前面有两个姐姐，后面有两个妹妹和一个弟弟。由于自小失去母亲，父亲因为经济与精力俱不足，便不得不把夏洛蒂和她的两个姐姐及弟弟送进由慈善机构创办的寄宿学校。那里的环境和生活条件很差，加上创办人苛刻的管束和严厉的处罚，冻饿和体罚便成了孩子们惯常的生活。不久，肺病夺去了两个姐姐的生命，父亲赶紧让夏洛蒂和弟弟逃离死亡的魔窟，返回家中。

1831年，夏洛蒂有机会进入罗赫德寄宿学校，这里的情况与慈善机构创办的寄宿学校显然不同，夏洛蒂在这里不但在学业上很有长进，而且日子也过得十分愉快。虽然在这里只待了一年零四个月，但这里温馨的生活给她留下了难忘的印象。此后，夏洛蒂于1835年返回罗赫德任教，两个妹妹跟随她去读书，用她的部分酬金抵学费。三年后离开罗赫德，她开始与妹妹们辗转各地，以家庭教师为生。但因为这一职业地位低下，薪金微薄，又使姐妹们天各一方，难以相聚，她们便毅然放弃，决心自己创办学校。虽然她们热衷于办学，并且作了种种准备，但最后依然没有成功。而这时父亲又病倒了，颇有才气的弟弟染上了酗酒和吸毒的恶习，沦为废人。家庭经济的重压越来越大，不得已的情况下，夏洛蒂和妹妹们开始了写作。

但是，当她们把几首自己认为最好的诗歌寄给了当时最好的作家罗伯特·骚塞时，却被骚塞嘲笑"不是妇女的事业"！备受打击的姐妹三人于是决定不再写诗，开始写书。于是世界文学史上便奇迹般地在同一年、同一个家庭诞生了三部传世之作：夏洛蒂的《简爱》、艾米莉的《呼啸山庄》和安妮的《阿格尼斯·格雷》。当然，夏洛蒂除《简爱》外，还创作了《雪莉》《维莱特》《教师》。

但非常戏剧的是在上帝毫不吝啬地塑造了这个天才之家后又似乎急不可待地向她们伸出了毁灭之手。她们的才情刚刚被人们所认识，便一个个流星似的消失了。先是多才多艺的弟弟夭折了。接着撰写不朽之作《呼啸山庄》的艾米莉于同年12月亡故。随之，次年5月安妮离世。五年后即1854年，夏洛蒂也因肺结核，于1855年3月31日故去，年仅39岁。

荐读理由

当《简爱》在1847年10月出版时，萨克雷称赞它是"一位伟大天才的杰作"。次年印行第三版时，《评论季刊》上提到"《简爱》与《名利场》受到同样广泛的欢迎。乔治·艾略特则深深地被《简爱》陶醉了"。这部带有自传性的处女作，寄予了夏洛蒂·勃朗特无比的厚爱，作品中的主人公简爱带有作者本人很多色彩，甚至某些场景就是作者生活的真实反映。

本书简单说就是一个贫穷女子成长为独立女性的故事。相貌平平的简爱生存在一个父母双亡、寄人篱下的环境，从小就遭受着与同龄人不一样的待遇，姨妈的嫌弃、表姐的蔑视、表哥的侮辱和毒打……这是对一个孩子尊严的无情践踏，但也许正是因为这一切，换回了简爱无限的信心和坚强不屈的精神，一种可战胜的内在人格力量。

当她长大后，可以为家庭谋生时，她到罗切斯特家做家庭教师。在罗切斯特的面前，她从不因为自己是一个地位低贱的家庭教师而感到自卑，反而认为他们是平等的，不应该因为她是仆人，而不能受到别人的尊重。也正因为她的正直、高尚、纯洁，心灵没有受到世俗社会的污染，使得罗切斯特为之震撼，并把她看作是一个可以和自己在精神上平等交谈的人，慢慢地爱上了她。

他的真心让她感动，她接受了他。而当他们结婚的那一天，简爱知道罗切斯特已有妻子时，她觉得自己必须要离开，她这样讲："我要遵从上帝颁发世人认可的法律，我要坚守住我在清醒时而不是像现在这样疯狂时所接受的原则"，"我要牢牢守住这个立场"。这是简爱告诉罗切斯特她必须离开的理由，但是从内心讲，更深一层的东西是简爱意识到自己受到了欺骗，她的自尊心受到了戏弄，因为她深爱着罗切斯特。试问哪个女人能够承受得住被自己最信任、最亲密的人所欺骗呢？简爱承受住了，而且还作出了一个非常理性的决定。在这样一种非常强大的爱情力量包围之下，在美好、富裕的生活诱惑之下，她依然要坚持自己作为个人的尊严，这是简爱最具有精神魅力的地方。

虽然小说最后设计了一个很圆满的结尾——罗切斯特的庄园毁了，他自己也成了一个残废，也正是这样一个条件，使简爱不再在尊严与爱之间矛盾，获得精神尊严上的满足——她在和罗切斯特结婚的时候是有尊严的，同时也是有爱的。但是，这却更加强调了在女人的尊严面前，爱与物质也可以很低微。

而作者向我们阐述的也是一种美好生活的理想——尊严加爱，毕竟在当今社会，要将“人的价值 = 尊严 + 爱”这道公式付诸现实常常离不开金钱的帮助。人们都疯狂地为了金钱和地位而淹没爱情。在穷与富之间选择富，在爱与不爱之间选择不爱。很少有人会像简爱那样为爱情、为人的尊严而抛弃所有，而且义无反顾。《简爱》展现给我们的是一种返璞归真的、不计得失的感情，它犹如一杯冰水，净化着每一个读者的心灵。

先睹为快

我刚离开的那位小姐大约二十九岁，和我一起离开的这位小姐看起来要小她几岁。前一位小姐的声音、神情和风度给我印象很深。而米勒小姐要更普通些，虽然面容显得操劳过度，但脸色还红润，步履和动作都很匆忙，就像手头老有做不完的事。她看起来真的像个助理教师，后来我发现她确实是个助理教师。在她的引领下，在这布局不规则的建筑物里，我走过一个个房间，穿过一个个过道，经过这段静得凄凉的房子，我们来到一个伴有嗡嗡的嘈杂声的地方，接着来到一间既长又宽的屋里。屋子两头各放着两张大桌子，每张桌上都燃着一对蜡烛。桌子周围的凳上坐着一群从九岁、十岁到二十岁之间年龄不一的姑娘。在微弱的烛光下，她们的人数在我来看似乎是数不清的，而实际上不超过八十个。她们一律穿着式样古怪的棕色衣服，罩着长长的荷兰麻布围裙。这时正值学习时间，她们都在用心诵读明天的功课。我听见的嗡嗡声就是她们低声读书汇成的。

米勒小姐示意我坐到门边那张凳子上去，然后走到长屋子的另一头喊道：“班长们，把课本收起来放好！”

四个高个子女孩从各自不同的桌旁站起，各走了一圈把书收集起来放好。米勒小姐又命令道:“班长们，去把晚饭托盘拿来!”

高个子女孩们出去了一下马上就回来了，每人拿着一个托盘，上面放着一份份的饭食。我不知道是什么，每个托盘中间放着一壶水和一个杯子。一份份的东西挨个传过去。杯子是公用的，谁想喝水就喝一口。轮到我时，我喝了，因为我很渴，但我没碰吃的，激动和疲劳使我什么也吃不下。不过，我现在看见，那是一张薄薄的燕麦饼，给分成了好多份。

吃过晚饭，米勒小姐念过祈祷文，各班的姑娘便两人一排排着队上楼去了。由于过度疲倦，我几乎没注意卧室是什么样的，只知道它跟教室一样，是个长屋子。这晚，让我与米勒小姐合用一张床，她帮我脱衣服，躺下后，我看了看那长长的一排排床，每张床上很快睡上两个人。十分钟后，唯一的一盏灯灭了，屋子里寂然无声，一片黑暗，我睡着了。

那夜过得很快。我太累了，甚至都没做梦。我只醒过一次，听到狂风一阵阵怒吼，大雨哗哗下着，还感觉得到米勒小姐已在我身边睡下了。等我再睁眼时，钟声大响，姑娘们都已起床，在穿衣服。天还没亮，屋里点着两只灯芯草蜡烛。我也不情愿地起了床。天很冷，我冻得直哆嗦，只好尽快地把衣服穿好。等脸盆空了，就洗了脸。不是很快就有空脸盆的，因为六个姑娘合用一个，脸盆就搁在屋中间的脸盆架上。钟声又响了，大家两个一排地排好队下楼，走进灯光暗淡的、冷冰冰的教室。米勒小姐在这儿念了祈祷文，随后喊道:“分班!”

延展阅读

《呼啸山庄》

本书是夏洛蒂的妹妹艾米莉的代表作，它是一个关于爱情和复仇的故事，主要描写了吉卜赛弃儿希斯克利夫被山庄老主人收养后，因受到污辱和恋爱不成，外出致富，回来后对与其女友凯瑟琳结婚的地主林顿及其子女进行报复的故事。全篇充满强烈的反压迫、争幸福的斗争精神，又始终笼罩着离奇、紧张的浪漫气氛。它开始曾被人看作青年女作家脱离现实的天真幻想，但结合其所描写地区激烈的阶级斗争和英国的社会现象，它不久便得到了评论界的高度肯定，并受到读者的热烈欢迎。

《阿格尼斯·格雷》

本书是夏洛蒂的另一个妹妹安妮的代表作，有很强的自传性，全书以女主人公第一人称的叙述语气写成，是英国维多利亚王朝时期一部很有深度的优秀现实主义小说。作者站在那个时代的进步立场上，揭示了社会的不平等和不合理现象，对于“世胄蹑高位，英俊沉下僚”的社会现实，表现出强烈的不满和抗议。内容主要是讲述一个自幼受人宠爱的娇弱英国少女格雷因家道中落被迫外出，担任富人家的家庭教师。她怀着美好的理想和满腔的热忱踏上社会，然而势利的主人和调皮的学生使她尝尽人间辛酸。格雷小姐并不因此而消极颓废，她凭着坚定的信念和百折不挠的毅力，终于赢得纯正的爱情，开拓了成功的事业。

《不能承受的生命之轻》

〔捷克〕米兰·昆德拉　著

《不能承受的生命之轻》曾被《纽约时报》评论为20世纪最重要的经典之作，也是米兰·昆德拉最负盛名的作品，集中体现了昆德拉的才情。虽然说小说是以三个不同类型人物的感情纠葛为内容，但决不是一个男人和两个女人的三角性爱故事，而是一部哲理小说，有着隐喻式的哲学思考。

关于作者

1968年年初，捷克斯洛伐克共产党中央发起了布拉格之春改革，有脱离苏联控制的倾向。当时的苏联以“社会主义国家主权有限论”为借口，于当年8月派坦克和军队进入布拉格，阻止了捷克斯洛伐克背离苏联路线的改革进程。这就是震惊世界的“布拉格之春”事件。此事件发生后，著名作家米兰·昆德拉因发表不同政见而遭到迫害，被迫于1975年移居法国，后获得法国国籍——不过，在中国出版的昆德拉的作品在封面及版权页均标明他是捷克作家。

无论对1989年前的捷克斯洛伐克，还是此后的捷克，昆德拉的政治面貌都是个复杂的问题。昆德拉生于1929年，19岁时加入捷克共产党，两年后即因“反党行为”被开除党籍。1956年他再度入党，但1970年再遭开除。西方评论界认为昆德拉为异见者，他是在以小说反抗当时的制度，但昆德拉本人不愿意承认这一外界强加的身份，尤其反对西方对其作品简单的政治解读。1985年，他在最后一次接受记者采访时宣称:“当文化被简化为政治，其阐释便完全成了政治化的，以至于最终无人能理解政治，因为纯粹的政治思想根本解释不了政治现实。”

昆德拉有着深厚的文学功底。童年时代，他便学过作曲，受过良好的音乐熏陶和教育。少年时代，他开始广泛阅读世界文艺名著。青年时代，他写过诗和剧本，画过画，搞过音乐，并从事过电影教学工作。1967 年，他的第一部长篇小说《玩笑》在捷克斯洛伐克出版，获得巨大成功，连出三版，每次都在几天内售罄。昆德拉在捷克文坛上的重要地位从此确定。但好景不长，1968 年苏联入侵捷克斯洛伐克后，《玩笑》被列为禁书。在此情形下，昆德拉偕妻子于 1975 年离开捷克斯洛伐克，来到法国。移居法国后，他很快便成为法国读者最喜爱的外国作家之一。他的绝大多数作品，都是首先在法国走红，然后才引起世界文坛的瞩目。他曾多次获得国际文学奖，并多次被提名为诺贝尔文学奖的候选人。

尽管昆德拉很早就以小说《玩笑》享誉捷克斯洛伐克文坛，但给他带来世界声誉的却是《不能承受的生命之轻》。这部小说是昆德拉 1975 年流亡法国后用捷克语创作的，1984 年以法文版首发，并逐渐在世界范围内广泛传播。由于当时的政治原因，在作家的祖国捷克斯洛伐克，小说只能以手抄本或复印版的方式流传。2006 年 10 月，距离法文版首发 22 年之后，捷克语版的《不能承受的生命之轻》终于回到捷克，正式出版发行，一上市便登上图书畅销榜头把交椅，并荣获 2007 年捷克的国家文学奖。

昆德拉善于以反讽手法，用幽默的语调描绘人类境况。他的作品表面轻松，实质沉重，充满了人生智慧。他的主要作品包括长篇小说《玩笑》《生活在别处》《告别圆舞曲》《笑忘录》《不能承受的生命之轻》和《不朽》，以及短篇小说集《好笑的爱》，原作均以捷克文写成。最近出版的长篇小说《慢》《身份》和《无知》，原作以法文写成。除小说外，昆德拉还出版过三本论述小说艺术的文集，其中《小说的艺术》以及《被背叛的遗嘱》在世界各地流传甚广。

昆德拉对外界误读自己的作品痛恨已久，特别是那些偏向“情色”的误读。好莱坞根据《不能承受的生命之轻》改编的《布拉格之恋》，被不少影迷视为经典之作，但昆德拉并不买账，他认为编剧只浅薄地强调了“情色”成分，而把他所想表达的生命主题踢到一边。昆德拉曾多次公开表示自己对这部电影的不满，甚至不高兴别人把他的作品与电影相提并论。因为对误读的反感，昆德拉对各种译本都非常慎重。他甚至和译文社约定，译者如果对他的文字有疑问，都可以随时与他联系讨论。但是，昆德拉不允许在译本中出现任何形式的前言和后记，因为外界的评论，无论褒贬，都难以取得作者本人的认同。

昆德拉现隐居于巴黎，他讨厌记者，极少接受任何媒体采访。

荐读理由

《不能承受的生命之轻》曾被《纽约时报》评论为20世纪最重要的经典之作，也是米兰·昆德拉最负盛名的作品，集中体现了昆德拉的才情。他以一个哲人的睿智将人类的生存情景提升到了形而上学的高度加以考虑、审查和描述，由此成功地把握了政治与性爱两个敏感领域，并初步形成了“幽默”与“复调”的小说风格。

小说主要描写了托马斯与特丽莎、萨宾娜之间的感情生活。男主人公托马斯是一个外科医生，因为婚姻失败，既渴望女人又畏惧女人，因此发展出一套外遇守则来应付他众多的情妇。有一天他爱上一个餐厅的女侍——特丽莎，他对她的爱违反了他制订的原则，甚至娶她为妻，但是他灵肉分离的想法丝毫没有改变，他依然游移在情妇之间，这对全心爱他的特丽莎来说无疑是一种伤害。所以，特丽莎经常猜忌，怀有恐怖想象，时时会从极度不安的梦魇中醒来。

而这时德国政治正处于动荡不安的时期，于是托马斯在苏黎世一位权威医生的邀请下，决定与特丽莎到苏黎世生活。但是面对陌生环境的不安与丈夫仍然与情妇私通的情况，特丽莎决定离开苏黎世，回到祖国。可是命运却让托马斯决定回去找她，此后两人再也没有分离。他们知道彼此是生命中甜美的负担，结局却是两人死于一场车祸。

萨宾娜是一个画家，曾经是托马斯的情妇之一，也是特丽莎妒忌的对象。萨宾娜一生不断选择背叛，选择让自己没有责任而轻盈地生活。她讨厌忠诚与任何讨好大众的媚俗行为，但是这样的背叛让她感到自己的人生存在于虚无当中。

虽然小说是以三个不同类型人物的感情纠葛为内容，但决不是一个男人和两个女人的三角性爱故事，而是一部哲理小说。小说从“永恒轮回”的讨论开始，随着故事情节的发展把读者带入一系列问题的思考中，比如：轻与重、灵与肉……它带领着我们思考——什么才是人类不能承受的生命之轻？可谓意蕴深远，既包含对政治化的社会内涵揭示，又包含对人性的考察、个人命运在特定历史与政治语境下的呈现以及对两性关系本质上的探索等。不仅有隐喻式的哲学思考，也有悲欢离合的生命历程展现。

先睹为快

这顶礼帽是萨宾娜生命乐曲中的一个动机，一次又一次地重现，每次都有不同的意义，而所有的意义都像水通过河床一样从帽子上消失了。我们也许能称它为赫拉克利特河床（“你不能两次掉入同一条河流”）：这顶帽子是一条河床，每一次萨宾娜走过都看到另一条河流，语义的河流；每一次，同一事物都展示出新的含义，尽管原有意义会与之反响共鸣（像回声，像回声的反复激荡），与新的含义混为一体。每一次新的经验都会产生共鸣，增添着浑然回声的和谐。托马斯与萨宾娜在苏黎世的旅馆里被这顶帽子的出现所感动，做爱时几乎含着热泪，其原因就是这黑色的精灵不仅仅是他们性爱游戏的遗存，而且是一种纪念物，使他们想起萨宾娜的父亲，还有她那位生活在没有飞机与汽车时代的祖父。现在，我们站在这个角度，也许比较能理解萨宾娜与弗兰茨之间的那道深渊了：他热切地听了她的故事，而她也热切地听了他的故事。但是，尽管他们都明白对方言词的逻辑意义，但不能听到从它们身上淌过的语义之河的窃窃细语。所以，当她戴着这顶礼帽出现在他面前，弗兰茨感到不舒服，好像什么人用他不懂的语言在对他讲话；既不是猥亵，也不是伤感，仅仅是一种不能理解的手势。他不舒服是因为它太缺乏含义。

延展阅读

作者还有下列精品：

《玩笑》

这是昆德拉的成名作，此后，他先后六次获得国际大奖，在世界范围内引起了不同凡响的震撼。阿拉贡称昆德拉为“20 世纪最伟大的小说家”，《华盛顿邮报》称之为“欧美最杰出的和最为有趣的小说家之一”。这部小说讲述了青年知识分子路德维克因为与女友开了个玩笑，被朋友泽马内克陷害，送入苦役营。归来后他为了报复泽马内克，设计勾引其妻海伦娜。计划成功后，他才发现：泽马内克早想抛弃妻子，他的报复成了一个毫无作用的“玩笑”。昆德拉本人对这部作品的评价是：“受到乌托邦声音的迷惑，他们拼命挤进天堂的大门，但当大门在身后砰地关上时，他们却发现自己是在地狱里。这样的时刻使我感到，历史总是喜欢开怀大笑的。”

《笑忘录》

该作品于1979年在法国出版，荣获法国文坛最高荣誉之一的“梅第奇大奖”。作品以1968年苏联军队入侵捷克斯洛伐克为时代背景，描写了捷克斯洛伐克不同阶层知识分子的多舛命运。在创作手法上，作者试图打通小说、哲学、政治议论以及自传之间的隔膜关系，用罕见的政治正确的角度，探讨人生、音乐、性、哲学、文学和政治等重大话题，用笔诙谐独到，常常使读者在沉重的阅读中邂逅绝妙的幽默趣事。

《生活在别处》

本书是一个年轻艺术家的肖像画。昆德拉以其独到的笔触塑造出雅罗米尔这样一个形象，描绘了这个年轻诗人充满激情而又短暂的一生，具有“发展小说”的许多特点。用作者自己的话说，这部小说是“对我所称之为抒情态度的一个分析”。正是在这样的创作意图下，这本书最初曾被题名为《抒情时代》。这本书又是一本现代心理小说，表现了一个诗人艺术感觉的成长。书中每一章节的名称都展示了诗人生命历程的一个阶段。为了潜入到人物意识中最隐秘的角落，作者采用了客观意识流的叙述方式：时间与空间交织（不同时期、不同地点所发生的事常常出现在同一段叙述中），现实与梦幻交织（第二章《泽维尔》完全是一个梦套一个梦），情节的跌宕、思考的猝然与不连贯、故意模糊主语的陈述，这些都使此书更接近于诗歌而不是小说。因此，这本书也被认为是多种语体及文学表达方式根源探究的著作，很多学者在这部著作里找到关于文学的不同起源及前途。

《日瓦戈医生》

〔苏联〕帕斯捷尔纳克 著

《日瓦戈医生》是一部不朽的史诗，在西方得到了高度评价，但在苏联却被指责为“仇视社会主义”的作品，成为“世界第一本政治禁书”。

关于作者

鲍利斯·列奥尼多维奇·帕斯捷尔纳克（1890—1960），苏联作家、诗人。1958年，他因其代表作、长篇小说《日瓦戈医生》而获得诺贝尔文学奖。

帕斯捷尔纳克后天的成就既取决于他自身的勤奋，也受益于父母的影响。帕斯捷尔纳克的父亲列昂尼德·奥西波维奇·帕斯捷尔纳克是著名画家，曾为托尔斯泰的作品画过插图；他的母亲是著名钢琴家。由于父母的职业，帕斯捷尔纳克时常能接触到知名的画家或诗人，他们儒雅的性格使童年的帕斯捷尔纳克心向往之。受到童年时代的邻居、俄国著名作曲家斯克里亚宾的影响，帕斯捷尔纳克立志要当音乐家，在音乐学院教授的指导下学习音乐理论和作曲。而与父母过从甚密的奥地利诗人里尔克启发了他对诗歌的爱好，里尔克也是他十分喜爱的诗人。

1909年，帕斯捷尔纳克考入莫斯科大学法律系，1912年夏赴德国马尔堡大学，先后学习法律、历史和哲学。大学期间，帕斯捷尔纳克对德国哲学十分钟情，立志研究新康德主义学说。

第一次世界大战期间，因为健康原因，帕斯捷尔纳克没有服役，而是在一家工厂当办事员。1913 年起，帕斯捷尔纳克结识了未来派诗人。深受未来派诗歌影响，帕斯捷尔纳克在《抒情诗刊》上发表诗歌作品，并因此结识了勒布洛夫和马雅可夫斯基。早期的作品均收录在《云雾中的双子星座》及《在街垒之上》中。自此，帕斯捷尔纳克步入诗坛。在 1922 年至 1932 年的 10 年中，帕斯捷尔纳克先后出版了诗集《生活啊，我的姐妹》《主题和变调》、叙事诗《施密特中尉》《1905 年》，还发表了中短篇小说《柳威尔斯的童年》《空中路》、自传体散文《安全证书》等。除此之外，他还从事翻译工作，先后翻译了诸多西欧古典文学名著，如莎士比亚的《哈姆雷特》《罗密欧与朱丽叶》《安东尼与克莉奥佩特拉》《麦克白》《奥赛罗》《亨利四世》《李尔王》、歌德的《浮士德》、席勒的《玛丽亚·斯图亚特》等。

在这期间，帕斯捷尔纳克也结识了终生的情人伊文斯卡娅。他曾对伊文斯卡娅说："我对您提出个简单的请求，我要同您以'你'相称，因为再以'您'相称已经虚伪了。普希金没有凯恩则心灵不充实，叶赛宁没有邓肯写不出天才诗句，帕斯捷尔纳克没有伊文斯卡娅便不是帕斯捷尔纳克。"

帕斯捷尔纳克因发表长篇小说《日瓦戈医生》而获得诺贝尔文学奖。此前，他已有十次被提名为诺贝尔文学奖候选人。1958 年 10 月 23 日，瑞典文学院宣布将诺贝尔文学奖授予帕斯捷尔纳克，以表彰他在"当代抒情诗和伟大的俄罗斯叙事文学传统领域所取得的重大成就"。帕斯捷尔纳克也向瑞典文学院发电报表示感谢："无比感激、激动、光荣、惶恐、羞愧。"当晚，帕斯捷尔纳克的邻居们纷纷向他祝贺。然而，苏联当局并无祝贺之意，苏联作协主席团要求他拒绝接受诺贝尔文学奖。帕斯捷尔纳克毫不屈服，他写信给作协主席团："任何力量也无法使我拒绝人家给予我——一个生活在俄罗斯的当代作家，即苏联作家的荣誉。但诺贝尔文学奖奖金我准备转赠给保卫和平委员会。我知道在社会舆论压力下必定会提出开除我会籍的问题。我并未期待你们会公正对待我。你们可以枪毙我，将我流放，你们什么事都干得出来。我预先宽恕你们，但你们用不着过于匆忙。这不会给你们带来幸福，也不会增添光彩。你们记住，几年后你们将不得不为我平反昭雪。在你们的实践中这已经不是第一次了。”

然而，这样一名无所畏惧的斗士，最终不得不屈服于爱情。苏联当局软禁了他的红颜知己伊文斯卡娅，帕斯捷尔纳克闻讯立即到邮电局给瑞典文学院拍了一份电报：“鉴于我所从属的社会对这种荣誉所作的解释，我必须拒绝这份决定授予我的、我本不配获得的奖金。希勿因我自愿拒绝而不快。”与此同时，他也给苏联党中央发了份电报：“恢复伊文斯卡娅的工作，我已拒绝奖金。”

1960 年 5 月 30 日，帕斯捷尔纳克在莫斯科郊外的寓所中逝世。

荐读理由

《日瓦戈医生》以医生日瓦戈和护士拉拉之间的爱情故事为主线，描写了俄国十月革命前后的一系列重大历史事件：1905 年革命、第一次世界大战、二月革命、十月革命、国内战争、新经济政策、社会主义建设。

尤里·日瓦戈是西伯利亚富商的儿子，但很小便被父亲遗弃，10 岁又丧母成了孤儿。舅父把他寄养在莫斯科格罗梅科教授家。教授全家人待他很好，教授还让他同女儿东尼娅一起接受教育。大学毕业后，日瓦戈当了外科医生，并同东尼娅结了婚。第一次世界大战爆发后日瓦戈应征入伍，在前线野战医院工作。十月革命胜利后日瓦戈从前线回到莫斯科。他欢呼苏维埃政权的诞生：“多么高超的外科手术！一下子就娴熟地割掉腐臭的旧溃疡！直截了当地对一个世纪以来的不义下了裁决书……这是从未有过的壮举，这是历史上的奇迹！”但革命后的莫斯科供应极端困难，他本人又身染重病，无奈之下，全家人搬到了东尼娅外祖父的领地瓦雷金诺村。

在瓦雷金诺虽然解决了温饱问题，但日瓦戈心情十分沉闷。他既不能行医，也无法写作，只能到附近的尤里亚金市图书馆去看书。他在图书馆里遇见女友拉拉。拉拉是随同丈夫巴沙·安季波夫到尤里亚金市来的。巴沙·安季波夫参加了红军，改名为斯特列利尼科夫，成了红军高级指挥官。他躲避拉拉，不同她见面。日瓦戈告诉拉拉，她丈夫是旧军官出身，不会得到布尔什维克的信任。他们一旦不需要党外军事专家的时候，就会把他踩死。

后来日瓦戈被游击队劫去当了医生。他在游击队里待了一年多之后逃回尤里亚金市。他的岳父和妻子东尼娅已返回莫斯科，从那儿又流亡到国外。随着红军的胜利，党外军事专家已成为镇压对象。首当其冲的便是拉拉的丈夫斯特列利尼科夫，他已逃跑。拉拉和日瓦戈随时有被捕的危险。他们躲到空无一人的瓦雷金诺。坑害过他们两人的科马罗夫斯基律师来到瓦雷金诺，骗走了拉拉。斯特列利尼科夫也到这里来寻找妻子，但拉拉已被骗走。斯特列利尼科夫悲痛欲绝，开枪自杀。瓦雷金诺只剩下日瓦戈一人。他为了活命，徒步走回莫斯科。在弟弟的帮助下，日瓦戈到一家医院当了医生，但在上班的第一天因心脏病发作，猝死在人行道上。

1955 年年底《日瓦戈医生》创作完成后，帕斯捷尔纳克将书稿誊写了一遍，打印出几份，分送给苏联两个最大的文学刊物《旗》和《新世界》。1956 年 9 月，以主编康斯坦丁·西蒙诺夫为首的五位编委给帕斯捷尔纳克写了一万多字的退稿信，声称《日瓦戈医生》的“精神就是不接受社会主义革命”，彻底否定了这部作品。

当然，这并没有阻挡《日瓦戈医生》成为当时西方世界最受欢迎的书。意大利记者费尔特里内利于 1957 年 11 月在米兰出版了意大利文的《日瓦戈医生》。在意文版出版之后，《日瓦戈医生》仅仅几年时间就已经有了 25 种以上的译本。如今，它的外文译本自然是更多了。

先睹为快

喧嚷嘈杂之声已然沉寂，
此时此刻踏上生之舞台。
倚门倾听远方袅袅余音，
从中捕捉这一代的安排。
朦胧的夜色正向我对准，
用千百只望远镜的眼睛。
假若天上的父还肯宽容，
请从身边移去苦酒一樽。
我赞赏你那执拗的打算，
装扮这个角色可以应承。
但如今已经变换了剧情，
这一次我却是碍难从命。
然而场景已然编排注定，
脚下是无可更改的途程。
虚情假意使我自怜自叹，
度此一生决非漫步田园。

延展阅读

《柳威尔斯的童年》

本书是帕斯捷尔纳克的最具代表性的中篇小说。作者笔下的文字不是简单地描摹出童年时代的生活现实，而是犹如跳动的音符敲开了读者的心灵之窗，在看似简单的故事情节中，渗透了作者独特的美学思想，即精神世界和物质世界的统一、人类与自然的完美融合。这部作品同时也在某些方面为《日瓦戈医生》的创作作了铺垫。

《老人与海》

〔美〕海明威　著

这本被誉为“影响历史的百部经典之一”“美国历史上里程碑式的32本书之一”的作品，在1953年获普利策奖、1954年获诺贝尔文学奖，并成为1986年法国《读书》杂志推荐的理想藏书。最初刊登此小说的美国《生活》杂志在出版后的48小时内销量就达到530万本。

关于作者

对中国读者来说，海明威显然不是一个陌生的名字。这位诺贝尔文学奖获得者、“新闻体”小说的创始人、被称为“20世纪最伟大的作家之一”的美国作家，其创作的《太阳照样升起》《永别了，武器》《老人与海》等作品给中国读者留下了极其深刻的印象。

欧内斯特·海明威（1899—1961）一生的创作皆与战争相关。他多次参加战争，尽管在战场上屡次负伤，却也屡出新作：西班牙内战时，他以记者身份前往西班牙，这段经历和感受使他获得了巨大的创作动力，他的思想和创作进入了一个崭新的阶段，同时发表三幕话剧《第五纵队》和长篇小说《丧钟为谁而鸣》（又译《战地钟声》）；第二次世界大战时，他又以记者身份活跃在欧、亚战场；1941年他来中国采访，在重庆秘密会见周恩来，写了六篇有关中国抗日战争的报道；珍珠港事件后，他曾驾驶着自己的摩托艇在海上巡逻以监视敌人潜艇的活动；他还曾率领一支游击队参加了解放巴黎的战斗，一直到战争结束，他才定居古巴。但是在1961年7月2日，他却用猎枪结束了自己的生命，让整个世界都为此震惊，因而有人评价他是文学史上最富有男子血性气概的作家。

1926年，海明威发表成名作《太阳照样升起》，作品表现出战后青年人的幻灭感，成为“迷惘的一代”的代表作。1929年，海明威又发表了代表作——长篇小说《永别了，武器》，这是一部出色的反战小说，标志着海明威在艺术上的成熟。作品纯粹用动作和形象表现情绪，以电文式的对话展开情节，简洁真切的内心独白，以及经过锤炼的日常用语构成了该作品独特的艺术风格。而他在1952年发表的中篇小说《老人与海》则是他“硬汉”精神的终结，在这部极具寓言色彩的小说中，主人公圣地亚哥是整个人类的化身，他与鲨鱼的搏斗，是人与命运搏斗的象征。而这个老人所代表的“硬汉”形象则成了海明威式的英雄代表，象征着人类不可摧毁的精神力量。

此外，海明威还是一位具有独创性的小说家。他的最大贡献在于创造了一种洗练含蓄的新散文风格，这种风格对欧、美作家产生了很大影响。

荐读理由

这是一场人与自然搏斗的惊心动魄的悲剧。老渔夫圣地亚哥每取得一点胜利都付出了惨重的代价，最后遭到无可挽救的失败。但是，从另外一种意义上来说，他又是一个胜利者。因为，他不屈服于命运，无论在多么艰苦卓绝的环境里，他都能凭着自己的勇气、毅力和智慧进行奋勇的抗争。大马林鱼虽然没有保住，但他捍卫了“人的灵魂的尊严”，显示了“一个人的能耐可以到达什么程度”。他是一个胜利的失败者，一个失败的英雄。这样一个“硬汉”形象，正是典型的海明威式的小说人物。

虽然在20世纪30年代后海明威发表的一些短篇小说里，描写了一些拳击师、斗牛士、猎人等下层人物，在这些人物身上，他塑造了一种百折不挠、坚强不屈、敢于面对暴力和死亡的“硬汉”性格，但是《老人与海》中圣地亚哥的形象却是这种性格的发展与升华，老人在与大海、鲨鱼进行殊死搏斗中，表现出了无与伦比的力量和勇气，不失人的尊严，虽败犹荣，而这样一个形象的塑造则正好完美地体现了作者所说的“你尽可把他消灭掉，可就是打不败他”的思想，也是历来被称赞为最鼓舞人心的奋进精神。

先睹为快

他是个独自在湾流中一条小船上钓鱼的老人，至今已去了八十四天，一条鱼也没逮住。头四十天里，有个男孩子跟他在一起。可是，过了四十天还没捉到一条鱼，孩子的父母对他说，老人如今准是十足地“倒了血霉”，这就是说，倒霉到了极点，于是孩子听从了他们的吩咐，上了另外一条船，头一个礼拜就捕到了三条好鱼。孩子看见老人每天回来时船总是空的，感到很难受，他总是走下岸去，帮老人拿卷起的钓索，或者鱼钩和鱼叉，还有绕在桅杆上的帆。帆上用面粉袋片打了些补丁，收拢后看来像是一面标志着永远失败的旗子。

老人消瘦而憔悴，脖颈上有些很深的皱纹。腮帮上有些褐斑，那是太阳在热带海面上反射的光线所引起的良性皮肤癌变。褐斑从他脸的两侧一直蔓延下去，他的双手常用绳索拉大鱼，留下了刻得很深的伤疤。但是这些伤疤中没有一块是新的。它们像无鱼可打的沙漠中被侵蚀的地方一般古老。他身上的一切都显得古老，除了那双眼睛，它们像海水一般蓝，是愉快而不肯认输的。

“圣地亚哥，”他们俩从小船停泊的地方爬上岸时，孩子对他说，“我又能陪你出海了。我家挣到了一点儿钱。”

老人教会了这孩子捕鱼，孩子爱他。

“不，”老人说，“你遇上了一条交好运的船，跟他们待下去吧。”

“不过你该记得，你有一回八十七天钓不到一条鱼，跟着有三个礼拜，我们每天都逮住了大鱼。”

“我记得，”老人说，“我知道你不是因为没把握才离开我的。”

“是爸爸叫我走的。我是孩子，不能不听从他。”

“我明白，”老人说，“这是理该如此的。”

“他没多大的信心。”

“是啊，”老人说，“可是我们有。可不是吗？”

“对，”孩子说，“我请你到露台饭店去喝杯啤酒，然后一起把打鱼的家什带回去。”

“那敢情好，”老人说，“都是打鱼人嘛。”

他们坐在饭店的露台上，不少渔夫拿老人开玩笑，老人并不生气。另外一些上了些年纪的渔夫望着他，感到难受。不过他们并不流露出来，只是斯文地谈起海流，谈起他们把钓索送到海面下有多深，天气一贯多么好，谈起他们的见闻。当天打鱼得手的渔夫都已回来，把大马林鱼剖开，整片儿排在两块木板上，每块木板的一端由两个人抬着，摇摇晃晃地送到收鱼站，在那里等冷藏车来把它们运往哈瓦那的市场。逮到鲨鱼的人们已把它们送到海湾另一边的鲨鱼加工厂去，吊在复合滑车上，除去肝脏，割掉鱼鳍，剥去外皮，把鱼肉切成一条条，以备腌制。

刮东风的时候，鲨鱼加工厂隔着海湾送来一股气味；但今天只有淡淡的一丝，因为风转向了北方，后来逐渐平息了，饭店露台上可人心意、阳光明媚。

延展阅读

作者还有下列精品：

《永别了，武器》

该作品是海明威的早期代表作，被誉为现代文学的经典名篇。此书以爱情与战争为主线，阐述了作者对战争及人生的看法和态度。美国青年费瑞德里克·亨利在第一次世界大战后期志愿参加红十字会，在意大利北部战线驾驶救护车抢救伤员，并与英国籍护士凯瑟琳·巴克莱结识并相恋。在一次执行任务时，亨利被炮弹击中受伤，在米兰医院养伤期间得到了凯瑟琳的悉心护理，两人陷入了热恋。亨利伤愈后重返前线，随意大利部队撤退时目睹战争的种种残酷景象，毅然脱离部队，和凯瑟琳会合后逃往瑞士。结果凯瑟琳在难产中死去，留下亨利一个人活在世上。

《丧钟为谁而鸣》

这是海明威篇幅最长的一部小说，但全书剧情仅限于三天之内（1937 年 5 月底一个星期六的下午到星期二上午），写得紧凑非凡。美国青年罗伯特·乔丹在大学里教授西班牙语，对西班牙有着深切的感情。他志愿参加西班牙政府军，在敌后搞爆破活动。为配合反攻，他奉命和地方游击队联系，完成炸桥任务。他争取到游击队队长巴勃罗的妻子比拉尔和其他队员的拥护，孤立了已丧失斗志的巴勃罗，并按部就班地布置好各人的具体任务。在纷飞的战火中，他与比拉尔收留的被敌人糟蹋过的小姑娘玛丽亚坠入爱河，借此抹平了玛丽亚心灵的创伤。在这三天中，罗伯特历经爱情与职责的冲突和生与死的考验，人性不断升华。在炸桥的撤退途中，他把生的希望让给别人，自己却被炮弹炸断了大腿，独自留下狙击敌人，最终为西班牙人民献出了年轻的生命。海明威发挥他独特的叙事艺术，以细致入微的动作描写及丰富多彩的对白，紧紧围绕着罗伯特·乔丹的行动，一气呵成地把这个故事讲到底，同时插入了大段的内心独白及回忆，使主人公的形象非常丰满。

《百年孤独》

〔哥伦比亚〕加西亚·马尔克斯　著

大名鼎鼎的哥伦比亚作家加西亚·马尔克斯是1982年诺贝尔文学奖得主。他的代表作《百年孤独》被誉为“魔幻现实主义”的样板，反映了风云变幻的哥伦比亚和整个南美大陆神话般的历史，畅销全球，引来无数崇拜者。

关于作者

1982年诺贝尔文学奖得主是来自哥伦比亚的作家加西亚·马尔克斯（1927—2014），他不是一位让世界感到陌生的作家。当时，世界文学界用“爆炸”来形容马尔克斯所在的拉美地区的文学繁荣景观。马尔克斯获得诺贝尔文学奖是对整个拉美文学的褒奖，也是对他本人及拉美作家所谓“魔幻现实主义”创作的肯定。授奖词称马尔克斯“用他的故事创造了一个他自己的世界”，他的小说“反映了一个大陆及其人们的财富与贫困”。

马尔克斯的代表作《百年孤独》，被誉为“魔幻现实主义”的样板，他的获奖也和这部作品有很大关系。这部被称做反映了风云变幻的哥伦比亚和整个南美大陆神话般历史的作品，畅销全球，引来无数崇拜者。但令人惊讶的是，马尔克斯果断放弃了“魔幻现实”的拿手好戏，在获奖两年后，又拿出了“非魔幻”的长篇小说《霍乱时期的爱情》。这部小说甚至采用了19世纪欧洲艳情小说的传统写法。

早在1947年，还在上大学的马尔克斯就发表了第一个短篇小说《第三次无可奈何》，作品以描写一个已死儿童的孤寂感为主，在选材上和手法上，初次显示出马尔克斯创作的魔幻现实性，小说一发表，立刻引起文坛的关注。

1955年后，随着他的第一部长篇小说《枯枝败叶》问世，其短篇小说《星期六后的一天》也获得波哥大作家艺术家协会授予的奖金。此后，他又连续发表了一系列中短篇小说，如《伊莎白尔在马孔多的观雨独白》（1955）等。这些作品以奇特的想象、新颖的构思和深刻的寓意，表现了处于深重灾难之中的拉美人民的独特感受。作品多次以神奇的土地、恶劣多变的气候、接连不断的灾难，与处在落后、保守的社会环境中的人物的孤独感交织在一起，构成一幅幅令人难忘的图景，更凸显了魔幻现实主义的特征。1967年，长篇小说《百年孤独》的发表，彻底奠定了马尔克斯作为拉美魔幻现实主义文学大师的地位，也使他的创作进入了辉煌时期。

马尔克斯不仅在文学上有抱负和才华，他还热衷于社会政治活动。他曾在哥伦比亚主编出版政治性刊物《抉择》，为讨论和促进积极的社会改革提供论坛。他出版了自己早期的新闻作品集，包括关于海难事件的系列报道《水兵贝拉斯利历险记》，还发表了以发生在哥伦比亚一个小镇的真实案例为题材的《一桩事先张扬的凶杀案》。他写作了报告文学《里丁智利历险记》，内容是一个流亡国外的电影导演秘密回到他的祖国智利，拍摄了一部在专制统治下人民生活的纪录片。此书第一版虽然被智利政府在圣地亚哥公开销毁，不过也侧面证实了马尔克斯的作品对社会进步的关切和影响。

荐读理由

被誉为“再现拉丁美洲历史社会图景的鸿篇巨制”的《百年孤

独》，不仅是马尔克斯的代表作，也是马尔克斯采用外祖母那种“不动声色地讲着许多令人毛骨悚然的故事”的方式进行创作的第一例。为了这个漫长的“百年故事”，作者想了15年，而后因为目睹一个老头儿带着一个小男孩见识冰块（那时候，马戏团把冰块当做稀罕宝贝来展览）的场景而开始动笔。

故事中，西班牙人的后裔霍·阿·布恩地亚（有些书中译为何塞·阿卡迪奥·布恩迪亚）在与妻子乌苏拉新婚时，由于害怕像姨母与叔父那样生出长尾巴的孩子，乌苏拉每夜都穿上特制的紧身衣，拒绝与丈夫同房，因此遭到邻居阿吉拉尔的耻笑。霍·阿·布恩地亚杀死了阿吉拉尔后，死者的鬼魂经常出现在他眼前，使他日夜不得安宁。他们只好离开村子，外出寻找安身之所，经过两年多的奔波，他们来到一片滩地上，由于受到梦的启示决定定居下来。后来又有许多人迁移至此，建立村镇，这就是马贡多。布恩地亚家族在马贡多的历史由此开始，一百年后，布恩地亚家族七代人经过漫长的重复、迷离、愚昧、孤独、混乱的生活，最后一位布恩地亚，也就是百年里诞生的布恩地亚当中唯一由于爱情而受胎的婴儿却最终没脱离开羊皮稿的预言，被蚂蚁吃掉了。

在近30万字的描述中，作者大量运用神话故事、宗教典故、民间传说以及从未来的角度回忆过去的新颖倒叙手法等，让布恩地亚家族的历史磅礴而曲折，家族七代人充满神秘色彩的坎坷经历把读者引入到不可思议的奇迹和最纯粹的现实交错生活中，使其在感受许多血淋淋的现实和荒诞不经的传说的同时，也能体会到最深刻的人性和最令人震惊的情感。书中的每一个人物都深刻得让人觉得害怕。

在具体创作上，由于作家十分重视小说的第一句话，因为他认为这决定着全书的风格、结构，甚至篇幅，故而《百年孤独》开头的这一句话也同样含有种种神秘的信息：“多年以后，雷奥良诺上校站在行刑队面前，准会想起父亲带他去参观冰块的那个遥远的下午。”人们为此发明了一个新的时态名词——“将来过去式”来为之命名。

从提笔到完成，《百年孤独》虽然仅仅花费作者不到两年的时间，却是一部极其丰富的、多层次的小说，它可以有多重解释：可以是一部关于霍·阿·布恩地亚几代子孙的家族编年史，也可以是象征着马尔克斯故乡阿拉卡塔卡的小镇马贡多的时代变迁史，还可以是哥伦比亚、拉丁美洲和现代世界上一个世纪以来风云变幻的神话史。从更深远的意义上说，《百年孤独》还是西方文明的一个总结，从古希腊神话、荷马史诗、《创世纪》中的创世神话开始，始终带着对蒙昧状态的伊甸园净土世界那种质朴和纯洁的深深怀念。读者可以从作品中感受到，这部编年史是一个吉普赛智者用梵文写的手稿，只有布恩地亚家族的最后一个男人才能译解，并且只有在每一个读者单独读它时，才能理解它的含义。

而让《百年孤独》最具诱惑力的是，小说中讲述的一切都有令人难以置信的奇妙效果，它轻巧地糅合了印第安人的传统信念和意识以及阿拉伯神话，比如认为人的死亡是因为河水或石头在召唤人的灵魂等等。在小说中，万物有灵，人鬼共世，时空上则迂回、迷离以表现人生的轮回，它还相信预感和预示的作用，以此为之后的故事发展埋下种种神秘伏笔。

先睹为快

多年以后，雷奥良诺上校站在行刑队面前，准会想起父亲带他去参观冰块的那个遥远的下午。当时，马贡多是个二十户人家的村庄，一座座土房都盖在河岸上。河水清澈，沿着遍布石头的河床流去，河里的石头光滑、洁白，活像史前的巨蛋。这块大地还是新开辟的，许多东西都叫不出名字，不得不用手指指点点。每年三月，衣衫褴褛的吉普赛人都要在村边搭起帐篷，在笛鼓的喧嚣声中，向马贡多的居民介绍科学家的最新发明。他们首先带来的是磁铁。一个身躯高大的吉普赛人，自称梅尔加德斯，满脸络腮胡子，手指瘦得像鸟的爪子，向观众出色地表演了他所谓的马其顿炼金术士创造的世界第八奇迹。他手里拿着两大块磁铁，从一座农舍走到另一座农舍，大家都惊异地看见，铁锅、铁盆、铁钳、铁炉都从原地倒下，木板上的钉子和螺丝嘎吱嘎吱地拼命想挣脱出来，甚至那些早就丢失的东西也从找过多次的地方突然出现，乱七八糟地跟在梅尔加德斯的魔铁后面。“东西也是有生命的，”吉普赛人用刺耳的声调说，“只需要唤起它们的灵性。”霍·阿·布恩地亚狂热的想象力经常超过大自然的创造力，甚至越过奇迹和魔力的限度，他认为这种暂时无用的科学发明可以用来开采地下的金子。

梅尔加德斯是个诚实的人，他告诫说：“磁铁干这个却不行。”可是霍·阿·布恩地亚当时还不相信吉普赛人的诚实，因此用自己的一匹骡子和两只山羊换下了两块磁铁。这些家畜是他的妻子打算用来振兴破败的家业的，她试图阻止他，但是枉费工夫。“咱们很快就会有足够的金子，用来铺家里的地都有余啦。”丈夫回答她。在好几个月里，霍·阿·布恩地亚都顽强地努力履行自己的诺言。他带着两块磁铁，大声地不断念着梅尔加德斯教他的咒语，勘察了周围整个地区的每一寸土地，甚至河床。但他掘出的唯一的东西，是15世纪的一件铠甲，它的各部分都已锈得连在一起，用手一敲铠甲里面就发出空洞的回声，仿佛一只塞满石子的大葫芦。

延展阅读

作者还有下列精品：

《霍乱时期的爱情》

该作品发表于1985年，被马尔克斯自称为“一个老式的幸福的爱情故事”。在创作上，马尔克斯摈弃了《百年孤独》时期的魔幻现实主义手法，在这部小说里，“一切都是严肃的，有分寸”。小说细致地描绘了两个相爱的人，他们在20岁的时候没能结婚，是因为他们太年轻了；经过各种人生曲折之后，到了80岁，他们还是没能结婚，因为他们太老了。在60年的时间跨度中，马尔克斯展示了所有爱情的可能性，所有的爱情方式：幸福的爱情、贫穷的爱情、高尚的爱情、庸俗的爱情、粗暴的爱情、柏拉图式的爱情、放荡的爱情、羞怯的爱情……甚至，“连霍乱本身也是一种爱情病”。而透过这些爱情，小说表现的是哥伦比亚的历史，是哥伦比亚人自己破坏哥伦比亚的历史。

《家长的没落》

这是马尔克斯另一部典型的魔幻现实主义作品。他以荒诞夸张的手法塑造了一个独裁者、某共和国总统尼卡诺尔的形象，鞭挞了拉美现实生活中腐朽黑暗的专制制度。尼卡诺尔荒淫无耻，有无数个情妇，5000多个儿子；他为母亲去世下令全国举哀100天，并给她各种封号；他的老婆统治政府各部，就连刚出世的儿子也被授予少将军衔；他还实行特务统治，用种种阴险手段清除政敌，镇压民众。他的残暴统治引起人民的反抗，而他面临的将是最终的没落和崩溃。

《没有人给他写信的上校》

该作品被马尔克斯认为是“写得最好的小说”。小说描写了一位战功卓著的上校年老退休以后被社会遗弃的故事。他每天盼望着政府的慰问信和津贴，但始终不能如愿，最后竟然把生活的希望寄托在一只斗鸡的身上。作品反映了人们在冷酷无情的社会环境中孤独彷徨、失去归宿感的心态。小说的表现手法也带有明显的后现代主义色彩。

《炼金术士》

〔巴西〕保罗·科埃略　著

巴西著名作家科埃略是拉丁美洲文坛的传奇人物，被媒体誉为“继加西亚·马尔克斯之后，拥有最多读者的拉美作家”。《炼金术士》是他最成功的作品，也是巴西有史以来销售量最多的一本书。美国的克林顿曾经如此评价《炼金术士》：“我女儿切尔西向我极力推荐这本书，我非常喜欢它，我会把它推荐给希拉里。”

关于作者

巴西著名作家保罗·科埃略被媒体誉为“继加西亚·马尔克斯之后，拥有最多读者的拉美作家”，他的作品被翻译成65种语言，在150个国家发行，销量超过1亿册。科埃略也因此成为拉丁美洲文坛的传奇人物。

1947年，科埃略出生于里约热内卢。他的兴趣爱好遍布各个学科：少年时代，他渴望成为作家；青年时代他又沉迷于魔法、吸血鬼、炼金术等，以嬉皮士的身份周游世界，与东方宗教和一些秘密社团有接触，并于1977年加入天主教组织——拉姆教会。他性情叛逆，时常迸发出奇怪的想法，因此19岁时就曾被送入精神病院接受治疗。

在成为职业作家之前，科埃略做过记者、编辑、导演，还为巴西摇滚歌手创作过歌词，出版过《地狱档案》《吸血鬼研究实践手册》，但都没有获得读者的关注。他并不满足于这些职业，不断探索神秘事物。1986 年，按照拉姆教会的习俗，科埃略沿着中世纪三条朝圣路线之一，历时三个月，从法国南部穿越比利牛斯山脉，抵达西班牙加利西亚地区孔波斯泰尔的圣地亚哥朝圣，全程达 600 千米。这段徒步旅程丰富了科埃略的人生经历，给了他很多文学创作的素材和热情。结束朝圣后，科埃略出版了《朝圣卜书》，记录了他在朝圣途中的逸闻和感悟，充满了神秘元素和宗教色彩。此书一经出版，便获得了空前的成功。这成为科埃略作家之路的开端。

翌年，根据《一千零一夜》的故事结构和朝圣途中的奇闻逸事，科埃略写就了他最成功的作品《炼金术士》。《炼金术士》讲述的是人生寻梦的历程：西班牙牧羊少年圣地亚哥两次做了同一个梦，梦见他能在埃及金字塔附近找到一批埋藏的珍宝。他跨海来到非洲，穿越一望无际的撒哈拉大沙漠，一路奇遇连连，最后他终于看到了金字塔，并悟出了珍宝的藏匿之地。《炼金术士》是部追求梦想、完善人生的寓言故事，启示人们实现梦想要经历一个艰难的过程，需要勇气、智慧、执著和经受考验。

这本书位列巴西畅销书排行榜长达六年之久，在巴西已印行超过 152 版次，印数超过 200 万册，成为巴西有史以来销量最多的一本书。《炼金术士》不仅风靡巴西，使科埃略在国内声名鹊起，而且此书被译成多种文字在世界五大洲出版，并在美国、法国、意大利、德国、阿根廷等近 20 个国家位列畅销书榜首。迄今为止，该书在国外已售出 950 万册，称得上是一本世界畅销书。这部富有强烈象征色彩的作品在世界各地受到盛赞，评价之高几乎达到无以复加的程度。法国文化部部长将保罗·科埃略称为“数百万读者心中的炼金术士”。

在短短的几年内，科埃略已经成为一线作家。他又先后出版了《笼头》《主神的使女们》《我坐在彼德拉河畔哭泣》《第五座山》《光明斗士手册》《韦罗妮卡决定去死》《波多贝罗的女巫》等作品。科埃略凭借这些作品，被法国政府授予艺术与文学骑士勋章，被巴西政府授予里约布兰科骑士勋章，当选为联合国和平大使、巴西文学院院士，获得国际安徒生大奖、澳大利亚书业白金奖、俄罗斯畅销书金奖、美国威尔伯奖等众多奖项。

然而，这位畅销书作家近年来也招来一些质疑的声音。一名叫费尔南德·莫莱斯的记者出版了名为《魔术师》的科埃略传记，并称这本传记是科埃略授权出版的。然而，该书披露了科埃略行贿、抄袭、同性恋等丑闻，使得科埃略本人和巴西文学院都蒙受了耻辱。不少学者质疑科埃略的文学素养，认为他的作品虽然畅销，但只适合文化程度不高的读者用来消遣时光，没有实质内容可言，不能纳入文学史范畴。

然而，不能否认的是，科埃略仍然受到了全球读者的认可。正如世界经济论坛“水晶奖章”的颁奖词所说，科埃略的杰出贡献在于通过语言的力量，接触与联合了众多不同的文化。

荐读理由

《炼金术士》，又译为《牧羊少年奇幻之旅》。本书取材于《一千零一夜》和作者的切身体验。

科埃略年轻时钟情于对神秘事物的研究。他曾经用 11 年的时间去研究炼金术。在科埃略的时代，关于炼金术的研究成果并不多。炼金术士们相信，“炼金术”的精馏和提纯贱金属，是一道经由死亡、复活而完善的过程，象征了从事炼金的人的灵魂由死亡、复活而完善，所以，人们可以通过“炼金”而达到延年益寿、提神强精，获得高超的智慧、高尚的道德，最终获得与造物主沟通的机会。在炼金术上，科埃略耗费了巨大的精力，他用仅有的钱购买进口图书，去拜见相关领域的专家（他们都拒绝接见他），认真研究书中的奇怪的符号。这些研究最后都毫无结果，这使得保罗·科埃略开始对包括炼金术在内的神秘领域产生了怀疑。

后来，科埃略加入了拉姆教派，并结识了他的导师。导师告诉他，炼金术士有三种："第一种讲话之所以空洞是因为他们不知道自己正在说些什么；第二种讲话之所以空洞是因为他们知道自己正在说些什么，而且还知道炼金术的语言所指向的是心灵而不是理智；第三种人，他们从未听说过炼金术，但是却通过自身的生活终于发现了哲人石。"这一番话给了科埃略很大的启发，他最终意识到，取得上帝的精华并不是少数人的事，而是所有人共同的任务。基于此，他开始创作《炼金术士》。

《炼金术士》讲述了一段亦真亦幻的故事。西班牙少年圣地亚哥十分喜欢旅行，于是去做了牧羊人。牧羊时，他遇见了撒冷王麦基洗德，他又放弃了羊群，去追寻他所梦见过两次的金字塔附近的宝藏。其间，他从西班牙最南端的台里发渡海，去了非洲。在北非摩洛哥的丹吉尔，他被小偷掠走钱财。后来他学会了阿拉伯文，他为一位永远把朝圣麦加放在心底而不去实现的水晶商人创造性地工作了十一个月又九天。之后他加入横越撒哈拉沙漠的商队，碰到了一位一心求教炼金术士的英国人。在住着炼金术士的费奥姆绿洲，圣地亚哥遇见少女法谛玛，与她一见钟情。商队因部落战争而停滞在绿洲。圣地亚哥预言军队会对绿洲实施突袭，预言应验了，他被聘为绿洲的参事，而炼金术士却催促圣地亚哥重新踏上寻宝之途。途中，圣地亚哥被军队所掳，炼金术士以圣地亚哥的钱财为自己赢得三天的时间，圣地亚哥若能将自己变成风就放了他们，圣地亚哥在沙漠、风与太阳的对话中，接触了天地之心，也如愿脱身。圣地亚哥到了吉萨，见识了金字塔的壮美，部族战争的难民又一次夺去他的金子。难民临走时，难民首领说了自己重复做过的一个梦：宝藏就在圣地亚哥曾经梦到金字塔的那座废弃教堂里。圣地亚哥回到来时路，在原来熟悉的牧羊处挖出宝藏，实现犒赏吉普赛人的诺言，最终与少女法谛玛终成眷属。

《炼金术士》讲述的是整个世界文学领域共同的主题：人类超越自我去追寻近在身边的东西。"庄子是被全世界的人读得最多的中国哲学家。他是一个用故事讲道理的作家。用故事的形式可能比用理论的形式更能使不同文化背景的人达到交流的目的。”保罗·科埃略承认自己创作的《炼金术士》是象征性作品。科埃略力图用它“向理解了宇宙语言（象征性语言）的伟大作家表示敬意，例如海明威、布莱克、博尔赫斯”。

不仅如此，《炼金术士》中的诸多对话也成为文学史中的经典，为读者广为传颂。牧羊少年圣地亚哥曾说：“当我真心在追寻着我的梦想时，每一天都是缤纷的，因为我知道每一个小时都是在实现梦想的一部分。”炼金术士曾说：“爱并不会阻碍一个人去追寻他的天命，如果他放弃追寻，那是因为它不是真爱”，“在生命的重要时刻，我们却对发生在自己身上的事物无能为力，只能听天由命——这就是世上最大的谎言”，“而当你真心渴望某样东西时，整个宇宙都会联合起来帮助你完成”……这些语句都给了读者强大的精神力量。

《炼金术士》成为科埃略和出版业的共同成功。2009 年是《炼金术士》出版 20 周年，在这一年的戛纳电影节上，好莱坞明星哈维·温斯坦已经买下该小说的改编权，曾出演《黑客帝国》的劳伦斯·菲什伯恩将任导演和主演。诺贝尔文学奖得主、日本作家大江健三郎评价道：保罗·科埃略真正掌握了文学炼金术的精髓。

先睹为快

这个男孩的名字叫圣地亚哥。当暮色降临时，他正赶着羊群，来到一处废弃的教堂。教堂的屋顶已经塌落，在原先圣器室的位置上，已经长出了一棵巨大的桑树。

圣地亚哥决定在这里过夜，他把羊群赶进了残破的大门，然后在门口放置了几块挡板，以防夜里有羊走失。这一带没有狼，但曾经有一只羊在夜里走失，害得圣地亚哥第二天一天都在寻找它。

他把自己的外衣铺在地上，然后躺下身来，枕在头下的是那本刚刚读完的书。入睡前，他告诉自己，应该去读一些更厚的书，那样可以延长阅读时间，而且枕起来也更舒服。

他醒来的时候，天还黑着，透过破损的屋顶，可以看到天上的星星。

我应该多睡一会儿，他想。夜里他做了一个梦，和一星期前所做的梦完全相同，而且都是在梦快要结束时，他便醒了过来。

他站了起来，喝了一口酒，然后拿着牧羊杖去捅醒那些还在睡觉的羊。但是，他注意到，只要他一醒，羊群中的大多数便开始骚动起来，就好像有一种神秘的力量，将他的生命与羊的生命连在了一起。他和这群羊在一起共同度过了两年的时光，他领着他们在原野上漫游，寻找食物和水。“它们太熟悉我了，所以也习惯了我的作息时间。”他自言自语道。他想了一会儿，觉得反过来也说得通，也许是自己习惯了羊的作息时间。

延展阅读

《韦罗妮卡决定去死》

这是作者的另一部精品。

保罗·科埃略曾说:“我只是描述自己的经历和内心困惑。人人都知道一些事，没有人知晓一切。我只是把我的经验拿出来与大家分享。年轻的时候，我曾经想做一个艺术家，父母把我送进精神病院——不是一次而是三次。基于这段经历，我写了《韦罗妮卡决定去死》。它讲的是必须接受差异，而不是去完成他人给你规定的命运。”

《飞鸟集》

〔印〕泰戈尔　著

我们在读泰戈尔的诗时能够清晰地感知他是以一颗赤子之心，来表达对人民的真挚的爱，抒发对整个大自然、整个人类以及整个宇宙间的美好事物的赞颂。他的诗像珍珠一般闪耀着深邃的哲理光芒，不仅唤起对大自然、对人类、对世界上一切美好事物的爱心，而且也启示着人们如何执著于现实人生的理想追求，让整个人生充满欢乐与光明。

关于作者

许多评论家说，诗人是“人类的儿童”，因为他们都很天真、善良，不受一点世俗的污染，而印度有位诗人更是一个“孩子的天使”，因为他的诗正如天使般天真烂漫——读他的诗“能知道一切事物的意义”，感知和平与安慰，明白真相和爱。

这位伟大的诗人就是罗宾德拉纳特·泰戈尔（1861—1941）。他出生于印度孟加拉，在很早的时候就崭露头角，显示出过人的聪颖。他8岁开始写诗，12岁写剧本，15岁发表第一首长诗《野花》，17岁发表叙事诗《诗人的故事》，19岁开始专事写作，一生共创作了50多部诗集、12部中长篇小说、100余篇短篇小说、20多部剧本，以及大量关于文学、哲学、政治方面的论著，还创作了1500余幅画和2000余首歌曲，其中一首后来被印度政府定为印度国歌。

1913年，他以宗教抒情诗《吉檀迦利》获得诺贝尔文学奖，成为首位获得诺贝尔文学奖的亚洲人，与黎巴嫩诗人纪伯伦齐名，并称为“站在东西方文化桥梁的两位巨人”。当然，这位文化巨人也是一个十足的社会活动家。早在1881年，即他刚20岁的时候，就写了《死亡的贸易》一文，谴责英国向中国倾销鸦片、毒害中国人民的罪行。后来中日战争爆发，他又屡次发表公开信、谈话和诗篇，斥责日本帝国主义，同情和支持中国人民的正义斗争。

对于中国人民来说，这已是足够的国际人道主义支持。然而，他带给中国的不仅仅是道义上的援助，更是在文学上给予中国文人以极大的指引和帮助。1915年，陈独秀于《青年杂志》第2期上首次发表泰戈尔的《赞歌》4首，诗中洋溢的“信爱、童心、母爱”思想、博大仁慈的胸怀与独具魅力的人格，瞬时赢得了无数中国读者的敬仰。众多中国作家也由此深受启发，如著名作家郭沫若、郑振铎、冰心、徐志摩等人的早期诗作，大多有泰戈尔的痕迹。

尤其是在1924年，泰戈尔应孙中山先生之邀访华，“泰戈尔热”步入高潮。当他在徐志摩家乡做客时，“观者如堵，各校学生数百名齐奏歌乐，群向行礼，颇极一时之盛”。在这个时期，他还会见了梁启超、沈钧儒、梅兰芳、梁漱溟、齐白石、溥仪等各界名流。后来，周恩来总理回忆道:“泰戈尔是对世界文学作出卓越贡献的天才诗人……”由此可见，他在中国读者心中的位置有多么重要。

当然，如此一位拥有博大胸怀的诗人，在关注中国的同时也不能不关注世界的其他角落。第一次世界大战爆发后，他先后十余次远涉重洋，访问几十个国家和地区，传播和平友谊，从事文化交流。他还谴责意大利法西斯侵略埃塞俄比亚，支持西班牙共和国政府反对法西斯头子佛朗哥。第二次世界大战爆发后，他又写文章斥责希特勒的不义行径。在他的世界里，始终把关心世界政治和人民命运、支持人类的正义事业放在首位。因此，说他是天使并不夸张，而且他不仅仅是儿童的天使，还是人类正义和平的天使。

荐读理由

《飞鸟集》英文本题名为*Stray Birds*，其中“stray”为漂泊的意思，“birds”是鸟，有时还可指人。这是一部富于哲理的英文格言诗集，也是中国读者最熟悉的泰戈尔作品。在这部诗集里共收录诗325首，其中一部分由泰戈尔译自本人的孟加拉文格言诗集《碎玉集》，另一部分则是他于1916年造访日本时的即兴英文诗作。由于泰戈尔在日本居留三个多月，对日本俳句简洁的特点十分赞赏，因而他的《飞鸟集》就以类似俳句的简短篇幅阐述一个个深刻的智慧。这种独特的风格被美籍华人学者周策纵先生认为，“这些小诗真像海滩上晶莹的鹅卵石，每一颗自有一个天地。它们是零碎的、短小的，却是丰富的、深刻的”。

诚如周先生所言，《飞鸟集》的译者郑振铎在译完泰戈尔的这部散文诗集后，也曾深情地称它“包含着深邃的大道理”，并形象地指出，泰戈尔的这部散文诗集“像山坡草地上的一丛丛的野花，在早晨的太阳光下，纷纷地伸出头来。随你喜爱什么吧，那颜色和香味是多种多样的”。可谓英雄所见略同。

我们在读泰戈尔的诗时也能够清晰地感知他是以一颗赤子之心，来表达对人民的真挚的爱，抒发对整个大自然、整个人类以及整个宇宙间的美好事物的赞颂。因而他的诗像珍珠一般闪耀着深邃的哲理光芒，不仅唤起对大自然、对人类、对世界上一切美好事物的爱心，而且也启示着人们如何执著于现实人生的理想追求，让整个人生充满欢乐与光明。

他会在诗中告诉你——不要因为错过了太阳而去流泪，错过了今天的太阳，只要你能正视黑夜，并执著于黑夜的追求，那么，闪烁在夜空中的群星，仍然会给你力量，给你信心，让你去勇敢地迎接或追逐明天的太阳。否则，如果你一味地去感叹自己的命运，那么，你不仅得不到群星的启示，也会失去明天以至更久远的太阳。这就是泰戈尔诗歌的魅力。它告诉读者该如何去做生活的强者，去对待人生中所遇到的种种困难。

不仅如此，他还通过对一些无名小卒、无名花朵的礼赞，来倡导一种为创造美好生活而默默献身的人生精神。就拿无名的花朵来说，比起萧萧的树叶来，它没有那暴风雨般的声响，但是它不卑不亢，反而以自己质朴、华丽的沉默，显示出内在的美，用自己有限的力量装点着大千世界，给人们带来芬芳，这不就是默默献身的精神吗？

当然，他给人的哲理启示远不止这一点，郑振铎就曾说："泰戈尔的歌声虽有时沉寂，但是只要有人类在世上，他的微妙幽宛之诗，仍将永远是由人的心中唱出来的。"泰戈尔的诗是从他心底里流出来的，是他对人生深沉领略的真诚感受，而《飞鸟集》就是他真诚心灵的一个真实反映。

先睹为快

1

夏天的飞鸟，飞到我的窗前唱歌，又飞去了。

秋天的黄叶，它们没有什么可唱，只叹息一声，飞落在那里。

2

世界上的一队小小的漂泊者呀，请留下你们的足印在我的文字里。

3

世界对着它的爱人，把它浩瀚的面具揭下了。

它变小了，小如一首歌，小如一回永恒的接吻。

4

是大地的泪点，使她的微笑保持着青春不谢。

5

无垠的沙漠热烈追求一叶绿草的爱，她摇摇头笑着飞开了。

6

如果你因失去了太阳而流泪，那么你也将失去群星了。

16

我今晨坐在窗前，世界如一个路人似的，停留了一会，向我点点头又走过去了。

17

这些微风，是树叶的簌簌之声呀；它们在我的心里欢悦地微语着。

18

你看不见你自己，你所看见的只是你的影子。

19

神呀，我的那些愿望真是愚傻呀，它们杂在你的歌声中喧叫着呢。让我只是静听着吧。

20

我不能选择那最好的。是那最好的选择我。

延展阅读

作者还有下列精品：

《园丁集》

这是泰戈尔的另一部重要的代表作，它是一部“生命之歌”。这部诗集中更多地融入了诗人青春时代的体验，细腻地描述了爱情的幸福、烦恼与忧伤，可以视为一部青春恋歌。诗人在回首往事时吟唱出这些恋歌，在回味青春心灵的悸动时，无疑又与自己的青春持有一定距离，并进行理性的审视与思考，使这部恋歌不时地闪烁出哲理的光彩。阅读这些诗篇，如同漫步在暴风雨过后的初夏里，偶遇一股挡不住的清新与芬芳，仿佛看到一个亮丽而清透的世界，一切都是那样的纯净、美好，使人在不知不觉中体味爱与青春的味道。

《吉檀迦利》

该作品是泰戈尔中期诗歌创作的巅峰之作，也是最能代表他思想观念和艺术风格的作品。这部宗教抒情诗集，是一份“奉献给神的祭品”。诗人以轻快、欢畅的笔调歌唱生命的枯荣、现实生活的欢乐和悲哀，表达自己对祖国前途的关怀。

《红夹竹桃》

这是泰戈尔戏剧艺术的高峰之一。该剧将痛斥残酷无情的社会制度与重申爱情的伟力结合在一起。剧中的女主人公南妮与情人伦扬反对国王的暴政，南妮进谒国王却被国王所迷恋。国王得悉南妮已有情人后大怒，中断会见。伦扬与国王格斗失败而殉难，他的死促使国王真诚悔悟，泰然面对御林军的倒戈宣战。南妮是泰戈尔剧中女性角色里最独特的一个人物形象，她美丽而刚毅，有浓厚的理想主义色彩。

《雪国》

〔日〕川端康成　著

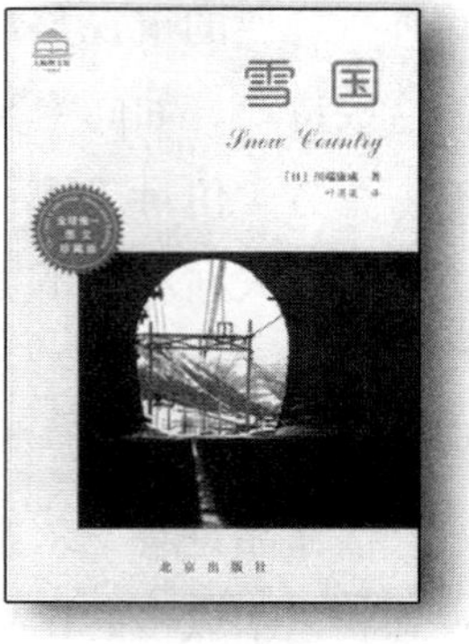

诺贝尔文学奖获得者川端康成被认为是20世纪日本最伟大和最有代表性的作家之一。他的优秀作品《雪国》被许多学者赞为“昭和文学的杰出代表作”，“堪称抒情文学的最高峰”。

关于作者

文学界最高奖项——诺贝尔文学奖自从设置以来，推出了不少优秀作家，但是纵观历届获奖者，亚洲作家却是凤毛麟角，而本文所要介绍的这位作家，就是其中的“一角”。川端康成（1899—1972），日本新感觉派作家，著名小说家，是继泰戈尔、萨缪尔·约瑟夫·阿格农之后第三个获得诺贝尔文学奖的东方人。

他之所以受人推崇，不仅因为他是诺贝尔文学奖的获得者，还因为他是一个经历贵族家庭从繁荣走向没落的忧伤“小王子”。原本他的祖辈世为住在京都附近大阪府的富贵大家，只可惜这种富足之气到了川端康成的父辈就开始略显颓败，因而举家迁居东京。但迁居东京后，不仅没有使家境好转，反而使川端康成在2岁时丧父，3岁时丧母，失去双亲的他由祖父母抚养，他唯一的姐姐被寄养在另一个亲戚家里。不幸的是，当川端康成长到8岁时，养育他的祖母也去世了，时隔四年，他的姐姐去世，又隔四年，他的祖父去世，因此，16岁的他又被接到外公家抚养。这一连串的遭遇，给幼小的川端康成心理上造成很大的阴影，使他的童年充满阴郁悲凉，而他本人也变得敏感忧伤，直接导致他的作品流露出同样的气质。

1924 年，25 岁的川端康成大学毕业，从此开始了他正式的文学创作之路，在此之前，他也在各杂志报纸上发表过文章。可是，真正标志着他走上文坛并被人赏识，还是在 1926 年发表了《伊豆的舞女》之后。这部以感伤一个高中生和流浪艺人不幸生活为内容的小说，一经上市，就好评如潮，成为奠定川端康成创作风格的代表作。同年，他一生唯一的剧本《疯狂的一页》也被拍成电影，并获得很高的赞誉。此后，受到极大鼓励的川端康成进入文学创作的高潮。

1934 年他开始写《雪国》连载，三年后出版了单行本，并获得第三届文艺恳话会奖；1940 年，参与成立日本文学会；1944 年，他的《故园》等文章获日本菊池宽奖；1949 年，他的另一部重要小说《千只鹤》开始连载，1952 年，这部小说被编为歌舞伎；1961 年，他前往京都写作《古都》，同年获得文学勋章；1968 年 10 月 17 日，他凭借《雪国》《千只鹤》及《古都》等获得诺贝尔文学奖，得到生平最高的文学奖项。

川端康成一生创作的小说有 100 多部，中短篇多于长篇。他早期作品中的主人公多为下层女性，着重描写她们的纯洁和不幸；而后期一些作品中出现了一些关于近亲之间，甚至老人的变态情爱心理的描写，表现出颓废的一面。这些作品在创作手法上，有的采用纯新感觉派的写法，极力强调主观感觉，热心追求新颖形式；有的主要使用朴素、简洁的白描手法。这些灵活变化的手法将日本古典文学传统和西方现代派方法有机地结合起来，成为独特的川端康成式手法，为后代作家的创作开拓了很大的借鉴空间。

荐读理由

有人说：读川端康成要在冬天，在雪和月光的晚上。没有孤独、清冷、幽静……怎会有感动呢？感动是一段带电的凉意，是战栗，是那种浑身透明、毛孔张开——非要爱上点什么不可的感觉。

读《雪国》便是这样。

“风花雪月”中，最烂漫的莫过于雪。在日本的古典美学意境中，积淀最深的是雪。川端康成便是离不开雪的作家。他的故事里总弥漫着一股拒绝融化的伤感，一种迷蒙的雪之苦味……雪，像缥缈的背景音乐，总要徘徊在女人出没的地方，激动人心的雪总会牵出一位令人心仪的女子来。《雪国》开篇道：“穿过县界长长的隧道，便是雪国。夜空下一片白茫茫。”为何一上来就忍不住念及雪，就像急急去赴伊人之约？

这冲动让读者看清了川端康成的美学世界：雪，女子，白，洁净。

冰天雪地里，那些纯真却不幸的“驹子”们，其灵魂和身子都似雪洗过的一样白，白得细腻、孤独，白得耀眼、凄然，白得忧郁、高尚，让人尊敬和怜惜，让男人们自惭形秽……对艺妓“驹子”，借岛村之口：“与其说她的艳丽，倒不如说她的洁净，甚至连脚缝都是干净的……”

或许，正是东瀛列岛那无处不在的雪气和樱花哺育了这种清澈的生命美性。雪与女子肌肤相亲，彼此倾诉，灵犀相通……她们丰盈的躯体里充满旺盛的雪：雪之光焰，雪之温情，雪之诗意。那乳汁般饱胀的爱竟使她不顾危险去亲近一个薄情的男子……简简单单的白，简简单单的交付，简简单单的高尚与不幸。

凡美的大都简单。只有丑秽的东西才不得不借助混沌与复杂。而简单遇上复杂，吃亏的往往是前者，或许这就是那些美性生命总不幸的缘由罢。

女人是雪中的白。而男人是雪中的惨白。

有人说，读罢此书会觉得川端康成真是一位美好的老人。他不惜背叛了自己的性别利益，盾牌似的站在了善良、简美和雪的一边。

真的是这样吗？这需要读者们自己去体味了！

先睹为快

已经是三个钟头以前的事了。岛村感到百无聊赖，发呆地凝望着不停活动的左手的食指。因为只有这个手指，才能使他清楚地感到就要去会见的那个女人。奇怪的是，越是急于想把她清楚地回忆起来，印象就越模糊。在这扑朔迷离的记忆中，也只有这手指所留下的几许感触，把他带到远方的女人身边。他想着想着，不由地把手指送到鼻子边闻了闻。当他无意识地用这个手指在窗玻璃上划道时，不知怎的，上面竟清晰地映出一只女人的眼睛。他大吃一惊，几乎喊出声来。大概是他的心飞向了远方的缘故。他定神看时，什么也没有。映在玻璃窗上的，是对座那个女人的形象。外面昏暗下来，车厢里的灯亮了。这样，窗玻璃就成了一面镜子。然而，由于放了暖气，玻璃上蒙了一层水蒸气，在他用手指揩亮玻璃之前，那面镜子其实并不存在。

玻璃上只映出姑娘一只眼睛，她反而显得更加美了。

岛村明白，自己从一开头就是想找这个女子，可自己偏偏和平常一样拐弯抹角，不免讨厌起自己来。与此同时，越发觉得这个女子格外地美了。从刚才她站在杉树背后喊他之后，他感到这个女子的倩影是多么袅娜多姿啊。

玲珑而悬直的鼻梁虽嫌单薄些，在下方搭配着的小巧的闭上的柔唇却宛如美极了的水蛭环节，光滑而伸缩自如，在默默无言的时候也有一种动的感觉。如果嘴唇起了皱纹，或者色泽不好，就会显得不洁净。她的嘴唇却不是这样，而是滋润光泽的。两只眼睛，眼梢不翘起也不垂下，简直像有意描直了似的，虽有些逗人发笑，却恰到好处地镶嵌在两道微微下弯的短而密的眉毛下。颧骨稍耸的圆脸，轮廓一般，但肤色恰似在白陶瓷上抹了一层淡淡的胭脂。脖颈底下的肌肉尚未丰满。她虽算不上是个美人，但她比谁都要显得洁净。

延展阅读

作者还有下列精品：

《千只鹤》

该作品在川端康成的整个创作生涯中占有重要地位，它不仅是作者获得诺贝尔文学奖的代表作品之一，而且这部作品从多方面反映了作者创作的独特风格；同时，它也是一部十分复杂、非常容易引起歧义的小说。如果单从情节上讲，它可以被认作是描写不道德的家庭乱伦；如果从接受美学的角度讲，它又具有宣扬个性、追求自我的态度。作者在获得诺贝尔文学奖时发表的演说辞《我在美丽的日本》中对这部争议性很大的小说作过这样的表述："我的小说《千只鹤》，如果人们以为是描写日本茶道的'心灵'与'形式'的，那就错了，毋宁说这部作品是对当今社会低级趣味的茶道发出的怀疑和警惕。"那么，它到底是"低级趣味"的，还是发出了"怀疑和警惕"，还需要读了才知道。

《古都》

该作品是川端康成末年之作，讨论了川端康成一贯关心的主题：两性之间的鸿沟、两性差异的焦虑、单纯无邪的向往、人间和自然的结合、环境和个性的结合。作品借由战后京都的各处名胜为背景，演绎人物的故事——失散姐妹的离合情怀、男女的爱恋、传统的媒妁婚姻，配以日本传统祭典所表现的内在拘谨心理意识之外显，透露出日本文化中的物哀、风雅与幽玄的独特美感。小说的另一个特色就是描述了京都的多个节日，包括平安神宫的时代祭、葵祭、鞍马寺的伐竹会、祇园祭、"大字"篝火仪式等，充满异域风情。

《围城》

钱锺书 著

我国著名学者、作家钱锺书先生唯一的小说《围城》批评了国人对本土文化的妄自尊大，又抨击了一些西方人由于无知而以欧美文化为中心的偏见。书名“围城”的寓意来自书中人物的对话：“结婚仿佛金漆的鸟笼，笼子外面的鸟想住进去，笼内的鸟想飞出来；所以结而离，离而结，没有了局。”但“围城”的困境并非仅仅表现于夫妻关系，它贯穿于人生的方方面面。作者在全书安排了许多变奏，让生活中的各个角落都充满了“围城”般的尴尬局面，使得“围城”的象征意义超越了单一的婚姻层次，引发了全社会的共鸣。

关于作者

钱锺书（1910—1998）出生于江苏无锡，原名钱仰先，意为“仰慕先贤”，后来周岁抓周时他选择了书本，遂更名为“钟书”。钱锺书成长于中国历史文化传统面临西方冲击的历史转型期，这样的时代背景也成就了他融会贯通的大家学养。他幼承家学，天资过人。1933 年钱锺书毕业于清华大学外文系，两年后到英国牛津大学学习，后又至巴黎大学研究法国文学。抗日战争期间归国，曾在多所大学任教。1953 年被聘为中国科学院文学研究所一级研究员。后相继担任了中国社会科学院副院长、院特邀顾问。钱锺书博学多才，精通多国语言，同时又对我国古代的经、史、子、集都有广泛而深入的研究，立足于我国的文化传统，努力打通古今中外，使之熔于一炉，丰富的原创性发现和坚实的学理性论证达到了完美的统一。钱先生在文学研究和文学创作方面的卓越成就，对于建设中国新文化，特别是在科学地继承中国传统文化和有选择地借鉴外来文化方面，具有重要的启示意义。

钱锺书的文学创作贯注着一种强烈的现代意识，这在中国现代文学中是并不多见的，有别于同时代的一般作品而与世界文学潮流颇为合拍。特别值得重视的是，他的文学创作都不是那种生吞活剥的东西，而是具有真正中国风格、中国气派，为中国人也为外国人所喜爱的作品。这也得益于他始终以一种文化批判精神来观察中国和世界。以精熟中国文化和通览世界文化为基础，他在观察中西文化事物时，总是表现出一种清醒的头脑和一种深刻的洞察力。他不拒绝任何一种理论学说，也不盲从任何一个权威。他毕生致力于确定中国文学艺术在世界文学艺术宫殿中的适当位置，从而促使中国文学艺术走向世界，加入到世界文学艺术的总的格局中去。为此，他既深刻地阐发了中国文化精神的深厚意蕴和独特价值，也恰当地指出了其历史局限性和地域局限性。他既批评中国人由于某些幻觉而对本土文化的妄自尊大，又毫不留情地横扫了西方人由于无知而以欧美文化为中心的偏见。钱先生对于推进中外文化的交流、使中国人了解西方的学术以及使西方人了解中国的文化起到很好的作用。同时，钱锺书对中国国学研究的发展和深化作出了极大的贡献。20世纪初，思想方法上的僵化固守和学术方法上的画地为牢，极大地阻滞了国学研究前进的步伐。在这种亟待变革的形势下，钱锺书的治学方法应运而生。他数十年间所实践的“打通”“参互”“比较”的方法，努力使国学自觉地成为一个科学的、开放的体系，从而获得一个更深、更广、更新的发展。

除了文学上的造诣，钱锺书高尚的品格和爱国主义情操也为世人所敬仰。1938年，他留学结束时，毅然放弃了留在国外工作的机会，回到水深火热的祖国。20世纪40年代，他不向国民党妥协，坚持用文学作品辛辣地嘲弄那个黑暗的社会。新中国成立前夕，有的人流亡国外，可是钱锺书选择了留下，因为他舍不得祖国。“文化大革命”时期，钱锺书被下放到“五七干校”，受尽凌辱和折磨，但他从未后悔过当初的选择。几十年来，他兢兢业业地工作，用满腹才华和生花妙笔创造出最好的精神产品，也为世界的知识宝库不断积累着财富。

荐读理由

《围城》第一版于 1947 年出版，刚一出版就受到许多人的推崇。1949 年之后，由于政治等方面的原因，本书长期无法在中国大陆和台湾地区重印，仅在香港出现过盗印本，遂逐渐淡出人们的视野。20 世纪 60 年代，旅美汉学家夏志清在《中国现代小说史》中对本书作出很高的评价，才重新引起人们对它的关注。1980 年钱锺书先生对该书重新修订，在中国大陆由人民文学出版社刊印，此后又曾小幅修改过几次。

1937 年夏天，小说的主人公方鸿渐游学欧洲，最后买了一张根本不存在的克莱登大学的毕业文凭后回国。《围城》便以他的生活道路为主线，反映了那个时代留学生、大学老师等知识分子生活和心理的变迁沉浮。小说共九章，讲述了方鸿渐与苏文纨、唐晓芙、孙柔嘉三个女人之间的感情纠葛，以及纠葛之外的人和事。书中的知识分子并不属于那个时代的“进步阵营”，当抗战烽火燃烧起来的时候，他们大都置身于这场伟大斗争的风暴之外，既没有远大的理想，又缺乏同传统势力和思想斗争的勇气，甚至无法把握自己的生活。方鸿渐先在十里洋场的上海，继在湖南一个僻远的乡镇，围绕着生活、职业和婚姻恋爱等问题，与周围的同类们进行着一场场钩心斗角的倾轧和角逐。这也是一场战争，虽然不见硝烟，却处处闪现着旧社会你抢我夺的刀光剑影，腾跃着情场、名利场上的厮杀和火拼；虽然没有肉体的伤亡，却时时看得到灰色的生活是怎样蚕食着人们的年华和生命，那恶浊的空气又是怎样腐化着人们的操守和灵魂。自然，这里也有真诚的友谊、善良的愿望，但这些在那个强大的旧社会壁垒面前，显得无比软弱无力。在那随处都可以陷入“鸟笼”或“围城”的人生道路上，这些还没有消磨尽人生锐气的知识分子似乎已经走投无路。欲望、追求和随之而来的不满与厌烦在不断地进行矛盾转换，交织着希望与失望、欢乐与痛苦、执著与动摇，人生万事也恰恰由此构成。“围城”的困境告诉我们人生追求的结果很可能是无谓的，这好像有点悲观，但揭穿了追求终极理想的虚妄，就有可能使追求不再仅仅为目的，而使追求的过程更为人所看重，使我们明白追求与希望的永无止境，从此不再堕入虚无。

《围城》除了意蕴深远的主题之外，其语言风格也别具特色。钱锺书的语言活泼幽默，又经常运用倒叙、插叙的表现手法。小说中的对话充满了机智的锋芒和风趣的戏语，有着丰富的文化底蕴和知识含量，新奇的比喻和格言警句层出不穷，让人读来欲罢不能。

先睹为快

忠厚老实的人恶毒，像饭里的沙砾或者鱼片中未净的刺，会给人一种不期而待的伤痛。

这一张文凭仿佛有亚当、夏娃下身那片树叶的功用，可以遮羞包丑；小小一张方纸能把一个人的空疏、愚笨、寡陋都掩盖起来。

科学跟科学家大不相同，科学家像酒，越老越可贵，而科学像女人，老了便不值钱。

西洋赶驴子的人，每逢驴子不肯走，鞭子没有用，就把一串胡萝卜挂在驴子眼睛之前，唇吻之上，这笨驴子以为走前一步，萝卜就能到嘴，于是一步再一步继续向前，嘴愈要咬，脚愈会赶，不知不觉中又走了一站，那时候它是否吃得到这串萝卜，得看驴夫的高兴。一切机关里，上司驾驭下属，全是这种技巧。

两个人在一起，人家就要造谣言，正如两根树枝接近，蜘蛛就要挂网。

一句话的意义在听者的心里，常像一只陌生的猫到屋里来，声息全无，直到“妙”的一叫，你才发觉它的存在。

睡眠这东西脾气很怪，不要它，它偏会来；请它，哄它，千方百计地勾引它，它便躲得连影子也不见。

人生最原始的睡，同样也是死的样品。

延展阅读

《洗澡》

钱锺书先生的《围城》反映了20世纪三四十年代青年知识分子的生存、生活状态；他的夫人杨绛先生的《洗澡》反映了20世纪五六十年代青年知识分子的生存、生活状态。杨绛先生笔下的一群知识分子，在文学研究社这个小舞台上，合唱了一出颇为热闹的戏。其实知识分子所谓的斗争，也无非是在文字里抓把柄，然后用文字攻击。就这么斗来斗去，把他们的缺点都暴露无遗。在那场漫长的运动中，每个人都不得不经历一场“洗澡”。

《红高粱家族》

莫言　著

首位获得诺贝尔文学奖的中国籍作家莫言的《红高粱家族》是其创作的长篇小说中最有影响力的一部作品，以至于很多人在提到莫言的时候，往往代之以“《红高粱家族》的作者”。

关于作者

2012年中国文学的首要盛事，莫过于本土作家莫言获得诺贝尔文学奖了。当年12月10日，诺贝尔奖颁奖典礼于瑞典斯德哥尔摩音乐厅举行。中国作家莫言从瑞典国王卡尔十六世·古斯塔夫手上接过2012年诺贝尔文学奖获奖证书及金质奖章。莫言成为有史以来首位获得诺贝尔文学奖的中国籍作家。十多年前，莫言与朋友访问斯德哥尔摩音乐厅时，朋友开玩笑地说希望莫言有朝一日能来这里领奖。多年后玩笑成真，莫言终于以获奖者的身份站在领奖台上向世人讲述自己的故事。

莫言，1955年出生，山东高密人，原名管谟业，当代著名作家，现任中国作家协会副主席。1976年应征入伍，1997年转业。1986年毕业于解放军艺术学院文学系，后又毕业于北京师范大学鲁迅文学院研究生班，文学硕士。1981年开始发表作品。1985年加入中国作家协会。著有《莫言文集》（12卷），影视、话剧剧本《霸王别姬》《我们的荆轲》等。中篇小说《红高粱》获全国中篇小说奖，《丰乳肥臀》

获首届“大家·红河文学奖”，《白狗秋千架》获“台湾联合文学奖”，《酒国》（法文版）获法国“儒尔·巴泰庸奖”，《檀香刑》获首届“鼎钧文学奖”“《台湾联合报》十大好书奖”，另获意大利第三十届“诺尼诺国际文学奖”。《生死疲劳》获得第一届美国“纽曼华语文学奖”。长篇小说《蛙》获得第八届“茅盾文学奖”。他本人于2004年获“法国艺术及文学勋章”，2005年获香港公开大学荣誉文学博士学位。2012年莫言获得诺贝尔文学奖，其获奖理由是：“通过幻觉现实主义将民间故事、历史与当代社会融合在一起。”据报道，莫言获得诺贝尔文学奖后，其签名本书价翻了数十倍，目前他的签名版《檀香刑》和《蛙》在网上都有销售，价格从1000元起不等，有一些卖家甚至在网上对莫言的签名小说《檀香刑》开出了18万元的天价。

莫言童年大部分时间是在山东老家农村度过的，故乡高密的一景一物都是他创作的灵感源泉。莫言也坦诚自己一直深受民间故事或传说所影响，自己“就是一个讲故事的人”，小时候在乡下流传的鬼怪故事，后来成为其许多荒诞小说中的材料。也正是凭借在20世纪80年代发表的一系列乡土作品如《红高粱》等，莫言奠定了自己在中国文坛的地位。

读过莫言小说的人会发现，生活中的莫言和小说中的莫言截然不同，正如莫言的自我评价：“日常生活中，我可以是孙子，懦夫，是可怜虫，但在写小说时，我是贼胆包天、色胆包天、狗胆包天。”莫言的作品深受魔幻现实主义影响，在自己的小说里大量运用了意识流的手法，包括内心独白、多视角叙事、慢镜头描写、意象比喻、自由联想等等。在经历《红高粱家族》的写作高峰后，莫言继续寻求突破，创作了大量中短篇作品及数部极具分量的长篇小说如《酒国》《丰乳肥臀》《四十一炮》《生死疲劳》《蛙》等，不少的小说集如《红耳朵》及《传奇莫言》亦先后在台湾推出。《十三步》中出现了神秘的南美洲魔幻写实，描写一个人的“变身”，以华丽的语言带出一浪接一浪的神秘。《酒国》则以充满浪漫色彩的描写讲述了一个盛产名酒地方的故事。《红树林》实现了小说题材的时空转换和创作方法的探索更新，是对自己的一大超越。

莫言曾在《试论当下文学创作的十大关系》一文中，梳理了当下文学创作中的十大关系。在文章中，莫言认为，保持个性化创作是作家最根本的东西，但个人经验只有与社会本质一致，才能获得普遍性与群众性。“文学创作就是这么残酷。如果你的痛苦、你的欢乐、你的感受没有跟时代合拍，那么你从个人出发的作品就不能引起反响。”

莫言说:“一个人的文学观肯定不断在变化，但我想有一点始终不会变，就是文学基本的要素，那就是对人的理解。无论到了什么时期，无论是诗歌、小说还是散文，都离不开对人的灵魂、情感的描述和解释。只有写出人性的作品，才能谈得上反映时代。”莫言在诸多公开场合不止一次坦言，自己写作始终从人的角度出发，并且也始终践行着“必须站在人的立场上”写作这一准则。童年时因告发别人而愧疚至今、后悔因年少无知向邻村农民和他小脚妻子扔石块……这一桩桩、一幕幕的回忆真实地敲打着人们内心深处，并自然而然地成为他写作的源泉和灵感。

文化从自身独特性走向世界性的过程中，“民族”与“世界”、“个性”与“共性”构成了人类文明的一幅优美画卷。莫言说，他多次出国交流，感觉越来越多的中国作家被外国作家、评论家、读者关注。“我感到中国文学正在受到西方普通读者的重视，已经从过去研究者的小圈子逐渐向普通读者群扩展。”“我觉得我们的文学已经融入了世界文学，假以时日，必将引起更大的关注和尊敬。”

2012年诺贝尔文学奖产生后，在中国引起的讨论，至今尚未平息。有的人认为这是文坛盛事、民族荣耀，有的人则质疑诺贝尔文学奖的公平、公正性:“和莫言一样优秀的当代作家，或者比莫言更优秀的当代作家都没有得奖，但是莫言得奖了，诺贝尔文学奖是不是有一定的偶然性?”

莫言自己则表示:“我希望批评家能够排除掉市场经济这个背景对

他们造成的影响，能够排除掉个人恩怨对他们的干扰，用一颗真正的文学之心，来批评作家的作品，用一种说理的辩证的态度来看待作家的作品。”

在中华文学这条奔流不息的大河中，莫言只是其中的有机组成部分，其作品是世界书海中一道亮丽的风景线。中国文学非从莫言始，也非因莫言获奖而终。莫言获奖，文学还在路上。正如他本人所说：还要给人们继续讲故事。人们期待这一路有更多中国人给世界讲故事，也希望世界上流传更多精彩的“中国故事”。

荐读理由

莫言的《红高粱家族》是其创作的长篇小说中最有影响力的一部作品，以至于很多人在提到莫言的时候，往往代之以“《红高粱家族》的作者”。

这部长篇小说通过“我”的叙述，描写了抗日战争期间，“我”的家族里的先辈们，爷爷、奶奶、父亲、姑姑等，一方面奋起抗击残暴的日本侵略者，一方面发生着让子孙后代相形见绌的传奇般的爱情故事。《红高粱家族》虽然是一部以抗战时期为背景，描写战争题材的长篇小说，却给人耳目一新的感觉。以往抗战题材的小说给人的感觉都是正义与邪恶形成强烈对比，塑造的是几乎完美的正义的爱国英雄形象。而《红高粱家族》中塑造的一系列抗日的英雄却是正义与邪恶的化身，他们是一群独特的、特属于红高粱的英雄，有着鲜活的生命与人性。书中洋溢着莫言独有的丰富饱满的想象力、令人叹服的感觉描写，用莫言自己的话说，《红高粱家族》虽是少作，技术上有诸多粗疏之处，但文中那股子英雄豪杰加流氓的气魄，却正是借助了那股子初生牛犊之蛮劲儿才喷发出来。正是这种冲动，赋予了《红高粱家族》独有的魅力。

《红高粱家族》分为《红高粱》《高粱酒》《狗道》《高粱殡》《奇死》五部。莫言自己谈到，这部小说的第一部《红高粱》完成于1984年的冬天，当时他还在解放军艺术学院文学系学习。最初的灵感产生带有一些偶然性。那是在一次文学创作讨论会上，一些老作家提出了这样一个问题，即中国共产党自成立之日起，有二十八年都是在战争中度过的。老一辈作家亲身经历过战争，拥有很多的素材，但他们已经没有精力创作了，因为他们最好的青春年华耽搁在“文革”当中，而年轻一代有精力却没有亲身体验，那么他们该怎样通过文学来更好地反映战争、反映历史呢？当时年轻气盛的莫言站起来说：“我们可以通过别的方式来弥补这个缺陷。没有听过放枪放炮但我听过放鞭炮；没有见过杀人但我见过杀猪甚至亲手杀过鸡；没有亲手跟鬼子拼过刺刀但我在电影上见过。因为小说家的创作不是要复制历史，那是历史学家的任务。小说家写战争——人类历史进程中这一愚昧现象，他所要表现的是战争对人的灵魂扭曲或者人性在战争中的变异。从这个意义上讲，即便没有经历过战争的人，也可以写战争。”莫言发言以后，当场就有人嗤之以鼻，事后更有人说他狂妄无知。为了证明自己观点的正确，莫言觉得有必要动笔写一部战争小说。于是，他只用一个星期的时间就完成了这部在新时期文坛产生过很大影响的作品的初稿。

在作品中，莫言大胆借鉴了意识流小说的时空表现手法和魔幻现实主义小说的情节结构方式，几乎完全打破了传统的时空顺序与情节逻辑，把整个故事讲述得非常自由散漫。但这种看来任意的讲述却是统领在作者的主体情绪之下，与作品中那种生机勃勃的自由精神暗暗相合。此外，他在这部小说中运用了大量充满了想象力并且总是违背常规的比喻与通感等修辞手法，在语言的层面上就形成了一种瑰丽神奇的特点，充分显示了他驾驭汉语言的卓越才能。随后，他又陆续发表了《高粱酒》《狗道》《高粱殡》《奇死》等，共同构成《红高粱家族》。

1987年《红高粱》获第四届全国中篇小说奖。《红高粱家族》被张艺谋改编为电影《红高粱》，该片于1988年获得第38届西柏林国际电影节“金熊奖”，轰动中外。《红高粱家族》被译成近20种文字在全世界发行。

先睹为快

一九三九年古历八月初九，我父亲这个土匪种十四岁多一点。他跟着后来名满天下的传奇英雄余占鳌司令的队伍去胶平公路伏击敌人的汽车队。奶奶披着夹袄，送他们到村头。余司令说：“立住吧。”奶奶就立住了。奶奶对我父亲说：“豆官，听你干爹的话。”父亲没吱声。他看着奶奶高大的身躯，嗅着从奶奶的夹袄里散出的热烘烘的香味，突然感到凉气逼人。他打了一个战，肚子咕噜噜响一阵。余司令拍了一下父亲的头，说：“走，干儿。”

天地混沌，景物影影绰绰，队伍的杂沓脚步声已响出很远。父亲眼前挂着蓝白色的雾幔，挡住了他的视线，只闻队伍脚步声，不见队伍形和影。父亲紧紧扯住余司令的衣角，双腿快速挪动。奶奶像岸愈离愈远，雾像海水愈近愈汹涌，父亲抓住余司令，就像抓住一条船舷。

父亲就这样奔向了耸立在故乡通红的高粱地里属于他的那块无字的青石墓碑。他的坟头上已经枯草瑟瑟，曾经有一个光屁股的男孩牵着一只雪白的山羊来到这里，山羊不紧不慢地啃着坟头上的草，男孩站在墓碑上，怒气冲冲地撒上一泡尿，然后放声高唱：高粱红了——日本来了——同胞们准备好——开枪开炮——

有人说这个放羊的男孩就是我，我不知道是不是我。我曾经对高密东北乡极端热爱，也曾经对高密东北乡极端仇恨。长大后努力学习马克思主义，我终于悟到：高密东北乡无疑是地球上最美丽最丑陋、最超脱最世俗、最圣洁最龌龊、最英雄好汉最王八蛋、最能喝酒最能爱的地方。生存在这块土地上的我的父老乡亲们，喜食高粱，每年都大量种植。八月深秋，无边无际的高粱红成洗洋的血海，高粱高密辉煌，高粱凄婉可人，高粱爱情激荡。秋风苍凉，阳光很旺，瓦蓝的天上游荡着一朵朵丰满的白云，高粱上滑动着一朵朵丰满白云的紫红色影子。一队队暗红色的人在高粱棵子里穿梭拉网，几十年如一日。他们杀人越货，他们精忠报国，他们演出过一幕幕英勇悲壮的舞剧，使我们这些活着的不肖子孙相形见绌，在进步的同时，我真切地感到种的退化。

出村之后，队伍在一条狭窄的土路上行进，人的脚步声中夹杂着路边碎草的窸窣声响。雾奇浓，活泼多变。我父亲的脸上，无数密集的小水点凝成大颗粒的水珠，他的一撮头发，粘在头皮上。从路两边高粱地里飘来的幽淡的薄荷气息和成熟高粱苦涩微甘的气味，我父亲早已闻惯，不新不奇。在这次雾里行军中，我父亲闻到了那种新奇的、黄红相间的腥甜气息。那味道从薄荷和高粱的味道中隐隐约约地透过来，唤起我父亲心灵深处一种非常遥远的记忆。

延展阅读

作者还有下列精品：

《生死疲劳》

《生死疲劳》叙述了1950年到2000年中国农村50年的历史，莫言围绕土地这个沉重的话题，阐释了农民与土地的种种关系，并透过生死轮回的艺术图像，展示了新中国成立以来中国农民的生活和他们顽强、乐观、坚韧的精神。小说的叙者，是土地改革时被枪毙的一个地主，他认为自己虽有财富，但并无罪恶，因此在阴间里他为自己喊冤；在小说中他不断地经历着六道轮回，一世为人、一世为马、一世为牛、一世为驴……每次转世为不同的动物，都未离开他的家族，离开这块土地。小说正是通过他的眼睛，准确地说，是各种动物的眼睛来观察和体味农村变革的。

《蛙》

写完《生死疲劳》后，莫言一直努力突破自我，对小说进行着各种探索，新作《蛙》在形式上的探索同样引人注目。《蛙》以“姑姑”的一生经历为主线，讲述施行三十多年的计划生育政策在民间的影响，这是文学作品中很少涉及的题材。从整体来看，《蛙》共分五部，分别以剧作家蝌蚪写给日本友人杉谷义人的五封信引出，引出的内容是蝌蚪受杉谷义人的鼓励创作的以姑姑的经历为素材的小说。一个有趣的细节值得注意，从不少地方可以推断，《蛙》中五封信的接受者“杉谷义人”应是当代日本著名作家大江健三郎。《蛙》既是书信体，也有“原小说”的意味。此外，《蛙》的第五部，也就是最后一部，竟然是一部戏剧。信件、小说及戏剧熔于一炉，大大丰富了小说的空间。

《檀香刑》

《檀香刑》是莫言潜心五年完成的一部长篇力作。在这部神品妙构的小说中，莫言以1900年德国人在山东修建胶济铁路、袁世凯镇压山东义和团运动、八国联军攻陷北京、慈禧仓皇出逃为历史背景，用摇曳多姿的笔触，大悲大喜的激情，活灵活现地讲述了发生在“高密东北乡”的一场可歌可泣的兵荒马乱的运动，一桩骇人听闻的酷刑，一段惊心动魄的爱情。

图书在版编目（CIP）数据

一生读书计划. 大众书架 / 主编潞潞；编著孙俊峰.
-- 太原：山西教育出版社, 2016.9
ISBN 978-7-5440-8269-3

Ⅰ. ①一… Ⅱ. ①潞… ②孙… Ⅲ. ①推荐书目—世界 Ⅳ. ①Z835

中国版本图书馆CIP数据核字(2016)第010427号

yishengdushujihua dazhongshujia

一生读书计划·大众书架

主　编　潞　潞　孙俊峰
编　著　孙俊峰

出 版 人　雷俊林
选题策划　孙　铁
出版统筹　魏雪萍
责任编辑　魏雪萍
排版统筹　许艳秋
装帧设计　后声 HOPESOUND Pankouyugu@163.com 小海馬·书装

出版发行　山西出版传媒集团·山西教育出版社
（太原市水西门街馒头巷7号　邮编　030002）
印　　装　山东临沂新华印刷物流集团有限责任公司
开　　本　787×960　1/16
印　　张　26.75
字　　数　300千字
版　　次　2016年9月第2版　2016年9月第1次印刷
书　　号　ISBN 978-7-5440-8269-3
定　　价　43.90元